브랜드만족
1위
박문각

2025

수석합격
2연속
배출
신출근거 후면표기

KB197346

9급 공무원 영어 시험대비

박문각
공무원

예상문제

진가영
영어

진가영 편저

New Trend
단기합격 길라잡이

2025년 출제 기조 전환 대비

필수 문법 예상 문제 수록

문법
끝판왕

영상강의 강의 www.pmg.co.kr

박문각

PREFACE
이책의 머리말

수험생들을 위한 최고의 문법 문제집!
공무원 영어 문법 끝장내기!
문법 끝판왕을 펴내며...

안녕하세요, 여러분들의 단기합격 길라잡이 진가영입니다.

시험 전에 많은 수험생들이 고민이 되는 부분은 자신이 배운 부분이 실제 문제 풀이 적용이 잘되지 않는다는 것입니다. 특히 공무원 영어 시험에서 여러 가지 영역 중 문법 영역이 가장 힘들고 어려워하는 부분입니다. 따라서 문법 문제를 시험장에서 빠르고 정확하게 풀 수 있도록 하여 문제를 푸는데 자신감과 정확성을 키워 자신의 약점을 대비할 수 있는 교재가 필요하다고 생각했습니다.

여러 시행착오와 다년간 이루어진 학생분들과의 직접적인 소통을 통해 끊임없이 교재의 내용을 수정하며 알찬 교재를 만들고자 노력했습니다.

그리고 그 결과로 나온 교재가 바로 문법 끝판왕입니다.

시험에 나올 수 있는 필수적인 문법 문제를 먼저 선택과 집중으로 풀어보면서 중요한 이론을 복습하고 실전 기출 문제와 흡사한 출제 예상 문제들로 적용해보면서 본인의 실력이 향상할 수 있는 교재로서 여러분들의 문제 풀이 능력을 향상하는데 탁월한 교재가 될 것입니다.

특히 이 교재는 현재 시험 출제 경향에 맞는 공무원 영어 예상 문제들도 반영했기 때문에 이 문제집을 통해서 실제 시험장에 나올 내용을 미리 풀어보며 보완하고 이를 통해 점수가 상승 될 수 있도록 하는 정말 좋은 교재가 될 것이라고 믿습니다.

끝으로 항상 좋은 교재로 수업을 가능하게 해 주신 학원과 출판 관계자분들 그리고 항상 저를 믿고 따라와 주시는 모든 분들께 진심으로 존경과 감사의 말씀을 전합니다.

Dreams come true!
꿈은 반드시 이루어진다!

여러분들의 노력이 반드시 합격으로 이어질 수 있도록, 현명한 단기합격 길라잡이로서 더 좋은 모습으로 수업에서 뵙도록 하겠습니다.

이 〈문법 끝판왕〉 교재를 통해 꼭 빠른 합격을 이루시길 항상 응원합니다.

2024년 11월 노량진 연구실에서
진심을 다해 가르치는 영어 - 진가영

❶ 2025년도 출제 기조 전환 "핵심 내용"

"지식암기 위주에서 현장 직무 중심으로 9급 공무원 시험의 출제 기조가 바뀐다"

인사혁신처가 출제하는 9급 공무원 시험 국어·영어 과목의 출제 기조가 2025년부터 전면 전환됩니다. 인사혁신처 처장은 '2023년 업무보고'에서 발표했던 인사처가 출제하는 9급 공무원 시험의 '출제 기조 전환'을 2025년부터 본격 추진한다고 밝혔습니다.

'출제 기조 전환'의 핵심내용은 지식암기 위주로 출제되고 있는 현행 9급 공무원 시험 국어·영어 과목의 출제 기조를 직무능력 중심으로 바꾸고, 민간 채용과의 호환성을 강화하는 것입니다. 현장 직무 중심의 평가를 위해 영어 과목에서는 실제 업무수행에 필요한 **실용적인 영어능력을 검증하고자 합니다. 특히 영어 과목에서는 실제 활용도가 높은 어휘를 주로 물어보고 어법의 암기를 덜 요구하는 방식이고, 전자메일과 안내문 등 업무 현장에서 접할 수 있는 소재와 형식을 적극 활용한 문제들로 구성될 것으로 보입니다.**

이를 바탕으로 인사혁신처는 종합적 사고력과 실용적 능력을 평가하게 되는 출제 기조 전환으로 공직에 더 적합한 인재를 선발할 수 있고, 공무원과 민간부문 채용시험 간 호환성 제고로 청년들의 시험 준비 부담이 감소되고 우수한 인재가 공직에 보다 더 지원할 것으로 기대하고 있습니다.

❷ 2025년 "현명한" 신경향 공무원 영어 학습 전략

신경향 어휘 학습

출제 기조 전환 전에는 유의어 유형을 많이 물어보고 단순 암기로 인하여 문제 푸는 시간 또한 절약할 수 있었습니다. 하지만 2025년 출제 기조 전환 예시문제를 보면 어휘는 빈칸 유형으로만 구성된 것으로 보아 **제시문의 맥락을 고려하고 정확한 단서를 찾은 후에 빈칸 안에 어떤 어휘가 적절한 것인지 찾는 훈련과 연습**이 반드시 필요합니다.

신경향 문법 학습

출제 기조 전환 전에는 문법 문제들이 박스형, 문장형, 영작형으로만 구성되었지만 출제 기조 전환 발표 중 일부인 민간 채용과의 호환성을 강화하는 취지로 **TOEIC, TEPS 시험에서 잘 나오는 빈칸 유형이 문법 문제로 새로 추가되었습니다.** 이런 유형들은 기존의 유형들과 확실하게 다른 접근법으로 문제를 풀어야 하므로 **문법 파트별로 체계적인 이론 정리와 더불어 다양한 문제들을 많이 풀어보고 문제 풀이 전략을 정확하고 확실하게 배워야 합니다.**

신경향 독해 학습

출제 기조 전환 전에는 1지문 1문제로 구성되고 각 선지들이 지문에 맞는지, 안 맞는지만 판단하기만 하면 되었지만 **2025년 출제 기조 전환 예시문제를 보면 독해 유형에 세트형이 2문제로 구성되어 있습니다.** 세트형이라고 난도가 더 올라갔다고 보기는 어렵지만 **다소 생소한 형식의 문제 유형이 출제되면 수험생들이 당황하기가 쉬우므로 신유형 독해 문제인 전자메일과 안내문, 홈페이지 게시글 등의 형식들에 대한 체계적인 학습을 통해 빠르고 정확하게 푸는 전략을 체화시켜야 합니다.** 이와 같은 형식으로 단일 지문으로 구성되기도 하니 특히 많은 훈련이 필요한 영역입니다.

GUIDE
구성과 특징

① 문법 실력 강화 연습문제 10회분

문법 문제를 10회분으로 나누어 출제 기조 전환 예상 문제를 연습할 수 있도록 구성하였다.

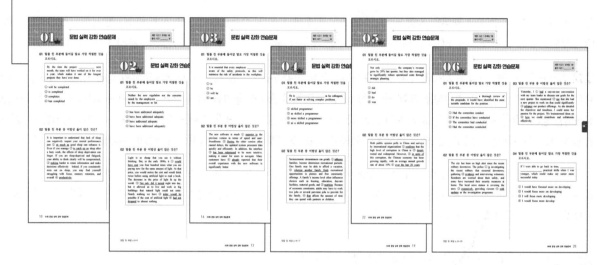

② 문법 실력 강화 OX문제 2회분

공무원 영어 시험에 나오는 문법 출제 포인트를 다양한 문제 형식으로 복습 및 자기 점검이 가능하도록 OX문제를 구성하였다.

③ 문법 적중 포인트 포함한 상세 해설

요약서인 〈단판승 문법 적중 포인트 100〉에 기반하여 해설에 문제의 각 선지마다 관련된 문법 출제 포인트를 제시함으로써 학습자들이 체계적으로 문법 정리를 할 수 있도록 구성하였다.

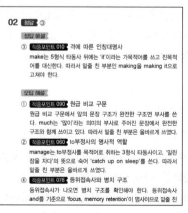

REVIEW
후기

진가영 영어 문법 끝판왕

가영쌤과 점수 수직 상승을 만들어 낸 "생생한" 수강후기

★★★★★ 충남 교행 수석 영어 100점
김**

가영쌤의 커리는 기본적으로 반복을 거듭해서 확실하게 기억하고 또 여러 방향으로 적용하면서 어떤 식으로 문제가 변형되어 나와도 확실하게 캐치할 수 있게 만드는 방향으로 진행됩니다. 특히 여러 번 강조해서 배우는, 자주 출제되는 중요한 내용들은 계속 따로 자료를 만들고, 또 특강으로도 계속 또 반복해서 빠짐없이 떠 먹여 주기까지 합니다. 따라 가려고 노력만 하면 보상을 받을 수 있는 그런 시간을 보낼 수 있는 강의라고 생각합니다. 가영쌤은 또, 더 재밌는 강의를 위해 매번 좀 웃긴 거를 많이 준비해 오시는 것 같은 모습이 보이는데 많은 정성과 노력을 기울이고 계시다는 걸 느낄 수 있는 시간들이었습니다.

★★★★★ 우정직 수석 합격 영어 85점
박*태

영어 선생님을 고를 때 가영쌤을 추천하는 이유는 먼저 탄탄한 커리큘럼과 숙제 관리, 그리고 문법 교재가 너무너무 좋습니다! 콤팩트한 책에 있을 내용 다 있고, 문판왕이나 동형모의고사 등 문풀 수업과의 연계도 잘 되어 있습니다. 그리고 매주 실강 수업 때 나오는 ox 숙제를 계속 반복해야 문법 출제 포인트가 무엇인지 익숙해집니다. 또한, 가영쌤의 어휘책 구성도 좋았고, 매 수업 전에 테스트를 하기 때문에 미리 공부해가야 하는 게 실력 향상에 도움이 되었습니다. 덕분에 이번 문제 풀이 소요시간, 24분, 동형 때는 달성해보지 못했던 최고기록입니다. 가영쌤 I cannot thank you enough!!

★★★★★ 2024 일반행정직 영어 100점
**선

영어 100점은 진짜 운이라고 생각했는데 선생님 만나고 나서 이게 진짜 실력으로 된다는 걸 알았어요. 단어 미친 반복으로 겨우 다 외우고 문법도 단판승 3시간 너무 좋았고 독해는 그 200제가 정말 좋았어요. 제가 국가직 영어 35분 걸려서 정말 선생님도 찾아뵈고 걱정 많이 했는데 이번 지방직은 20분 컷해서 정말 좋았어요. 언제나 감사합니다!!

★★★★★ 2024 일반행정직 영어 95점
**경

공시 시작하고 가영쌤을 만나서 영어 공부도 즐겁게 할 수 있었고 95점이라는 고득점도 해볼 수 있었고 항상 최선을 다하시는 모습을 보면서 많이 본받아야겠다 생각했습니다. 나태해질 때마다 쌤을 보면서 힘을 얻었고 앞으로도 제가 많이 존경하고 진심으로 응원할 영원한 제 1타 강사 가영쌤♥ 건강 잘 챙기시고 곧 태어날 아이와 가족들 또 주변 사람들과 행복한 순간만 앞으로 더 가득하시면 좋겠어요♥ 서울 가게 되면 인사드리러 꼭 갈게요!! 쌤이랑 함께한 시간들 항상 소중했어요♥ I cannot thank you enough♥

★★★★★ 2024년 사회복지직 영어 95점
**화

I cannot thank you enough♥시험을 준비하면서 나름의 소소한 목표 중 하나가 영어 시험을 잘 봐서 가영쌤한테 제가 먼저 올해 영어 잘 봤다고 연락드리는 거였는데, 드디어 그 목표를 이룰 수 있게 되어서 너무 기뻐요! 처음 박문각 와서 하프 들었을 때 3,4개 맞기도 하고 그랬던 적이 있었는데~ 쌤과 열심히 함께 달렸더니 95점이라는 이런 좋은 점수를 받았습니다. 영어는 제 발목을 잡는 과목 중 하나여서 처음부터 끝까지 긴장을 놓지 않고 제일 큰 비중을 두고 공부한 과목이었습니다. 이번 지방직에서 단어, 문법, 생활영어까지 쌤과 함께 공부했던 범위 내에서 계속 반복하며 공부했던 부분들이라 신속하고 정확하게 풀 수 있어시간 절약을 했던 것 같아요! 다 가영쌤과 함께한 덕분이에요!

CURRICULUM
커리큘럼

2025 출제 기조 전환 대비 단기합격 커리큘럼 영상

2025년
신경향(New Trend) ✦
정규 커리큘럼

합격을 위한
필수 과정

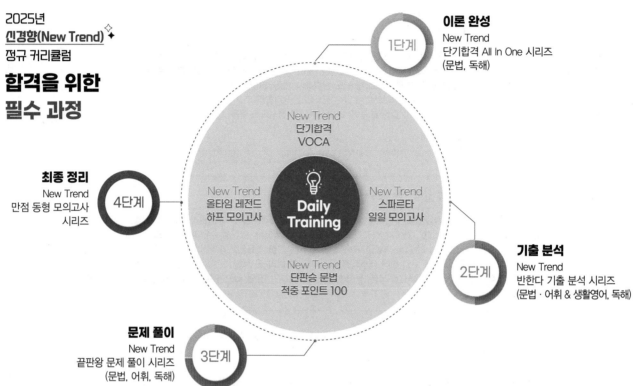

1단계
이론 완성
New Trend
단기합격 All In One 시리즈
(문법, 독해)

New Trend
단기합격
VOCA

Daily Training

New Trend
올타임 레전드
하프 모의고사

New Trend
스파르타
일일 모의고사

New Trend
단판승 문법
적중 포인트 100

최종 정리
4단계
New Trend
만점 동형 모의고사
시리즈

2단계
기출 분석
New Trend
반한다 기출 분석 시리즈
(문법 · 어휘 & 생활영어, 독해)

문제 풀이
3단계
New Trend
끝판왕 문제 풀이 시리즈
(문법, 어휘, 독해)

2025년
신경향(New Trend) ✦
보완 커리큘럼

합격을 위한
선택 과정

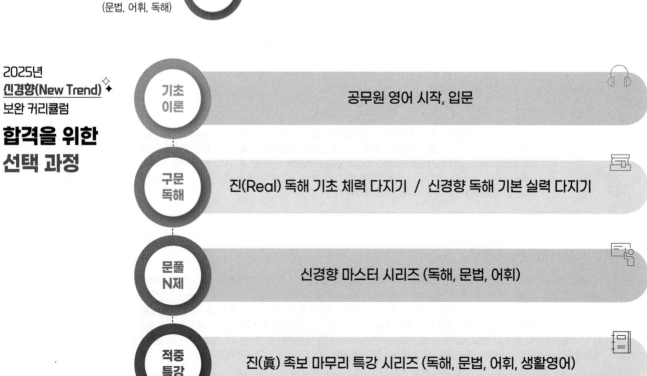

기초 이론 — 공무원 영어 시작, 입문

구문 독해 — 진(Real) 독해 기초 체력 다지기 / 신경향 독해 기본 실력 다지기

문풀 N제 — 신경향 마스터 시리즈 (독해, 문법, 어휘)

적중 특강 — 진(眞) 족보 마무리 특강 시리즈 (독해, 문법, 어휘, 생활영어)

CONTENTS
차례

진가영 영어 문법 끝판왕

진가영 영어
문법 끝판왕

진가영 영어연구소 | cafe.naver.com/easyenglish7

Part 01
문법 실력 강화 연습문제

문법 실력 강화 연습문제

01 밑줄 친 부분에 들어갈 말로 가장 적절한 것을 고르시오.

> By the time the project _____ next month, the team will have worked on it for over a year, which makes it one of the longest projects they have ever done.

① will be completed
② is completed
③ completes
④ has completed

02 밑줄 친 부분 중 어법상 옳지 않은 것은?

> It is important to understand that lack of sleep can negatively impact your mental performance just ① as much as good sleep can enhance it. Even if you manage ② to catch up on sleep after a busy week, the effects of sleep deprivation can linger. If you are sleep-deprived and fatigued, your ability to think clearly will be compromised, ③ making harder to retain information and make decisions effectively. Indeed, if you consistently miss out on sleep, you may find yourself struggling with focus, memory retention, and overall ④ productivity.

03 밑줄 친 부분 중 어법상 옳지 않은 것은?

> While this pressure can cause parents ① participate less in their children's lives, there ② remains a great need for them to be involved in their children's education. Recent studies show that when families are involved in their children's education in positive ways, the children achieve higher grades, have better attendance, complete more ③ homework, and demonstrate more positive attitudes. Reports also indicate that families who receive frequent messages from teachers tend to become more involved in their children's education than ④ do parents who do not receive this kind of communication.

04 밑줄 친 부분에 들어갈 말로 가장 적절한 것을 고르시오.

> If it _____ for the heavy rain, the outdoor event would have been a success, attracting many more visitors than expected.

① hadn't been
② wasn't
③ isn't
④ won't be

정답 및 해설 p.4–5

05 밑줄 친 부분 중 어법상 옳지 않은 것은?

> The cruel fact is ① <u>that</u> suicides often fail, in which case the person who attempted to kill himself has to face many dreadful ② <u>consequence</u> such as permanent brain damage, severe burns, or lifetime disability. On the brighter side, if one ③ <u>does</u> survive a suicide attempt, he will live to discover the truth about depression, the most common reason people commit suicide, which is that it really is a temporary condition. ④ <u>The very</u> circumstances that made you plunge into the swamp of depression could always change, and there are various kinds of medications that could chase away your bad mood.

06 밑줄 친 부분 중 어법상 옳은 것은?

> The alternatives to reason have always been a bit suspect, as if they were both inferior to, and less legitimate than, the appeal to reason. In fact, there is nothing irrational or unreasonable about ① <u>appealing to</u> your own character or to the emotions of your audience. Decisions ② <u>rarely made</u> on the basis of pure reason. People commonly ③ <u>relies on</u> trust or confidence and feelings when deciding what to do, and in many contexts, these sentiments are no less ④ <u>legitimately</u> than logic.

07 밑줄 친 부분에 들어갈 말로 가장 적절한 것을 고르시오.

> We expected the CEO to announce several new policies at the meeting, _____ carefully designed to improve the company's global competitiveness.

① all of them

② all of which were

③ all of which was

④ and all of them

08 밑줄 친 부분 중 어법상 옳지 않은 것은?

> A certain person becomes angry or starts a fight in order to create distance between himself and another person. Let's say you and your partner ① <u>have</u> been spending a great deal of time together. You are beginning to feel a bit bothered and pressured. Instead of admitting this to yourself and ② <u>explaining your partner</u> that you need a little space, you start a fight or ③ <u>get angry</u> with him for some small thing he has done. In that way you feel justified in walking out. When he calls later, you tell him you think it is better if you ④ <u>take a few days off</u> from seeing each other since you are not getting along. In reality, you wanted the space all along.

09 밑줄 친 부분 중 어법상 옳지 않은 것은?

Many studies show that a lack of knowledge about nutrition leads to unhealthy eating habits and obesity in the young. Moreover, with the ① increasing number of dual-income families, parents are finding it more difficult to teach their children how to eat well. ② To fill the gap, governments need to put the emphasis on nutrition education in the classroom. The aim of this education should be to teach young students how to eat more healthily. Young students need to have a better relationship with food, ③ learn about what is on their plate and how it gets there. With this education, young children can get ④ interested in what they are eating and break bad eating habits.

10 밑줄 친 부분에 들어갈 말로 가장 적절한 것을 고르시오.

It is essential that every employee _____ aware of the safety protocols, as this will minimize the risk of accidents in the workplace.

① is
② be
③ will be
④ are

11 밑줄 친 부분 중 어법상 옳은 것은?

The expectation of future interaction motivates people ① look for positive qualities in someone so that they will ② look forward future interactions rather than dread them, and increases the chances that people will find the individual attractive. Conversely, when people interact with someone whom they do not foresee meeting again, they have little reason to search for positive qualities. In fact, doing so may be ③ depressed, given that they may not have the opportunity ④ to get to know the person better in future interactions.

12 밑줄 친 부분 중 어법상 옳지 않은 것은?

So, start listening to it. This is the gateway to our inner world or intuition. Intuition, as opposed to logic, reasoning, and rationale, ① is a gentler source of information that often opposes logic, challenges reason, and is strongly connected to feelings in the body rather than in the mind or head. ② Paying attention to our inner world requires that we ③ pressed the pause button on the endless mental processing. It allows us to focus on emotions, feelings, and our body. ④ With this we have taken the first crucial step to accessing our intuitive self.

정답 및 해설 p.6~7

문법 실력 강화 연습문제

제한 시간 | 문제당 1분
풀이 시간 | _____ 분

01 밑줄 친 부분에 들어갈 말로 가장 적절한 것을 고르시오.

> Neither the new regulation nor the concerns raised by the employees _____ by the management so far.

① has been addressed adequately

② have been addressed adequate

③ have addressed adequate

④ have been addressed adequately

02 밑줄 친 부분 중 어법상 옳지 않은 것은?

> Light is so cheap that you use it without thinking. But, in the early 1800s, it ① would have cost you four hundred times what you are paying now for the same amount of light. At that price, you would notice the cost and would think twice before using artificial light to read a book. The decrease in the price of light lit up the world. ② Not only did it turned night into day, but it allowed us to live and work in big buildings that natural light could not enter. Nearly nothing we have ③ today would be possible if the cost of artificial light ④ had not dropped to almost nothing.

03 밑줄 친 부분 중 어법상 옳지 않은 것은?

> By ① eating in a way that is suitable both for our own health and for the health of the biosphere, we can help our society to face and ② overcome the enormous environmental challenges of our times. The more people move toward plant-based food choices, ③ greater the possibility that our species will not only survive ④ but will thrive. A cultural shift toward a plant-based diet would be a step toward environmental sanity. It would be an act of love for all generations yet to come.

04 밑줄 친 부분에 들어갈 말로 가장 적절한 것을 고르시오.

> _____ the quick response of the firefighters, the damage caused by the forest fire would have been much more severe.

① Were it not for

② Had it not been for

③ If it had not

④ It had not been for

05 밑줄 친 부분 중 어법상 옳지 않은 것은?

Although Socrates did not work out precise rules for definition, he did employ ① what came to be ② known as the 'Socratic method'. To get at the true definition of some term, Socrates would engage in conversation with someone who claimed to understand the term. By ③ carefully, probing, and persistent questioning Socrates would elicit from his opponent all sorts of definitions and show their inadequacy, until finally a correct version was obtained. Naturally this approach tended to be unnerving and humiliating to those ④ with whom the discussion was carried on and who confidently, sometimes arrogantly, thought they knew it all, especially when a crowd gathered around to hear the philosopher destroy their arguments.

06 밑줄 친 부분 중 어법상 옳지 않은 것은?

Our sense of smell is particularly ① vulnerable to outside influence. A team of scientists at Oxford has shown that a simple word label can profoundly alter what we think our noses are telling us. When an experimental subject ② is given odorless air to smell but told he ③ is smelling cheddar cheese, his olfactory areas light up in hungry anticipation. But when the same air arrives with a "body-odor" label, the subject unwittingly shuts down the smell areas of his brain. Although the sensation hasn't changed — it's still just purified air — the mind has completely revised ④ their olfactory response.

07 밑줄 친 부분에 들어갈 말로 가장 적절한 것을 고르시오.

The book that I had been searching for _____ in the library's special collections section, which I hadn't checked previously.

① was located
② locates
③ had located
④ is locating

08 밑줄 친 부분 중 어법상 옳지 않은 것은?

Psychologists have spent years ① trying to discover the answer to the question, "What makes innovators different?" In one of the most thorough ② examinations of the subject, Harvard researchers spent six years and interviewed three ③ thousands of executives to find out. Their conclusions are ④ interesting, but the investigators could have saved themselves a lot of time by simply asking Steve Jobs.

정답 및 해설 p.9-10

09 밑줄 친 부분 중 어법상 옳지 않은 것은?

Did you ever notice ① while walking down the street in a big city that when you come to intersections the wind is suddenly stronger? That's where the sharp edges of the buildings are causing disturbance in the air flow. Similarly, sharp edges in your home can produce energy crashes ② which disrupt your mental flow and well-being. Look around your room. ③ Are there a piece of furniture with sharp angles? Does it make you ④ feel a little uncomfortable to walk by it? You want to smooth and soften indoor energy flow, and a wonderful method is to place houseplants around objects like this, sort of like energy bumpers.

10 밑줄 친 부분에 들어갈 말로 가장 적절한 것을 고르시오.

Although the new employee had little experience, he _____ as a valuable member of the team due to his willingness to learn and adapt quickly.

① being regarded
② regarded
③ was regarded
④ will regard

11 밑줄 친 부분 중 어법상 옳지 않은 것은?

If you think of yourself ① as being unworthy of great achievement, you will never achieve greatness. If, on the other hand, you know yourself and understand what your abilities are, and if then you determine to accomplish everything ② in which you are capable, you will certainly stand a ③ much better chance of success. How may one become inspired to realize all his possibilities or to gain confidence in himself? One of the surest ways is ④ for him to associate with persons who have really achieved greatness.

12 밑줄 친 부분 중 어법상 옳지 않은 것은?

If you stand ① still in vertical rain, you will only get wet on top of your head, but once you start to move, your front starts getting wet as well. But, crucially, you don't hit ② little raindrops by moving slower! Think about it this way: in every volume of space, there is a certain density of raindrops. Your front ③ will meet that density of drops when you ④ get to it no matter what your speed, so going more slowly does not help.

01 밑줄 친 부분에 들어갈 말로 가장 적절한 것을 고르시오.

> It is essential that every employee _____ aware of the safety protocols, as this will minimize the risk of accidents in the workplace.

① is

② be

③ will be

④ are

02 밑줄 친 부분 중 어법상 옳지 않은 것은?

> The new software is much ① underline superior to the previous version in terms of speed and user-friendliness. ② During the older version often caused delays, the updated system processes data quickly and efficiently. In addition, the interface ③ has been redesigned to be more intuitive, making it easier for users to navigate. Many customers have ④ already reported that their overall experience with the new software is significantly better.

03 밑줄 친 부분 중 어법상 옳지 않은 것은?

> About twenty years ① ago, Time magazine described a study by a psychologist of people who ② had lost their jobs three times due to plant-closings. The writers were amazed by what they discovered. They expected the people ③ laying off to be beaten down and discouraged. Instead they found ④ them incredibly resilient. Why was that? They concluded that people who had weathered repeated adversity had learned to bounce back.

04 밑줄 친 부분에 들어갈 말로 가장 적절한 것을 고르시오.

> He ultimately decided to decline the job offer, as he _____ a decision without taking the time to carefully weigh the pros and cons and fully consider the long-term consequences.

① knew better than to rushing into

② knew better to rush into

③ knew better than to rush into

④ knew better than rushing into

정답 및 해설 p.12–13

05 밑줄 친 부분 중 어법상 옳지 않은 것은?

The true champion recognizes that excellence often flows ① most smoothly from simplicity, a fact that can get lost in these high-tech days. I ② was used train with a world-class runner who was constantly hooking himself up to pulse meters and pace keepers. He spent hours collecting data that he thought would help him improve. In fact, a good 25 percent of his athletic time was devoted ③ to externals other than working out. Sports became ④ so complex for him that he forgot how to enjoy himself.

07 밑줄 친 부분에 들어갈 말로 가장 적절한 것을 고르시오.

_____ we handle public complaints, the higher the satisfaction of the citizens will be.

① more efficiently
② The more efficient
③ most efficiency
④ The more efficiently

08 밑줄 친 부분 중 어법상 옳지 않은 것은?

① Regardless of people's differences in brain size and structure, research has ② found that every part of the brain will perform at least some function. For instance, people who are born blind do not have visual input entering the back of their brain like normalsighted people. However, the back region of their brain does not ③ remain inactivity. It has been found that this area is used for the processing of other sensory information, such as sounds and touch. Similarly, if a child ④ is born with major damage to one hemisphere, it has been found that the intact hemisphere will take over and perform the functions of both hemispheres.

06 밑줄 친 부분 중 어법상 옳지 않은 것은?

Patrick Henry was an orator and statesman during the Revolutionary War era. Born at Studley plantation in Virginia, Henry ① was raised in a frontier environment in a refined household, ② where he was inspired by the sermons of Samuel Davis. At the age of 15, he became a store clerk. Henry eventually ③ turned to the study of law and obtained a license in the spring of 1760, thereby ④ commenced a successful legal career.

09 밑줄 친 부분 중 어법상 옳지 않은 것은?

Human capital is the economic value of the skill sets of a person, and nations that invest heavily in it ① <u>ultimately</u> experience financial growth. Investments in human capital involve ② <u>to provide</u> citizens with better access to higher education, job training, and medical care. As a result, ③ <u>the number of</u> skilled and healthy workers in the labor force grows, and productivity and innovation improve. This point can ④ <u>be illustrated</u> by the swift economic growth seen over the past few decades in some Asian countries such as Korea, Japan, and China.

10 밑줄 친 부분에 들어갈 말로 가장 적절한 것을 고르시오.

This project is more critical _____ we are currently working on, as it directly affects public safety.

① than any other task
② than all the other task
③ than any other tasks
④ than task all the other

11 밑줄 친 부분 중 어법상 옳지 않은 것은?

Often overlooked, but just as important a stakeholder, is the consumer who ① <u>plays</u> a large role in the notion of the privacy paradox. Consumer engagement levels in all manner of digital experiences and communities ② <u>has simply exploded</u> — and they show little or no signs of slowing. There ③ <u>is</u> an awareness among consumers, not only that their personal data helps to drive the rich experiences that these companies provide, ④ <u>but also</u> that sharing this data is the price you pay for these experiences, in whole or in part.

12 밑줄 친 부분 중 어법상 옳지 않은 것은?

Consider the trade "deficits" and "surpluses" of a doctor who likes to golf. The doctor can be expected ① <u>run</u> a trade deficit with ② <u>sporting goods stores</u>, golf caddies, and course operators. Why? These suppliers sell items ③ <u>that</u> the golfer-doctor purchases in sizable quantities. The doctor, on the other hand, probably sells ④ <u>few items</u> the sporting goods store purchases.

문법 실력 강화 연습문제

01 밑줄 친 부분에 들어갈 말로 가장 적절한 것을 고르시오.

> He is _____ as his colleagues, if not faster at solving complex problems.

① skilled programmer

② as skilled a programmer

③ more skilled a programmer

④ as a skilled programmer

02 밑줄 친 부분 중 어법상 옳지 않은 것은?

> Socioeconomic circumstances can greatly ① influence families. Income determines recreational pursuits. One family may be able to afford a vacation, ② whereas another family finds recreational opportunities in picnics and free community offerings. A family's income level often influences choices such as housing, education, daycare facilities, material goods, and ③ nutrition. Because of economic constraints, adults may have to work two jobs or several part-time jobs to provide for the family, ④ that affects the amount of time they can spend with partners or children.

03 밑줄 친 부분 중 어법상 옳지 않은 것은?

> Not only musicians and psychologists, but also committed music enthusiasts and experts often voice the opinion that the beauty of music lies in an ① expressive deviation from the exactly defined score. Concert performances ② are become interesting and gain in attraction from the fact ③ that they go far beyond the information printed in the score. In his early studies on musical performance, Carl Seashore ④ discovered that musicians only rarely play two equal notes in exactly the same way.

04 밑줄 친 부분에 들어갈 말로 가장 적절한 것을 고르시오.

> All public officials are required to complete their annual ethics training _____ the end of the month.

① since

② until

③ by

④ when

05 밑줄 친 부분 중 어법상 옳지 않은 것은?

You must avoid the common mistake of making judgments based on your initial impressions of people. Such impressions can sometimes ① tell you something, but more often they are misleading. There are ② several reasons for this. In your initial encounter, you tend ③ to be nervous, less open, and more inward. You are not really paying attention. Furthermore, people have trained themselves to appear a certain way; they have a persona they use in public that acts like a second skin to protect them. Unless you ④ are not incredibly perceptive, you will tend to mistake the mask for the reality.

06 밑줄 친 부분 중 어법상 옳지 않은 것은?

A better understanding of basic human genetics might help ① explains what kind of diet is best for human bodies. ② Due to a lot of overly simplified storytelling, many people have come to believe that there was one way of eating that was "natural" for all humans. As a result, many believe that there is one "natural" healthy diet that should be eaten if we want to become and stay ③ healthy and active. This belief may, in fact, not be true ④ at all.

07 밑줄 친 부분에 들어갈 말로 가장 적절한 것을 고르시오.

You can assign the task to _____ you believe has the right skills and experience to handle such a challenging project.

① whoever

② whomever

③ however

④ whenever

08 밑줄 친 부분 중 어법상 옳지 않은 것은?

More than ever before, the fruits of biological research, including medical research, ① are becoming a staple part of our daily diet. Whenever a new issue ② arouses, we ③ turn to biologists for information and advice. Our questions are simple. For example, 'Is it safe to eat beef?' or, '④ How dangerous is sunbathing?' Sadly, though, biology is a complex science, and there are no simple answers.

정답 및 해설 p.17~18

09 밑줄 친 부분 중 어법상 옳지 않은 것은?

A concept related to interdependence ① within systems theory is that the whole is greater ② as the sum of its parts. It is not difficult ③ to think of examples from the natural realm. Water, for example, can be used ④ to extinguish a fire; applying hydrogen and oxygen to a fire, on the other hand, will cause an explosion.

10 밑줄 친 부분에 들어갈 말로 가장 적절한 것을 고르시오.

There is no student _____ overwhelmed by exams and assignments during the school year, regardless of how well they usually perform academically.

① but doesn't have felt
② but has felt
③ but have felt
④ but don't have

11 밑줄 친 부분 중 어법상 옳지 않은 것은?

In the late 1960s several economists decided ① adjusting GDP to obtain a better measure of economic welfare, ② which they called Measure of Economic Welfare. They noted that leisure was valuable, but this value ③ was not recorded in GDP. If people work 60-hour weeks rather than 40-hour weeks, GDP will be higher, but people may ④ be worse off.

12 밑줄 친 부분 중 어법상 옳지 않은 것은?

People are usually good at ① hiding their hostility, but often they unconsciously give off signals showing that all is not what it ② be seemed. One of the closest ③ friends and advisers of the Chinese Communist Party leader Mao Tse-tung was Lin Biao, a possible successor to the chairman. In the late 1960s and early 1970s, though, Mao ④ detected a change in Lin; he had become excessively friendly.

문법 실력 강화 연습문제

01 밑줄 친 부분에 들어갈 말로 가장 적절한 것을 고르시오.

> Not only _____ the company's revenue grow by 20% last quarter, but they also managed to significantly reduce operational costs through strategic planning.

① did

② had

③ do

④ was

02 밑줄 친 부분 중 어법상 옳지 않은 것은?

> Both public opinion polls in China and surveys by international organizations ① confirms that the high level of corruption in China is ② deeply rooted and widespread. However, ③ in spite of this corruption, the Chinese economy has been growing rapidly, with an average annual growth rate of about 10% ④ over the last 20 years.

03 밑줄 친 부분 중 어법상 옳지 않은 것은?

> The quest for joy and happiness is a universal desire. It is ① unfortunate, however, that people so often believe that the search will be entirely fulfilled by finding the perfect job, acquiring some new gadget, losing weight, or ② maintaining an image. The problem inherent in looking outward for sources of happiness ③ are that focusing on what you do not have or what you are not inevitably leads to unhappiness. It is easy to get caught in your desires and ④ to ignore the sources of joy and growth already present in your life.

04 밑줄 친 부분에 들어갈 말로 가장 적절한 것을 고르시오.

> Music is to our emotions _____ art is to our imagination, offering a means of expression that words alone cannot fully convey.

① that

② which

③ what

④ whose

05 밑줄 친 부분 중 어법상 옳지 않은 것은?

Have you ever been in a meeting ① while someone was making a speech and realized suddenly that your mind was a million miles away? You probably ② felt sorry and made up your mind to pay attention and never daydream again. Most of us, from earliest school days, ③ have been told that daydreaming is a waste of time. On the contrary, it is quite needed. Without it, the mind ④ not could do all the thinking it has to do during a normal day. You can't possibly do all your thinking with a conscious mind.

06 밑줄 친 부분 중 어법상 옳지 않은 것은?

① To understand human behavior, it is essential to grasp the ideas of inferiority. All people develop some sense of inferiority ② because they are born completely helpless and remain in that way throughout childhood. It is a normal condition for all people and a source of all human striving. Life becomes a process of finding ways ③ become less inferior. Feelings of inferiority can be the wellspring of success rather than being considered a sign of weakness or abnormality. In many cases, the moment ④ we experience inferiority, we are pulled by the striving for superiority.

07 밑줄 친 부분에 들어갈 말로 가장 적절한 것을 고르시오.

They won't improve their sales performance _____ they implement more effective marketing strategies.

① if
② unless
③ on condition that
④ in case

08 밑줄 친 부분 중 어법상 옳지 않은 것은?

There is nothing new in the realization of music's therapeutic and mood-changing properties. In the ① most earliest societies shamans used repetitive rhythmic drum beats ② to induce altered states of consciousness and mood. Martin Luther noted ③ that nothing on earth is so well suited to make the sad merry, the merry sad, to give courage to the despairing, to make the proud humble, to lessen envy and hate, ④ as music. Many writers and philosophers have pointed to the particular ability of music to touch the emotions rather than the intellect and to create atmosphere.

09 밑줄 친 부분 중 어법상 옳지 않은 것은?

Board members discuss ① <u>what</u> management has submitted — usually quarterly figures — rather than more critical issues, such as a slump in employee motivation or an ② <u>unexpected</u> change in customer behavior. They tend not to discuss what's not on the agenda. In addition, they prefer the ③ <u>informations</u> that is easy to obtain, ④ <u>whether</u> it may be economic data or recipes.

10 밑줄 친 부분에 들어갈 말로 가장 적절한 것을 고르시오.

The team leader prepared a detailed contingency plan lest any unexpected issues _____ during the product launch.

① arise

② didn't arise

③ were not arisen

④ were arisen

11 밑줄 친 부분 중 어법상 옳지 않은 것은?

Every salesperson already ① <u>have</u> a self-concept for the amount of money that he or she earns. Psychologists have found that you can never earn 10 ② <u>percent</u> more or less than your self-concept level of income. If you earn 10 percent more than you think you are entitled to, you will immediately engage ③ <u>in compensating</u> behaviors to get rid of the money. If you have a great month and earn more than you had expected, you will have an irresistible urge to spend ④ <u>it</u> on dinners, travel, clothes, or something else.

12 밑줄 친 부분 중 어법상 옳지 않은 것은?

Psychologists have ① <u>frequently</u> tested the notion that people's personalities cause them consistently ② <u>exhibited</u> the same behavioral patterns in a variety of situations. In one study, counselors ③ <u>working</u> at a summer camp for teenage boys were asked to secretly note down the degree ④ <u>to which</u> the boys displayed various forms of extroverted behavior, such as talking during mealtimes.

정답 및 해설 p.22~23

문법 실력 강화 연습문제

01 밑줄 친 부분에 들어갈 말로 가장 적절한 것을 고르시오.

> _____ a thorough review of the proposals, it would have identified the most suitable candidate for the position.

① Had the committee conduct

② If the committee have conducted

③ The committee had conducted

④ Had the committee conducted

02 밑줄 친 부분 중 어법상 옳지 않은 것은?

> The city has been on high alert since the recent robbery downtown. The police ① is investigating the recent robbery that occurred downtown, gathering ② evidence and interviewing witnesses. Residents are worried about their safety, and many have increased their security measures at home. The local news station is covering the story ③ extensively, providing viewers ④ with updates as the investigation progresses.

03 밑줄 친 부분 중 어법상 옳지 않은 것은?

> Yesterday, I ① had a one-on-one conversation with my team leader to discuss our goals for the next quarter. She mentioned ② me that she had a new project to work on that could significantly ③ enhance our product offerings. As she detailed the objectives and timelines, I could sense her passion for the project. We brainstormed ideas on ④ how we could contribute and collaborate effectively.

04 밑줄 친 부분에 들어갈 말로 가장 적절한 것을 고르시오.

> If I were able to go back in time, _____ _____ practical skills when I was younger, which could make my career more successful today.

① I would have focused more on developing

② I would focus more on developing

③ I will focus more developing

④ I would focus more develop

05 밑줄 친 부분 중 어법상 옳지 않은 것은?

① It was a warm summer evening, and everyone enjoyed the cool breeze drifting through the house. After dinner, the family ② sat on the porch, chatting and watching the stars. They didn't feel the need to close anything since the night felt so peaceful. They left the door ③ openly all night, allowing the fresh night air to flow freely inside. When they woke up the next morning, the house still ④ felt cool, and the scent of blooming flowers lingered in the air.

06 밑줄 친 부분 중 어법상 옳지 않은 것은?

While ① cleaning his old desk, Tom found the letter that his friend ② has written to him. It was tucked between the pages of an old notebook he hadn't opened in a long time. As he carefully unfolded the letter, memories of their time together in college came rushing back. The words on the paper felt both distant and ③ familiar, as if his friend ④ were speaking to him from the past.

07 밑줄 친 부분에 들어갈 말로 가장 적절한 것을 고르시오.

_____ teamwork is for project success, individual contributions should not be overlooked.

① importance
② Importantly
③ Important as
④ As Importance

08 밑줄 친 부분 중 어법상 옳지 않은 것은?

The local government has introduced a new policy to enhance public transportation services in the area. A majority of voters ① supports the new policy, believing it will ② reduce traffic congestion and provide more reliable options for commuters. Community meetings ③ have been held to discuss the policy and gather feedback from residents. While many are optimistic, some citizens express concerns about potential fare increases and service disruptions ④ during the transition.

정답 및 해설 p.25-26

09 밑줄 친 부분 중 어법상 옳지 않은 것은?

The organizers spent months ① preparing for the outdoor event. Unfortunately, the weather forecast predicted heavy rain on the scheduled day. They had no option but ② cancel the event due to the weather, ③ despite their efforts to find alternative solutions. Many attendees expressed disappointment, but they understood the decision. The organizers are now planning ④ to reschedule the event for a later date with hopes for better weather.

10 밑줄 친 부분에 들어갈 말로 가장 적절한 것을 고르시오.

The new policies have not been communicated effectively to the staff, _____ they been explained to the stakeholders.

① neither have
② and neither have
③ and neither do
④ neither has

11 밑줄 친 부분 중 어법상 옳지 않은 것은?

Jake was a dedicated employee at a prominent marketing firm. He often stayed ① late to meet deadlines and ensure that his projects were completed to the best of his ability. Although ② worked long hours, he still found time for his family. Every weekend, he made ③ it a point to disconnect from work and spend quality time with his children. This balance allowed him ④ to recharge and maintain his motivation at work.

12 밑줄 친 부분 중 어법상 옳지 않은 것은?

As environmental concerns ① grow, many cities are implementing stricter regulations to protect nature. One significant measure is to impose harsh penalties for littering. The harsh penalties for littering ② are designed to deter people ③ to pollute the environment. By raising awareness about the impact of waste on ecosystems, authorities hope ④ to encourage responsible behavior among citizens.

07

문법 실력 강화 연습문제

01 밑줄 친 부분에 들어갈 말로 가장 적절한 것을 고르시오.

> The proposed budget is _____ to accommodate all the necessary resources for the upcoming project.

① how limited

② too limited

③ so limited

④ very limited

02 밑줄 친 부분 중 어법상 옳지 않은 것은?

> Last week, an important meeting was held at the office ① regarding the new project. Unfortunately, if she ② has known about the meeting, she would have attended. Her input was crucial, as she had valuable insights to share with the team. After ③ realizing her absence, we decided to fill her in on the discussions ④ that took place.

03 밑줄 친 부분 중 어법상 옳지 않은 것은?

> After a long day at work, John returned home feeling ① tired. He quickly prepared dinner and enjoyed his favorite meal. ② Having been finished his meal, he decided to take a walk in the park. The fresh air and gentle breeze helped him relax and unwind. As ③ he strolled along the path, he reflected on his day and felt grateful for the little moments of joy. So he finished his walk and entered ④ the house.

04 밑줄 친 부분에 들어갈 말로 가장 적절한 것을 고르시오.

> The noise from the construction site will _____ for residents to enjoy their homes.

① make hard

② make hard it

③ make it hard

④ make hardly

05 밑줄 친 부분 중 어법상 옳지 않은 것은?

In today's digital age, false information can spread ① <u>rapidly</u> through social media. The government is concerned ② <u>at</u> the spread of misinformation ③ <u>as</u> it can mislead people and cause public confusion. ④ <u>To address</u> this issue, officials are working with tech companies to monitor and flag misleading content.

06 밑줄 친 부분 중 어법상 옳지 않은 것은?

In the field of research, data collection and analysis ① <u>play</u> a crucial role in drawing meaningful conclusions. Statistics ② <u>are</u> used to analyze data in various research studies, permitting researchers ③ <u>to identify</u> trends and patterns. By applying statistical methods, scientists can determine the significance of their findings and make ④ <u>informed</u> decisions.

07 밑줄 친 부분에 들어갈 말로 가장 적절한 것을 고르시오.

_____ sufficient funds in the budget, the department decided to postpone the new project until next year.

① Being
② It being
③ There being
④ There being no

08 밑줄 친 부분 중 어법상 옳지 않은 것은?

① <u>Last Friday</u>, as the weekend approached, Emily realized she needed a good book ② <u>to read</u> during her downtime. She had heard great things about a novel ③ <u>that</u> her friend had recently finished, so she decided to reach out to her. After a brief conversation about their plans for the weekend, she asked her friend to ④ <u>borrow</u> her a book for the weekend.

09 밑줄 친 부분 중 어법상 옳지 않은 것은?

The championship match was intense, with ① both fighters showcasing their skills and determination. As the rounds progressed, the tension in the arena grew, and the crowd erupted with excitement. In the third round, ② one fighter made a bold move, delivering a series of powerful punches. He ③ fall the opponent in the final round of the match, securing his victory and the championship title. The audience cheered as he ④ raised his arms in triumph, celebrating his hard-earned success.

10 밑줄 친 부분에 들어갈 말로 가장 적절한 것을 고르시오.

All employees are required to attend the meeting _____ those who are on leave.

① despite
② except
③ though
④ for

11 밑줄 친 부분 중 어법상 옳지 않은 것은?

It was a sunny afternoon, and I decided to take a ① leisurely stroll through the park. As I walked along the path, I noticed various animals ② enjoying the warm weather. Children were laughing and playing, and birds were singing cheerfully in the trees. Suddenly, I caught sight of a movement out of the corner of my eye. I saw the cat ③ to climb the tree to escape. It seemed startled by a ④ nearby dog barking loudly.

12 밑줄 친 부분 중 어법상 옳지 않은 것은?

It is important that the best mode of transportation ① be taken into account when planning a trip to the city. Many people often find ② themselves stuck in traffic during peak hours, which can be quite frustrating. You may as well take the train ③ than drive, since traffic is so heavy today. Taking the train not only saves time but also ④ allows you to relax and enjoy the scenery.

문법 실력 강화 연습문제

01 밑줄 친 부분에 들어갈 말로 가장 적절한 것을 고르시오.

> _____ the tight deadline, the team had no choice but to work overtime to complete the project.

① So

② Unless

③ In spite of

④ Given

02 밑줄 친 부분 중 어법상 옳지 않은 것은?

> As soon as I opened the book, I ① was captivated by the first few pages. This book has ② such interesting a storyline that I couldn't ③ put it down, and I found ④ myself reading late into the night.

03 밑줄 친 부분 중 어법상 옳지 않은 것은?

> After finishing their ① homework, the children rushed outside to enjoy the cool breeze. The children ② playing outside ③ until it got dark, their laughter filling the air as they ran across the yard. They took turns climbing trees, ④ imagining themselves as explorers in a distant jungle.

04 밑줄 친 부분에 들어갈 말로 가장 적절한 것을 고르시오.

> It was the dedicated efforts of the project team _____ the successful completion of the new system implementation ahead of schedule.

① they ensured

② which they ensured

③ that ensured

④ what ensured

08

정답 및 해설 p.32–33

05 밑줄 친 부분 중 어법상 옳지 않은 것은?

In a well-functioning workplace, clear guidelines are essential for maintaining ① order and productivity. Every ② team member needs to understand their roles and responsibilities to ensure that the work is completed efficiently. Open communication is encouraged to address any concerns or questions that may ③ arise. Additionally, it is important for everyone to align with the organization's goals and values. Ultimately, employees are expected to ④ obey to the company's policies.

06 밑줄 친 부분 중 어법상 옳지 않은 것은?

After weeks of negotiation, both parties were anticipated to ① reach an agreement. However, one side made a final proposal that was far from what ② the other had hoped for. He regards their offer ③ as unacceptably, believing it does not meet the original terms they discussed. ④ Despite his frustration, he remained polite and explained his reasons calmly.

07 밑줄 친 부분에 들어갈 말로 가장 적절한 것을 고르시오.

_____ the details of the budget allocation for the upcoming fiscal year.

① Provided in the annex are
② Providing in the annex was
③ Providing in the annex are
④ Provided in the annex is

08 밑줄 친 부분 중 어법상 옳지 않은 것은?

Last Saturday, my friends and I decided to catch ① the latest blockbuster film. We arrived at the theater just in time to get our tickets, but the line was ② longer than we expected. After rushing through the concession stand to grab some popcorn, we hurried into the auditorium. We ③ hardly settled into our seats when the movie began. The lights dimmed, and the trailers started playing, making us ④ feel excited for the show.

정답 및 해설 p.33-34

09 밑줄 친 부분 중 어법상 옳지 않은 것은?

He ① <u>was offering</u> a great opportunity to study abroad. At first, he hesitated ② <u>because</u> leaving home for a long time felt overwhelming. However, his friends encouraged him, saying it was a once-in-a-lifetime chance. After ③ <u>some thought</u>, he decided to accept the offer and began ④ <u>preparing</u> for the journey.

10 밑줄 친 부분에 들어갈 말로 가장 적절한 것을 고르시오.

When preparing for an important presentation, you cannot be _____ in your research and preparation.

① too thorough
② too thorough enough
③ so thorough
④ very thorough enough

11 밑줄 친 부분 중 어법상 옳지 않은 것은?

Maria and her friends had been looking forward ① <u>to</u> the concert for months. They had planned their outfits and ② <u>were excited</u> to see their favorite band perform live. However, ③ <u>being</u> sold out, we couldn't attend the concert. ④ <u>Devastated</u> by the news, they decided to make alternative plans for the weekend.

12 밑줄 친 부분 중 어법상 옳지 않은 것은?

① <u>During</u> my spring cleaning, I stumbled upon an old box in the back of the closet. Curiosity piqued, I decided to open it and see ② <u>what</u> was inside. In the box ③ <u>is</u> many old photographs from our travels. ④ <u>Each photo</u> captured moments of joy, laughter, and adventure that we shared as a family.

문법 실력 강화 연습문제

01 밑줄 친 부분에 들어갈 말로 가장 적절한 것을 고르시오.

> I _____ attend the meeting in person than participate via video conference to ensure effective communication.

① may as well

② would rather

③ may well

④ would

02 밑줄 친 부분 중 어법상 옳지 않은 것은?

> When I heard the news about him, I felt a strange sense of detachment. I ① hadn't spoken to him in years, so his troubles didn't seem ② to affect me. In fact, I neither knew nor ③ care what had happened to him. As I moved on with my life, I realized that sometimes people drift apart, and it's okay to ④ let go of old connections.

03 밑줄 친 부분 중 어법상 옳지 않은 것은?

> The hiking trip started off as an ① exciting adventure for the group of friends. They were eager to explore the beautiful trails and ② enjoy the great outdoors. However, they soon encountered some unexpected challenges. It was foolish ③ for us to ignore the warning signs about the stormy weather ahead. Despite their initial excitement, they learned a ④ valuable lesson about safety and preparedness.

04 밑줄 친 부분에 들어갈 말로 가장 적절한 것을 고르시오.

> She prepared an impressive presentation, _____ that the meeting had been canceled at the last minute.

① so as to find out

② in order to find out

③ only to find out

④ to find out

05 밑줄 친 부분 중 어법상 옳지 않은 것은?

Last night, the community ① held a special event to discuss local issues. Her speech was ② inspired, motivating many to take action. Attendees felt a renewed sense of purpose and energy after hearing her words. Several people shared their ideas for improvement and committed ③ to making changes. By the end of the night, ④ there was a palpable sense of hope and determination in the room.

06 밑줄 친 부분 중 어법상 옳지 않은 것은?

When Sarah moved to a new country, everything felt exciting and new at first. She loved exploring unfamiliar streets, trying different foods, and ① meeting new people. It was not until she moved abroad that ② did he realize how much she missed home. Small things like the scent of her mother's cooking and casual conversations with old friends ③ suddenly became precious memories. ④ Over the years, she learned to balance her love for her new life with a deeper appreciation for the place she came from.

07 밑줄 친 부분에 들어갈 말로 가장 적절한 것을 고르시오.

The organization is proud of _____ sustainable practices, which have positively impacted the environment.

① their promotion
② they promoting
③ theirs promotion
④ their promoting

08 밑줄 친 부분 중 어법상 옳지 않은 것은?

Tom always has a hard time ① making decisions, especially when the stakes are high. His friends often joke that by the time he ② will decide to help, the problem ③ will have already been solved. Tom knows this is a bad habit, but he still struggles whenever he has to make quick choices. His friends hope ④ that he will be able to act more quickly and develop greater decisiveness someday.

09

09 밑줄 친 부분 중 어법상 옳지 않은 것은?

A good way to understand the story invention process is ① to observe it firsthand. Unfortunately, when people create a new story, we have difficulty knowing exactly how ② did they find the various pieces of the story they are telling. We cannot easily know what has been invented out of thin air and what has been adapted from prior experiences or other stories. We can reasonably assume, however, ③ that true creation can hardly exist ④ with respect to stories.

10 밑줄 친 부분에 들어갈 말로 가장 적절한 것을 고르시오.

The principle of transparency in government operations _____ a cornerstone of public trust and accountability.

① is referred to as
② are referred to as
③ is referred to
④ are referred to

11 밑줄 친 부분 중 어법상 옳지 않은 것은?

Reading facial expressions ① is a critical aspect of emotional intelligence because the face is the main way ② how people nonverbally communicate emotions. People tend to pay more attention to facial expressions than to other nonverbal cues like vocal tones and body movements, and sometimes ③ even more than to verbal communication. Facial expressions ④ are given special importance, especially when there are conflicting signals from different communication channels.

12 밑줄 친 부분 중 어법상 옳지 않은 것은?

Traditional logic and metaphysics fall short when it comes ① to understand and resolve the complexities of human nature. These approaches are only capable of dealing ② with entities that exhibit uniformity and absolute truth. Yet, humans lack this uniformity. Philosophers must describe real humans, ③ not an invented version. Definitions of human nature are mere speculation unless ④ grounded in real human experience.

정답 및 해설 p.38-39

제한 시간 | 문제당 1분
풀이 시간 | _____ 분

01 밑줄 친 부분에 들어갈 말로 가장 적절한 것을 고르시오.

> _____ supported by various
> job training programs offered by the government.

① The unemployed is
② The unemployed are
③ Unemployed have
④ Unemployed has

02 밑줄 친 부분 중 어법상 옳지 않은 것은?

> During the final exam, the teacher asked a
> ① challenging question that caught many students
> off guard. However, Sarah and her friends
> ② were prepared. They had studied together the
> night before, and they ③ were knowing the
> answer to the question without hesitation. Sarah
> felt a surge of confidence as she wrote her
> response on the paper. When the results were
> announced, their hard work paid off, and they all
> ④ celebrated their success together.

03 밑줄 친 부분 중 어법상 옳지 않은 것은?

> The management team reviewed the current
> operational processes during their weekly meeting.
> They noticed that ① several tasks were taking
> longer than expected and ② causing delays. After
> discussing various options, they decided that
> changes were necessary to enhance productivity.
> In light of ③ these discussions, they proposed
> modifications to the ④ existed plan to improve
> efficiency.

04 밑줄 친 부분에 들어갈 말로 가장 적절한 것을 고르시오.

> _____ did the
> audience fully understand the project.

① Not until she finished her presentation
② Until she didn't finish her presentation
③ Until she finished her presentation
④ It was not until she finished her presentation that

10

05 밑줄 친 부분 중 어법상 옳지 않은 것은?

In today's world, environmental awareness is more ① underline{important} than ever. Many people are beginning ② underline{to recognize} the impact of their actions on the planet. We should ③ underline{make} a rule to recycle whenever possible to help the environment. Engaging in simple practices, such as separating waste and utilizing reusable bags, ④ underline{has} the potential to create significant changes in our environment.

06 밑줄 친 부분 중 어법상 옳지 않은 것은?

Dr. Emily Carter has dedicated her life ① underline{to} groundbreaking research in environmental science. Over the years, her innovative studies have contributed ② underline{significantly} to our understanding of climate change. As a result of her outstanding work, she ③ underline{has celebrated} as one of the top ④ underline{scientists} in her field. In addition to her research, Dr. Carter actively participates in public outreach programs to educate the community about sustainable practices.

07 밑줄 친 부분에 들어갈 말로 가장 적절한 것을 고르시오.

It is high time that the government _____ to address the climate crisis before it is too late.

① took serious action
② takes serious action
③ took seriously action
④ take seriousness action

08 밑줄 친 부분 중 어법상 옳지 않은 것은?

While some received praise, others faced criticism that was tough to digest. One young writer, ① underline{who} had poured her heart into her narrative, seemed particularly disheartened after ② underline{her feedback}. I could see the disappointment in her eyes, and I wanted to encourage her. I hope the teacher won't let him ③ underline{upset} by the criticism. It's important for her to realize that every writer faces challenges, and that these critiques can be invaluable for her growth. I reminded her ④ underline{that} each piece of feedback is a stepping stone toward becoming a better writer.

정답 및 해설 p.41-42

09 밑줄 친 부분 중 어법상 옳지 않은 것은?

During training, the instructor tends ① to explain several complex topics related to the new software as easily as possible. However, his explanation was not ② simply enough for them to follow, and many participants looked ③ confused. Realizing this, he decided to slow down and break the concepts into smaller, more manageable parts. After making some adjustments, he was able to engage the audience ④ effectively.

10 밑줄 친 부분에 들어갈 말로 가장 적절한 것을 고르시오.

She _____ her mistake in front of the entire team during the meeting.

① was made apologize for
② made to apologize to
③ was made to apologize for
④ made apologizing to

11 밑줄 친 부분 중 어법상 옳지 않은 것은?

In the final week before the deadline, many students felt the pressure mounting as they worked ① tirelessly on their assignments. ② Although they made efforts, they did not finish the project, their project, ③ and so have their classmates. The group decided to hold a late-night study session to ensure they could complete their tasks in time. They knew that collaborating would help them ④ stay motivated and share ideas.

12 밑줄 친 부분 중 어법상 옳지 않은 것은?

Last weekend, my friends and I decided ① to have a friendly race to see ② whose car was the fastest. After gathering at the local racetrack, we all felt a sense of excitement. His car is faster than ③ me, so I knew I had to give it my all to keep up. Statistics ④ show that his car is twice as fast when it first starts.

진가영 영어
문법 끝판왕

Part 02

문법 실력 강화
OX문제

01 Since the warranty <u>is expired</u>, the repairs were not free of charge.   ○ : ✕

02 I think that they are not students, <u>are they</u>?   ○ : ✕

03 No one knows <u>when that tragic incident occurred</u>.   ○ : ✕

04 I was so sleepy that I couldn't <u>keep my eyes open</u>.   ○ : ✕

05 They like to <u>lie down for a short nap</u> every afternoon.   ○ : ✕

06 All the students at the school <u>engage in volunteer work</u>.   ○ : ✕

07 I don't understand <u>why are you helping</u> that kid.   ○ : ✕

08 In some households, the man <u>was referred to as the master</u>.   ○ : ✕

09 You were supposed to <u>let me know</u> you were going to be late for work.   ○ : ✕

10 Does that car <u>belong to the man</u> next door?   ○ : ✕

11 As <u>the old saying goes</u>, you are what you eat.   ○ : ✕

12 The town <u>has known</u> primarily as a manufacturing hub for decades.   ○ : ✕

13 They <u>reminded Henry</u> that he should get there early.   ○ : ✕

14 We will never get to the meeting unless the train <u>leaves</u> within five minutes.   ○ : ✕

15 You sounded just <u>like your father</u> when you said that.   ○ : ✕

16 The committee charged the leader <u>of</u> negligence in his duties.   ○ : ✕

17 The problems should <u>solve</u> upon the agreement of the members.   ○ : ✕

18 He <u>went</u> to the station a few days ago to see off his friend.   O   X

19 The game <u>was watched</u> outside the stadium on a huge screen.   O   X

20 I had not realized she was not in her office <u>until she called me</u>.   O   X

21 They <u>have worked</u> together since they graduated from college.   O   X

22 <u>Scarcely</u> had we reached there when it began to snow.   O   X

23 He had the students phone strangers and ask them <u>donate</u> money.   O   X

24 Tim got his license <u>taken away</u> for driving too fast.   O   X

25 Nothing will discourage me <u>to accomplish</u> my goals.   O   X

26 He <u>was run</u> by a truck and killed immediately.   O   X

27 The cuckoo <u>lies</u> its eggs in other birds' nests.   O   X

28 Sharks have looked more or less <u>the same</u> for hundreds of millions of years.   O   X

29 I wonder if she <u>finishes</u> the work by tomorrow.   O   X

30 Not only Seoul but also many places <u>has</u> their own historic sites.   O   X

31 What matters in the majority of organization <u>is</u> having competent managers.   O   X

32 The police found his car <u>parking</u> about halfway to the lake.   O   X

33 Most tellers in the banks these days cannot <u>dispense without</u> computers.   O   X

34 I <u>have informed</u> that they will attend the meeting.   O   X

35 The rumor says he will <u>be promoted</u> sooner or later.   O ┊ X

36 Whether or not we are likely to get various diseases <u>depend</u> on our immune system.   O ┊ X

37 Being polite to others <u>is</u> important but often neglected.   O ┊ X

38 What I enjoy most about my job <u>is traveling to many countries</u>.   O ┊ X

39 <u>Being cold outside</u>, I boiled some water to have tea.   O ┊ X

40 Would you consider <u>joining the board of directors</u> for one year?   O ┊ X

41 It helps Blacks purge themselves of self-hate, <u>thus assert their own validity</u>.   O ┊ X

42 How about <u>going for lunch</u> at the Italian restaurant?   O ┊ X

43 To express gratitude is <u>to acknowledge the richness</u> it brings to our lives.   O ┊ X

44 <u>Taking all things into consideration</u>, the event was a great success.   O ┊ X

45 <u>Climbing to the top of the mountain</u>, you can see the port.   O ┊ X

46 He knows better <u>than to judge</u> by appearances.   O ┊ X

47 I think I should give up <u>trying</u> to look good to her.   O ┊ X

48 <u>What do you say visiting</u> the museum this weekend?   O ┊ X

49 I don't like <u>being called</u> such a nick name.   O ┊ X

50 Some books, <u>read carelessly</u>, will do more harm than good.   O ┊ X

51 I am very satisfied <u>to try</u> many kinds of sports last year.   O ┊ X

52 If we <u>are to catch</u> the train, we have to leave now. ◯ ✕

53 Please inform me of <u>who will be available to join</u> the meeting this time. ◯ ✕

54 You dealt with the situation very <u>effective</u>. ◯ ✕

55 Henry is a salesman and Jane is a teacher, <u>isn't she</u>? ◯ ✕

56 In case it <u>rains tomorrow,</u> the game will be called off. ◯ ✕

57 <u>It being</u> warm enough, we decided to go hiking. ◯ ✕

58 She was blamed for not <u>having done</u> her homework. ◯ ✕

59 Two buses collided, <u>killing</u> nearly 50 people. ◯ ✕

60 As I went out for work, I saw a family <u>moved</u> in upstairs. ◯ ✕

61 They consider the proposal as <u>beneficially</u>. ◯ ✕

62 The book <u>sold well</u> and was reprinted many times. ◯ ✕

63 Her explanation certainly <u>sounded plausible</u>. ◯ ✕

64 They became suspicious of his behavior and <u>contacted the police</u>. ◯ ✕

65 Oil spills are <u>having a devastating effect on</u> coral reefs in the ocean. ◯ ✕

66 It was not until morning that the sheer scale of the damage could <u>see</u>. ◯ ✕

67 It has been ten years since something like this <u>has happened</u>. ◯ ✕

68 The wells in most villages in the region <u>has</u> run dry. ◯ ✕

69 News <u>provide</u> facts and information. ◯ ✕

70 The fairy tale Snow White <u>is reading</u> to the children. ◯ ✕

71 She <u>lay</u> quietly, enfolded in his arms. ◯ ✕

72 He is doing the most <u>bored</u> work. ◯ ✕

73 He became acutely <u>conscious</u> of having failed his parents. ◯ ✕

74 The lumberjacks <u>felled the trees</u> with precision. ◯ ✕

75 The finest machine will deteriorate if it <u>is</u> not given good care. ◯ ✕

76 There <u>seem</u> to be an insatiable demand for more powerful computers. ◯ ✕

77 I finally reached <u>what</u> we call civilization. ◯ ✕

78 Grasslands would <u>be expected to change</u> in 3 years, too. ◯ ✕

79 Sarah agreed to <u>accompany with</u> her father on a trip to France. ◯ ✕

80 Feminism <u>has effected</u> many changes in society. ◯ ✕

81 This project will <u>give me a chance</u> to earn more money. ◯ ✕

82 I'll lend you money provided you <u>will pay</u> me back by Saturday. ◯ ✕

83 The milk I drank for lunch <u>tasted a little bit sour</u>. ◯ ✕

84 I don't <u>resemble my parents</u> in appearance at all. ◯ ✕

85 Problems can <u>arise</u> when there is a lack of communication. ◯ ✕

86 It <u>remains to be seen</u> how long it will endure.   O | X

87 Bakers have been made <u>come</u> out, asking for promoting wheat consumption.   O | X

88 Forgetting my notes made me <u>look stupid</u>.   O | X

89 Half of the students <u>have</u> already completed their assignments.   O | X

90 Not until we fall ill <u>we realized</u> the value of health.   O | X

91 He demanded that the name of the store <u>be not published</u>.   O | X

92 The man stood against the wall, with his arms <u>folding</u>.   O | X

93 <u>Not until did she apologize the situation began</u> to improve.   O | X

94 You cannot be <u>too careful</u> when handling fragile items.   O | X

95 Directly in front of her children <u>stood the building</u>.   O | X

96 If he <u>had taken</u> the doctor's advice, he might still be alive.   O | X

97 The majority of accidents <u>happen</u> in the home.   O | X

98 The number of prisoners serving life sentences <u>has fell</u>.   O | X

99 He <u>died a miserable death</u> last year.   O | X

100 I look forward to the day when I <u>will finally travel</u> around the world.   O | X

101 Scarcely <u>could he get</u> his eyes off her.   O | X

102 The situation required that he should <u>be</u> present.   O | X

103 If I <u>were</u> not so busy, I could go to the movies with you.　　O｜X

104 Bill thought that she was a good swimmer, <u>wasn't she</u>?　　O｜X

105 Many people <u>oppose to cloning</u> and stem cell research.　　O｜X

106 The decisions they made <u>have</u> impacted the outcome greatly.　　O｜X

107 He envied <u>my trip around the world to me</u>.　　O｜X

108 He <u>was having</u> a new car and a boat when she retired.　　O｜X

109 She was <u>beside herself</u> when she heard the news.　　O｜X

110 He made me <u>waited</u> for him for a while.　　O｜X

111 This is the hotel <u>whose</u> windows were broken.　　O｜X

112 My husband <u>was offered</u> a job in Chicago.　　O｜X

113 There <u>appears</u> to be another outbreak of sickness among birds.　　O｜X

114 Most of the play <u>is</u> written in verse, but some of it is in prose.　　O｜X

115 You as well as he <u>is</u> responsible for the failure.　　O｜X

116 The actress <u>smiled a bright smile</u> at her fans through the car window.　　O｜X

117 Understanding a country's culture is <u>confusing</u> and complex.　　O｜X

118 The plan was difficult <u>to carry out it</u>.　　O｜X

119 You'd better eat now <u>and</u> you'll get very hungry later.　　O｜X

120 So damaged <u>was</u> the goods that he couldn't sell them at intended price.　O ┊ X

121 I can't <u>remember his taking</u> a single day off work.　O ┊ X

122 He has a flair for fixing up things that <u>need repairing</u> in the home.　O ┊ X

123 He learned how to fly before he learned <u>what</u> to drive a car.　O ┊ X

124 They are only concerned with <u>protecting</u> themselves.　O ┊ X

125 Overfishing is a significant challenge, <u>impacting</u> marine ecosystems.　O ┊ X

126 They saw snowflakes <u>fallen</u> from the sky.　O ┊ X

127 Six months <u>are</u> not a long time to be without a job.　O ┊ X

128 The car parked next to mine over there is <u>her</u>.　O ┊ X

129 Here you <u>are not allowed to talk</u> in a loud voice.　O ┊ X

130 Mastering English will <u>help me achieve</u> my goal.　O ┊ X

131 <u>All things considered</u>, he is a good teacher.　O ┊ X

132 Moon <u>having raised</u>, we put out the light.　O ┊ X

133 <u>Provide</u> all employees with chairs to sit on can be costly.　O ┊ X

134 The boy was so <u>bewildering</u> that he didn't know what to say.　O ┊ X

135 Not getting enough sleep <u>is</u> bad for your health.　O ┊ X

136 I would appreciate <u>for you to let</u> me know what has happened.　O ┊ X

137 There is really nothing <u>to be afraid of</u>.　　　　　　　　　　　　　[O | X]

138 It is foolish of them <u>to not take</u> a virus seriously.　　　　　　　　[O | X]

139 Fasting helps Muslims <u>cleanse their bodies and minds</u>.　　　　　　[O | X]

140 The Prime Minister <u>is to meet</u> them to discuss the war against drugs.　[O | X]

141 The sun <u>having risen</u>, I took a walk.　　　　　　　　　　　　　[O | X]

142 <u>Knowing not</u> the way, they soon got lost.　　　　　　　　　　　[O | X]

143 I <u>think wrong</u> to value money more than time.　　　　　　　　　[O | X]

144 He joined the club <u>consisted</u> of 12 professionals.　　　　　　　　[O | X]

145 She meets the requirements <u>mentioned</u> in your job description.　　[O | X]

146 She stared blankly into space, <u>not knowing</u> what to say next.　　　[O | X]

147 Casting the leads of a show <u>are</u> both a challenge and a responsibility.　[O | X]

148 He spared no <u>effort to make</u> her happy again.　　　　　　　　　[O | X]

149 Most of the buildings are unfit <u>to live</u>.　　　　　　　　　　　　[O | X]

150 <u>Having drunk</u> the coffee, she washed the cup and put it away.　　　[O | X]

151 Nobody thinks him <u>to be</u> honest at that time.　　　　　　　　　[O | X]

152 I persuaded him to quit smoking by <u>show</u> him its harmful effects.　[O | X]

153 They are an <u>established</u> company with a good reputation.　　　　　[O | X]

154 If you sign up, I will <u>consider coming</u> to the show.　　O ┊ X

155 <u>To enjoy</u> the movie you have to suspend your disbelief.　　O ┊ X

156 If you are to succeed in life, you should keep <u>to learn</u>.　　O ┊ X

157 He decided to <u>stop playing</u> computer games.　　O ┊ X

158 The bigger girls <u>were used to</u> chase me and tickle me.　　O ┊ X

159 He is used to <u>be recognized</u> in the street.　　O ┊ X

160 The United States <u>are</u> endeavoring to establish peace.　　O ┊ X

161 Do not ask him <u>that</u> he is from the moment you hear an accent.　　O ┊ X

162 <u>With the main speaker absent</u>, the seminar was rescheduled.　　O ┊ X

163 Of those <u>inviting</u> only a few came to the party last night.　　O ┊ X

164 There <u>is</u> always new challenges for us to meet.　　O ┊ X

165 You may stay here <u>so long as</u> you keep quiet.　　O ┊ X

166 Professor Jin is <u>what is called</u> a walking dictionary.　　O ┊ X

167 We <u>cannot overemphasize</u> the importance of saving.　　O ┊ X

168 I don't feel like <u>to go</u> for a walk now.　　O ┊ X

169 He communicated his ideas <u>efficiently</u> during the meeting.　　O ┊ X

170 I wish <u>I had learned</u> to play the piano when I was younger.　　O ┊ X

171 You <u>had not better give</u> an extreme case.   O   X

172 The animals <u>were fed</u> by the zookeeper every morning.   O   X

173 I wish my father <u>started</u> work out earlier.   O   X

174 If there were no gravity on the earth, all the water <u>will</u> disappear into space.   O   X

175 So devastating <u>was the fire</u> that this area may never recover.   O   X

176 Hidden in the cabinet <u>was</u> several bottles of beer.   O   X

177 Happy <u>is the man</u> who is contented with his lot.   O   X

178 Seeing that the street is all wet, it <u>must rain</u> last night.   O   X

179 The boy grew up <u>to be</u> a fine young man.   O   X

180 Tim <u>should have apologized</u> earlier, but he didn't.   O   X

181 It was Tom Ford <u>that he invented</u> the machine in 1949.   O   X

182 Under no circumstances must you <u>opened</u> the door.   O   X

183 He talks as if he <u>could play</u> the piano very well.   O   X

184 It is when water levels reach 3 meters above normal <u>which</u> the gate shuts.   O   X

185 You <u>ought to have known</u> such a thing.   O   X

186 Scarcely had the game started <u>when it began</u> to rain.   O   X

187 She doesn't like them <u>nor</u> does Jeff.   O   X

188 <u>Had it cold</u>, I wouldn't have gone outside yesterday.　　О　Х

189 The team manager didn't like the plan, <u>neither</u> did the rest of the staff.　　О　Х

190 So <u>importantly</u> is it that we should keep it in mind.　　О　Х

191 <u>Eloquent though she was</u>, she could not persuade him.　　О　Х

192 On the hill <u>does our school stand</u>.　　О　Х

193 Parental love is recognized as sublime, <u>and so is brotherhood</u>.　　О　Х

194 Such <u>were</u> his influence that everybody feared him.　　О　Х

195 He spends <u>more money than</u> is necessary.　　О　Х

196 I would appreciate <u>your keeping</u> it a secret.　　О　Х

197 Business has never been <u>as better as</u> is now.　　О　Х

198 The older one grows, <u>more modest</u> he tends to be.　　О　Х

199 He is far superior <u>than</u> his brother in many respects.　　О　Х

200 If they had saved money earlier, they <u>would be traveling</u> around Europe now.　　О　Х

201 The floor <u>cleans</u> easily with the mop.　　О　Х

202 It was <u>so warm a day</u> that I could hardly work.　　О　Х

203 Plants can be affected by changes in light that <u>aren't</u> visible to our eyes.　　О　Х

204 He looks pale as if he <u>didn't sleep</u> last night.　　О　Х

205 <u>Much as I like him</u>, I don't like his writings.　　　　　O ✕

206 I think half of them <u>has</u> never been to other countries.　　　　O ✕

207 Each persons <u>have</u> his or her own unique fingerprints.　　　　O ✕

208 The famous singer and activist <u>visit</u> Africa often.　　　　O ✕

209 He compared the heart <u>to the pump</u>.　　　　O ✕

210 In my fishbowl <u>live</u> four goldfish.　　　　O ✕

211 If she <u>finished</u> the assignment yesterday, she <u>would have been</u> free now.　　　　O ✕

212 You talk as if you <u>knew</u> everything.　　　　O ✕

213 Never have I met <u>such a generous man</u> before.　　　　O ✕

214 Parental guidance is <u>no less important than</u> school education.　　　　O ✕

215 It is not talent but passion that <u>lead</u> you to success.　　　　O ✕

216 Understanding the theory is one thing, and applying it is <u>another</u>.　　　　O ✕

217 Critics points out they <u>need not have been</u> surprised.　　　　O ✕

218 She <u>isn't rarely</u> seen in public nowadays.　　　　O ✕

219 Such <u>was</u> his influence that everybody feared him.　　　　O ✕

220 It is about time that we should <u>be doing</u> something for brighter future.　　　　O ✕

221 He <u>was awarded</u> a gold medal for his excellent performance.　　　　O ✕

222   They cannot afford <u>to waste</u> anymore time.   O   X

223   I bought a cat <u>whose</u> is black and has brown eyes.   O   X

224   She had students <u>write</u> letters to their parents.   O   X

225   He said he saw me there, <u>that</u> was a lie.   O   X

226   Sadness is a <u>commonly</u> and understandable emotion.   O   X

227   Her garden offers a sense of rejuvenation, <u>beautiful</u>, and tranquility.   O   X

228   The policeman seized the criminal <u>by the neck</u>.   O   X

229   She made a visible effort <u>to control</u> her anger.   O   X

230   Send it to <u>whomever</u> is in charge of sales.   O   X

231   <u>As is often the case</u> with children, Joshua is afraid of doctors.   O   X

232   I'll keep watch <u>while she goes</u> through his papers.   O   X

233   He must like her, <u>or</u> he wouldn't keep calling her.   O   X

234   I saw one of my old friends, <u>whom</u> recognized me at once.   O   X

235   It is worth attempting <u>despite</u> we fail.   O   X

236   He was <u>such good a runner</u> that I couldn't catch him.   O   X

237   It's one of the few countries <u>where</u> people drive on the left.   O   X

238   We were surprised by the news <u>that</u> our team achieved a victory.   O   X

239 There are just too many people, most of whom <u>is</u> tourists. 〇 ✕

240 She will go, provided that her friends can <u>go</u> also. 〇 ✕

241 I don't like <u>the way how</u> he talks. 〇 ✕

242 Children should not be given <u>more money than</u> is necessary. 〇 ✕

243 Can you tell <u>who that</u> is over there? 〇 ✕

244 Isobel, <u>whose</u> brother he was, had heard the joke before. 〇 ✕

245 There is no one <u>but loves</u> his own family. 〇 ✕

246 He was a gentleman <u>on whom</u> I built an absolute trust. 〇 ✕

247 There are thousands of verbs in English <u>and most of which</u> are regular. 〇 ✕

248 She's an artist <u>whose</u> work I really admire. 〇 ✕

249 There are <u>more books</u> to be written on the subject. 〇 ✕

250 It seemed <u>much larger</u> than I had expected. 〇 ✕

251 It is better to see a thing one time than <u>hearing</u> about it a hundred times. 〇 ✕

252 <u>Thousands of</u> protesters marched through the city. 〇 ✕

253 This year's fashions are quite different from <u>those</u> of last year. 〇 ✕

254 We have found the story more <u>interested</u> than last one. 〇 ✕

255 <u>That</u> is once put off is more difficult than before. 〇 ✕

256 She explained it as <u>clear</u> as her teacher.   O ┆ X

257 During the recession <u>thousand</u> of small businesses went broke.   O ┆ X

258 People are waiting to greet the <u>hundred-years</u> old vessel.   O ┆ X

259 <u>Not until did I hear him speak loudly I recognized him.</u>   O ┆ X

260 There is <u>something uncommon</u> about him.   O ┆ X

261 James is the <u>brightest</u> than any other boy in the group.   O ┆ X

262 The robots play with the students, <u>some of them</u> even help teach English.   O ┆ X

263 There are many places of interest <u>nearby</u> the city.   O ┆ X

264 I prefer to ride a bike rather than <u>to drive</u> a car.   O ┆ X

265 Sound travels more slowly <u>as</u> light does.   O ┆ X

266 This is the most interesting book <u>that I have ever read</u>.   O ┆ X

267 You need to sleep <u>more than</u> you do now.   O ┆ X

268 They are exactly <u>alike</u> in that respect.   O ┆ X

269 There was <u>something unusual</u> in his expression.   O ┆ X

270 This particular model is one of <u>our biggest sellers</u>.   O ┆ X

271 She gently disengaged herself from her <u>asleep</u> son.   O ┆ X

272 Although it seems a luxury, the poor <u>use</u> it to stave off hunger.   O ┆ X

273 She <u>must have been</u> beautiful when she was young. ○ ┊ ✕

274 The menu for this event is entirely different from <u>the previous occasion</u>. ○ ┊ ✕

275 He accused the director <u>of bribery</u>. ○ ┊ ✕

276 It will <u>be made</u> good use of everywhere around the world. ○ ┊ ✕

277 <u>Any vaccines don't exist</u> to prevent infection. ○ ┊ ✕

278 Every person at the meeting <u>are</u> fond of the idea. ○ ┊ ✕

279 They prepared a meal for <u>itself</u>. ○ ┊ ✕

280 The actors seek advice from <u>one another</u> and ask for feedback. ○ ┊ ✕

281 He is the brightest boy <u>between them all</u>. ○ ┊ ✕

282 This choice seems to be <u>preferable</u> to that one. ○ ┊ ✕

283 I wish I <u>had not wasted</u> time when I was young. ○ ┊ ✕

284 They played music <u>as well as</u> any I ever heard. ○ ┊ ✕

285 The demand is <u>four times as great as</u> the supply. ○ ┊ ✕

286 The more patient you are, the <u>most</u> peaceful your life becomes. ○ ┊ ✕

287 To none but the wise <u>can wealth bring</u> happiness. ○ ┊ ✕

288 I wish that I <u>were</u> as fluent as a native speaker. ○ ┊ ✕

289 I prefer to stay home rather than <u>to go</u> out on a snowy day. ○ ┊ ✕

290 It is high time that we <u>reviewed</u> our foreign policy. 〇 ✕

291 Rarely do living organisms intertwine as closely <u>than</u> bees and flowers do. 〇 ✕

292 Come and see me whenever it is <u>convenient</u> for you. 〇 ✕

293 I would rather relax at home <u>than go out</u> in this weather. 〇 ✕

294 Swimming is considered to be healthier than <u>taking</u> a walk. 〇 ✕

295 <u>The more a hotel is expensiver</u>, the better its service is. 〇 ✕

296 In this weather I would prefer to stay home rather than <u>to go out</u>. 〇 ✕

297 They <u>were given</u> a certificate of appreciation for their dedicated volunteer work. 〇 ✕

298 They <u>were disposed of</u> in diverse ways. 〇 ✕

299 I bought a cat <u>whose</u> is black and has brown eyes. 〇 ✕

300 She had students <u>write</u> letters to their parents. 〇 ✕

301 Mathematics <u>are</u> given a great deal of weight on the entrance examination. 〇 ✕

302 He is not fond of parties, and I am <u>not either</u>. 〇 ✕

303 <u>Having failed twice</u>, he didn't want to try again. 〇 ✕

304 My dog doesn't like <u>being groomed</u>. 〇 ✕

305 It seems <u>that</u> they know what they're doing. 〇 ✕

306 Diabetes <u>is</u> by far the most frequent among overweight persons. 〇 ✕

307	Neither he nor <u>I am</u> responsible for the accident.	○ ╎ ✕
308	Galileo confirmed that the Earth <u>orbited</u> the sun.	○ ╎ ✕
309	It is while cheese is ripening <u>that</u> it develops its own flavor.	○ ╎ ✕
310	<u>Where she went</u> is none of your business.	○ ╎ ✕
311	Jack is playing football and Jenny is playing it, <u>either</u>.	○ ╎ ✕
312	Tom will kick off with <u>a few comments</u>.	○ ╎ ✕
313	I was busy; otherwise I <u>would accept</u> his invitation.	○ ╎ ✕
314	The new phone is <u>four times as expensive as</u> the old one.	○ ╎ ✕
315	He'd decided to go there, <u>hadn't he</u>?	○ ╎ ✕
316	His latest movie is <u>much better</u> than previous ones.	○ ╎ ✕
317	I never see this picture <u>without shedding</u> tears.	○ ╎ ✕
318	Both of us remembered seeing a man <u>to walk</u> on through the yard.	○ ╎ ✕
319	<u>Young man as he was</u>, he was not unequal to the task.	○ ╎ ✕
320	He is no less rich <u>than</u> you are.	○ ╎ ✕
321	Some people have <u>very</u> less free time than others.	○ ╎ ✕
322	They don't last long no matter <u>how</u> careful you are.	○ ╎ ✕
323	Flies <u>rose</u> in thick black swarms.	○ ╎ ✕

324 We <u>should have arrived</u> early, but there was heavy traffic on the way. ⭕ ❌

325 He blamed me for <u>rejection</u> his offer. ⭕ ❌

326 My English teacher couldn't <u>seat</u> him for a moment. ⭕ ❌

327 <u>Backpacking</u> abroad, she always carries a camera. ⭕ ❌

328 This is the place <u>which</u> I lost a key in. ⭕ ❌

329 <u>Had education focused</u> on creativity, they could have become great artists. ⭕ ❌

330 The grass here is greener than <u>that</u> on the other side of the fence. ⭕ ❌

331 The child became <u>excited</u> by the idea of throwing a ball. ⭕ ❌

332 There recent research <u>arose</u> a lot of interest. ⭕ ❌

333 These parasitic worms <u>reside the liver</u>. ⭕ ❌

334 No matter how tempting it may appear, crime <u>doesn't pay</u>. ⭕ ❌

335 There seems to be no doubt that John has done his job <u>good</u>. ⭕ ❌

336 Older people <u>comprise of</u> a large proportion of those living in poverty. ⭕ ❌

337 The washing machine which we bought needs <u>to repair</u>. ⭕ ❌

338 <u>That</u> took me a full year to adjust myself to this company. ⭕ ❌

339 She had the courage <u>to speak</u> up in front of the entire audience. ⭕ ❌

340 He <u>makes</u> a rule to take an hour's walk after lunch. ⭕ ❌

341 The teacher told us <u>that</u> the smoking rate had been dropping steadily. 　 O ⋮ X

342 Neither the reporters nor the editor <u>were satisfied</u> with the salary offer made by the publisher. 　 O ⋮ X

343 He spoke in such a low voice <u>that</u> I could not hear even half of what he said. 　 O ⋮ X

344 It won't be long before many a student <u>learns</u> not to repeat the same mistake. 　 O ⋮ X

345 With laughter <u>echoed</u> in the room, Sarah felt a sense of joy. 　 O ⋮ X

346 She'd rather <u>watching</u> a movie at home than <u>going</u> to a crowded theater tonight. 　 O ⋮ X

347 <u>As long as</u> the schedule allows, I'm flexible with the meeting time. 　 O ⋮ X

348 A majority of the solutions suggested in the forum <u>wasn't</u> quite applicable. 　 O ⋮ X

349 Many a diligent student <u>has</u> excelled in this class. 　 O ⋮ X

350 A raise <u>has been promised</u> to the employees next month. 　 O ⋮ X

351 He arrived with Owen, who was weak and <u>exhaust</u>. 　 O ⋮ X

352 He suggested <u>watching</u> a movie together this weekend. 　 O ⋮ X

353 He <u>was considered</u> an expert in his field of study. 　 O ⋮ X

354 The tourists had to <u>leave from</u> the island due to the approaching storm. 　 O ⋮ X

355 He asked me <u>why I kept</u> coming back day after day. 　 O ⋮ X

356 That place is fantastic whether you like swimming <u>or walking</u>. 　 O ⋮ X

357 Her mother, <u>in whom</u> she confided, said she would support her. 　 O ⋮ X

358 This is the same kind of watch <u>as</u> I have lost. ☐ O ☐ X

359 He wondered where <u>was he</u> then. ☐ O ☐ X

360 He started with nothing but raw <u>talent</u> and determination. ☐ O ☐ X

361 Were it not for technology, our lives <u>would be</u> vastly different. ☐ O ☐ X

362 Under no circumstances <u>you should</u> leave here. ☐ O ☐ X

363 A few words <u>caught</u> in passing set me thinking. ☐ O ☐ X

364 Conflict <u>arose</u> among the siblings over the inheritance. ☐ O ☐ X

365 He lets his children <u>play</u> in the backyard after school. ☐ O ☐ X

366 Educational problems should <u>solve</u> upon the agreement of the society members. ☐ O ☐ X

367 She needs to get some groceries <u>for her family</u> to eat. ☐ O ☐ X

368 There can be no true progress <u>unless there is</u> innovation. ☐ O ☐ X

01 그는 지난밤 술에 취해 귀가하던 길에 강도에게 주머니를 털렸다.

➡ He <u>was robbed</u> by a mugger on his way home while drunk last night.

O ｜ X

02 그는 지휘권을 맡아 작전을 총괄해 달라는 부탁을 받았다.

➡ He was asked <u>to take</u> command and direct operations.

O ｜ X

03 그런 생각은 10년 전에는 거의 상상도 할 수 없었다.

➡ Such an idea <u>was</u> scarcely thinkable ten years ago.

O ｜ X

04 갓 구워진 쿠키는 정말 맛이 좋다.

➡ Newly-made cookies <u>are tasting</u> very good.

O ｜ X

05 많은 도박꾼들이 위험한 내기를 하다가 파산했다.

➡ Many a gambler has become <u>bankrupt</u> after making risky bets.

O ｜ X

06 쏟아지는 비를 맞으며 3마일을 걷는 것은 결코 재미있을 것 같지 않다.

➡ Walking three miles in the pouring rain <u>is</u> not my idea of fun.

O ｜ X

07 문제가 처음 발생했을 때 장군이 그에게 말을 걸었다.

➡ He was spoken to <u>the general</u> when the problem first arose.

O ｜ X

08 그들은 그가 언제 자신의 최신의 기술을 보여줄 지 기대하고 있다.

➡ They look forward to when he <u>will show</u> off his newest skills.

O ｜ X

09 이 잡지의 편집자이자 발행인은 유능한 사람이다.

➡ The editor and publisher of this magazine <u>is</u> an competent man.

O ｜ X

10 나는 그녀가 화장실에서 담배 피우는 걸 목격했다.

➡ I caught her <u>smoked</u> in the bathroom.

O ｜ X

11 20마일은 그녀가 하루에 걷기에 좋은 거리이다.

➡ Twenty miles <u>is</u> a good distance for her to walk in a day.

O ｜ X

12 그녀는 아들이 그 처녀와 결혼하는 것을 단념시키려 했다.

➡ She tried to dissuade her son from <u>marrying</u> the girl.

O ｜ X

13 네가 하는 말을 나는 이해할 수가 없다.

➡ What you say <u>don't</u> make any sense to me.

O ｜ X

14 그들은 지구가 1년에 한 번 태양 주위를 돈다고 말했다.

➡ They said that the earth <u>goes</u> around the sun one time in one year.

O ｜ X

15 머지않아 그는 곧 승진할 것이다. **○ ✕**
→ It will not be long before he <u>will get</u> promoted at work.

16 작년에 그 휴양지를 찾은 관광객의 수가 10% 감소했다. **○ ✕**
→ <u>A number of</u> tourists to the resort declined by 10% last year.

17 체중이 많은 사람들 사이에 당뇨병이 매우 많다. **○ ✕**
→ Diabetes <u>are</u> by far most frequent among overweight persons.

18 그 일은 거의 일 년 전에 일어났다. **○ ✕**
→ It <u>happened</u> almost exactly a year ago.

19 그들을 잘 돌보고 건강하게 지켜줘야 한다. **○ ✕**
→ They should <u>be taken care</u> and kept healthy.

20 그들은 1시간도 안 되어 친구가 되기로 동의했다. **○ ✕**
→ They <u>have</u> not spent an hour before they agreed to become friends.

21 나는 그 건방진 아가씨와 결혼할 생각이 없다. **○ ✕**
→ I have no intention of <u>marrying to</u> the insolent girl.

22 선장은 그 남자를 묶어 감옥에 가두었다. **○ ✕**
→ The captain had the man <u>tied up</u> and put in prison.

23 빨래를 하는 것은 우리 기숙사의 룸메이트들이 공유하는 일이다. **○ ✕**
→ <u>Do</u> the laundry is a task shared among roommates in our dormitory.

24 내 지도교수는 내가 그 일에 지원해야 한다고 제안했다. **○ ✕**
→ My professor suggested <u>me</u> that I should apply for the job.

25 그것이 좋은 계획인지 아닌지는 논쟁의 여지가 있는 문제다. **○ ✕**
→ Whether it is a good plan or not <u>is</u> a matter for argument.

26 콘서트가 시작하는 때쯤에는 청중은 이미 자리에 앉아 있을 것이다. **○ ✕**
→ By the time the concert <u>starts</u>, the audience will have taken their seats.

27 이 부서는 뛰어난 창의력을 가진 사람들로 구성되어 있습니다. **○ ✕**
→ Your teams <u>are consisted of</u> individuals with great creativity.

28 못된 짓을 하다가 걸리는 아이는 누구든 교실 앞쪽에 서 있어야 했다.   ⃞ O ⃞ X

➜ Any child caught misbehaving was made <u>to stand</u> at the front of the class.

29 그가 나타난 뒤에야 회의가 열렸다.   ⃞ O ⃞ X

➜ Only after he appeared <u>did the meeting open</u>.

30 전시회에 있는 그림들 중 일부는 유명한 화가들이 만들었다.   ⃞ O ⃞ X

➜ Some of the paintings in the exhibit <u>was created</u> by renowned artists.

31 나는 그를 도울 수 없고, 그를 돕고 싶지도 않다.   ⃞ O ⃞ X

➜ I cannot help him, <u>nor</u> do I want to help him.

32 그녀에게 못 간다고 말하지 않는 게 좋겠다.   ⃞ O ⃞ X

➜ You <u>had better not tell</u> her you can't go.

33 당신은 어제 이발을 했어야 했다.   ⃞ O ⃞ X

➜ You <u>should have had your hair cut</u> yesterday.

34 당신은 이 구역에서만 주차할 수 있다.   ⃞ O ⃞ X

➜ Only in this area <u>can you park</u> your car.

35 나는 감히 아버지께 더 이상 도움을 청하지 않는다.   ⃞ O ⃞ X

➜ I <u>daren't ask</u> your father for any more help.

36 그녀는 파티에서 이색적인 옷 선택 때문에 비웃음을 받았다.   ⃞ O ⃞ X

➜ She <u>was laughed</u> for her unusual choice of clothing at the party.

37 그녀는 해가 천천히 지는 것을 봤다.   ⃞ O ⃞ X

➜ She watched the sun <u>to set</u> slowly over the horizon.

38 그 공장에는 30년 넘게 그곳에서 일해 온 사람들이 있다.   ⃞ O ⃞ X

➜ There are people at the factory <u>who</u> have worked there for more than 30 years.

39 우리는 그가 자기의 꿈에 대해 우리에게 말해준 것을 믿을 수가 없었다.   ⃞ O ⃞ X

➜ We couldn't believe <u>what</u> he told us about his dream.

40 그는 너무나 강한 시골 사투리를 가지고 있어서 나는 그와 거의 의사소통을 할 수가 없다.   ⃞ O ⃞ X

➜ He has such a strong country accent that I can <u>hardly</u> communicate with him.

41 그가 하는 일은 정치인들이 주요 쟁점들에 대해 어떤 의사를 밝히는지를 기록하는 것이다. ⬜ O ⬜ X

➡ His job is <u>to record</u> how politicians vote on major issues.

42 어떤 태풍이고 왔다 하면 꼭 농작물에 많은 피해를 입힌다. ⬜ O ⬜ X

➡ <u>No typhoon comes without</u> causing a great deal of damage to crops.

43 그는 가난한 사람들을 위해 일하기로 했다. ⬜ O ⬜ X

➡ He committed himself <u>to working</u> for the poor people.

44 그는 단순한 나무 막대기로 마법사가 된 체한다. ⬜ O ⬜ X

➡ He can <u>make it believe</u> he's a wizard with a simple wooden stick.

45 그는 마당에 있는 낙엽을 긁어모았다. ⬜ O ⬜ X

➡ He raked up the <u>fallen</u> leaves in the garden.

46 최신 연구를 계속 접하는 것이 중요하다. ⬜ O ⬜ X

➡ It is important <u>to keep</u> in touch with the latest research.

47 많은 사람들이 그곳이 우울하다고 생각하기 때문에 그 장소를 방문하는 것을 거부한다. ⬜ O ⬜ X

➡ Many people refuse to visit the place because they find it <u>depressed</u>.

48 V자 대형 안에서 나는 각각의 새는 에너지를 덜 사용한다. ⬜ O ⬜ X

➡ Each bird <u>flying</u> in a V formation uses up less energy.

49 외딴 마을에 살아서 방문객이 거의 없다. ⬜ O ⬜ X

➡ <u>Living as I do</u> in a remote village, I rarely have visitors.

50 구조에 나선 항공기들이 실종된 선원들의 위치 파악을 위해 애쓰고 있다. ⬜ O ⬜ X

➡ Rescue planes are trying to locate the <u>missed</u> sailors.

51 다리가 없었기 때문에 우리는 강을 헤엄쳐서 건너야 했다. ⬜ O ⬜ X

➡ <u>There being no bridge</u>, we had to swim across the river.

52 의류를 주문할 때는 잊지 말고 치수를 명시하세요. ⬜ O ⬜ X

➡ Remember <u>to specify</u> your size when ordering clothes.

53 그들은 유적을 발굴하기 위하여 이 섬에 왔다. ⬜ O ⬜ X

➡ They came to this island with a view <u>to digging</u> up the ruins.

54 산책하는 것이 어떨까요?

➡ What do you say <u>to going</u> for a walk?

◯ ┊ ✕

55 그는 직업상 공개 연설하는 것에 익숙하다.

➡ He is used <u>to speak</u> in public due to his job.

◯ ┊ ✕

56 파티가 끝나면 현수막 제거하는 것을 잊지 마라.

➡ Don't forget <u>to remove</u> the banner when the party is over.

◯ ┊ ✕

57 그 여행이 몹시 고단해서 나는 집에 가면 기쁠 것이다.

➡ The trip has been <u>exhausted</u> and I'll be glad to be home.

◯ ┊ ✕

58 그는 읽을 만한 책도 말할 상대도 없었다.

➡ He had neither a book <u>to read it</u> nor a friend to talk with.

◯ ┊ ✕

59 엘리베이터가 고장 나서, 우리는 걸어가야 했다.

➡ <u>The elevator being</u> out of order, we had to walk.

◯ ┊ ✕

60 그는 차가 없어서, 지하철을 타고 출근한다.

➡ <u>Having not</u> a car, he takes the subway to work.

◯ ┊ ✕

61 우리는 그의 노래를 들었던 걸 절대 잊지 못할 것이다.

➡ We will never forget <u>hearing</u> his song.

◯ ┊ ✕

62 우리는 법률 자문을 받는 것이 현명한 일이라고 생각했다.

➡ We <u>considered sensible to take</u> legal advice.

◯ ┊ ✕

63 그 노인이 만든 신발은 매우 비쌌다.

➡ The shoes <u>made</u> by the old man were very expensive.

◯ ┊ ✕

64 길을 걷다가, 나는 내 옛 친구를 만났다.

➡ Walking on the street, I met an old friend of <u>mine</u>.

◯ ┊ ✕

65 날씨가 괜찮다면, 나는 다시 밖으로 나갈 것이다.

➡ <u>The weather is fine</u>, I'll go out again.

◯ ┊ ✕

66 나는 역에 도착했지만 기차가 이미 떠난 것을 알게 되었을 뿐이었다.

➡ I reached the station <u>only to find</u> that my train had already left.

◯ ┊ ✕

67 그 새는 다리가 부러진 채로 날아갔다. ☐ O ☐ X
  → The bird flew away with its leg <u>breaking</u>.

68 나는 이 곡을 처음 듣던 때를 결코 잊지 못할 것이다. ☐ O ☐ X
  → I'll never forget <u>to hear</u> this piece of music for the first time.

69 일의 양이 너무 많아서 나 혼자서는 처리하기 힘들었다. ☐ O ☐ X
  → The workload was too much for me <u>to handle it</u>.

70 나는 그가 복숭아에 알레르기가 있다는 것을 최근에 알게 되었다. ☐ O ☐ X
  → I've learned that he is allergic to peaches <u>lately</u>.

71 나는 그 서류에 서명을 받지 못했다. ☐ O ☐ X
  → I couldn't get the paper <u>signed</u>.

72 당신은 그 프로젝트를 내일 아침까지 완성해야 한다. ☐ O ☐ X
  → You <u>should complete</u> the project by tomorrow morning.

73 사람들은 담요를 사용하는 데 익숙하다. ☐ O ☐ X
  → People are accustomed <u>to using</u> blankets.

74 이 책은 18세기에 출판되었다고 한다. ☐ O ☐ X
  → The book is said <u>to be published</u> in the 18th century.

75 그들은 만나면 꼭 다툰다. ☐ O ☐ X
  → They never meet <u>but they quarrel</u>.

76 이것은 준수해야 할 그런 종류의 법칙이 아니다. ☐ O ☐ X
  → This is not the sort of law that <u>has</u> to be obeyed.

77 당신의 지금 위치는 누군가의 꿈이다. ☐ O ☐ X
  → <u>Where you are right now</u> is someone else's dream.

78 예전에는 바로 이곳에 야구장이 있었다. ☐ O ☐ X
  → There <u>used to be</u> a ball park right here.

79 당신의 말을 인정한다 하더라도, 나는 여전히 내가 옳다고 생각한다. ☐ O ☐ X
  → <u>Admitted</u> what you say, I still think I am right.

80 그는 그 비밀을 발설할 만큼 어리석지는 않다.　　　　　　　　　O ┊ X
→ He knows better than <u>to let</u> the cat out of the bag.

81 혹시라도 내일 비가 온다면, 나는 여행을 취소할 것이다.　　　　O ┊ X
→ <u>Should it rain</u> tomorrow, I would cancel my trip.

82 만약 우리가 더 일찍 떠났다면, 지금 우리는 교통체증에 갇히지 않았을 것이다.　O ┊ X
→ If it had left earlier, we wouldn't <u>have been</u> stuck in traffic now.

83 이제 새 차를 살 때이다.　　　　　　　　　　　　　　　　　O ┊ X
→ It's high time we <u>buy</u> a new car.

84 나는 차가 막혔다. 그렇지 않았다면 여기에 더 일찍 도착했을 것이다.　O ┊ X
→ I got caught in traffic; otherwise I would <u>be</u> here sooner.

85 Helen은 모든 학생들 중에서 가장 총명했다.　　　　　　　　O ┊ X
→ Helen was <u>most intelligent</u> of all the students.

86 그는 돈이 기껏해야 2백만 원 밖에 없다.　　　　　　　　　　O ┊ X
→ He has <u>at most</u> 2 million won.

87 나는 조용히 있었는데, 그것이 그를 훨씬 더 화나게 만들었다.　O ┊ X
→ I remained silent, <u>which</u> made him more angry.

88 최근이 되어서야 나는 그 사실을 알았다.　　　　　　　　　　O ┊ X
→ It was only recently <u>that</u> I knew the fact.

89 나는 거짓말을 하는 것이 나쁜 일이라고 배웠다.　　　　　　O ┊ X
→ I <u>have been taught</u> that it is wicked to tell a lie.

90 우리가 지붕을 보는 그 건물은 아름답다.　　　　　　　　　O ┊ X
→ The building <u>of which the roof</u> we see is beautiful.

91 그는 회의를 연기하자고 제안했다.　　　　　　　　　　　　O ┊ X
→ He proposed that the conference <u>will be postponed</u>.

92 그는 형과 사업을 시작했다.　　　　　　　　　　　　　　O ┊ X
→ He <u>entered into business</u> with his brother.

93 그는 그때, 돈이 아주 많은 것처럼 여러 가지를 샀다.　　　　　　　O ｜ ✕
→ He bought a lot of things as if <u>he had</u> so much money then.

94 그녀는 즉시 그곳을 떠날 필요가 있었다.　　　　　　　　　　　　O ｜ ✕
→ It was necessary she <u>leaves</u> the place immediately.

95 어설프게 아는 것보다 아무것도 모르는 것이 낫다.　　　　　　　　O ｜ ✕
→ One may as well not know a thing at all <u>as know</u> it but imperfectly.

96 우리가 잠이 든 사이에 도둑이 든 게 틀림없어.　　　　　　　　　O ｜ ✕
→ We <u>must have been burgled</u> while we were asleep.

97 당신의 시기적절한 충고가 없었더라면, 그들은 파멸했을 것이다.　　O ｜ ✕
→ Without your timely advice, they <u>would have been ruined</u>.

98 직원들은 주어진 일을 끝낼 수 없었다.　　　　　　　　　　　　O ｜ ✕
→ Employees <u>couldn't choose but finish</u> the given tasks.

99 빨간 불이 들어와 있을 때에만 직원들에게 무슨 위험이 있는 것이다.　O ｜ ✕
→ Only if the red light comes on <u>is there</u> any danger to employees.

100 나는 이전 편지에서 그들을 그녀의 동료로 취급하라고 촉구했다.　　O ｜ ✕
→ I urged in my previous letter <u>that they be treated</u> as her colleagues.

101 혁신의 중심지로 기능하는 실리콘 밸리에서는 그 어느 곳보다 기술이 통합되어 있다.　O ｜ ✕
→ Nowhere is technology more integrated than in Silicon Valley, <u>which</u> serves as a hub for innovation.

102 Palm Beach Post는 우리 지역 신문일 뿐만 아니라, 우리 가계 수입의 절반을 이루는 주요한 수입원이었다.　O ｜ ✕
→ Not only <u>were</u> the Palm Beach Post our local paper, it was also the source of half of our household income.

103 문 앞에 한 남자가 서 있다.　　　　　　　　　　　　　　　　　O ｜ ✕
→ In front of the door <u>stands</u> a man.

104 그가 지시를 들었더라면, 그는 그 실수를 하지 않았을 것이다.　　　O ｜ ✕
→ Had he listened to the instructions, he <u>would not have made</u> that mistake.

105 만약 가격이 올라간다면, 수요는 줄어들겠다.
→ If the price <u>increases</u>, the demand goes down. ⃞ O ⁞ X ⃞

106 그녀가 파티에 대해 지난주에 알려줬었더라면 얼마나 좋을까.
→ <u>I wish she told</u> me about the party last week. ⃞ O ⁞ X ⃞

107 그들은 그곳에 차를 타고 가느니 차라리 공원까지 걸어가는 것이 낫겠다.
→ They would rather walk to the park than <u>drive</u> there. ⃞ O ⁞ X ⃞

108 참가자들은 행사 기간 동안 무료 식사를 받을 자격이 있다.
→ Participants are entitled <u>to complimentary meals</u> during the event. ⃞ O ⁞ X ⃞

109 그 식당은 매우 인기가 있으니 반드시 미리 예약해라.
→ <u>Do book</u> ahead as the restaurant is very popular. ⃞ O ⁞ X ⃞

110 당신이 이 병을 고치려면 담배를 끊기만 하면 된다.
→ You <u>have only to give</u> up smoking to cure this disease. ⃞ O ⁞ X ⃞

111 덜 알려진 것은 그녀가 그것이 그녀의 환자들에게 얼마나 도움이 되는지 알아냈다는 사실이었다.
→ Less well known <u>was the fact</u> that she had found out how helpful it was to her patients. ⃞ O ⁞ X ⃞

112 그녀는 죄책감을 느낄 뿐만 아니라 손님들을 실망시킬 수도 있다.
→ Not only would she feel guilty <u>but might she</u> also disappoint her guests. ⃞ O ⁞ X ⃞

113 그들은 피해를 줬던 나라와 협력하느니 차라리 경제적 고난을 택하겠다고 한다.
→ They would rather suffer financially <u>than work</u> with a country that harmed them. ⃞ O ⁞ X ⃞

114 다른 이들은 이 법이 어떤 것도 바꿀 수 없다고 생각한다.
→ Others think the law won't change <u>everything</u>. ⃞ O ⁞ X ⃞

115 멸종 위기에 처한 종의 목록에는 거의 600종의 어류가 포함되어 있다.
→ The list of endangered species includes <u>near</u> 600 fishes. ⃞ O ⁞ X ⃞

116 경찰은 과속을 한 무분별한 운전자들을 탓했다.
→ The police blamed senseless drivers who went too <u>fastly</u>. ⃞ O ⁞ X ⃞

117 네가 그것을 모르다니 이상하다.
→ It is strange that you <u>should not know</u> it. ⃞ O ⁞ X ⃞

118 나는 당신을 볼 때마다 그녀가 생각난다.

➡ I <u>can</u> see you but I am reminded of her.

O ┊ X

119 그는 그때 나와 함께 있었기 때문에 그 돈을 훔쳤을 리가 없다.

➡ He cannot <u>steal</u> the money because he was with me at that time.

O ┊ X

120 우리는 그들에 대한 어떠한 편견도 가지지 말아야 한다.

➡ We <u>ought to not</u> have any prejudice against them.

O ┊ X

121 만약 날씨가 악화된다면, 그들은 야외 활동을 연기할 것이다.

➡ If the weather should deteriorate tomorrow, they would <u>postpone</u> the outdoor activities.

O ┊ X

122 그들은 시험 준비를 열심히 했고, 나도 마찬가지다.

➡ They have prepared for the exam hard, and so <u>did</u> I.

O ┊ X

123 선생님은 그들에게 그 문제의 정답을 말해 줬다.

➡ The teacher <u>mentioned</u> them the answer to the question.

O ┊ X

124 그녀는 당황하면 웃는 경향이 있다.

➡ She has a tendency to smile when <u>embarrassing</u>.

O ┊ X

125 그녀가 먼저 전화하든, 내가 이메일을 보내든 상관없다.

➡ It's doesn't matter <u>that</u> she calls first or I send an email.

O ┊ X

126 내가 여행 중에 그들에게 전화하지 않으면 우리 가족은 걱정할 텐데.

➡ My family would <u>be concerned</u> if I didn't call them during the trip.

O ┊ X

127 그녀가 친절할지라도, 그녀는 가끔 화를 내는 순간들이 있다.

➡ Kind <u>as if</u> she may be, she has her moments of anger.

O ┊ X

128 학위가 없는 것이 그녀의 성공을 방해했다.

➡ Her lack of a degree kept her <u>advancing</u>.

O ┊ X

129 이상하게 들릴지 모르겠지만, 나는 그것이 끝나서 기뻤다.

➡ <u>Strange though it may sound</u>, I was pleased it was over.

O ┊ X

130 사실인지 아닌지(에 관해) 의문이 있다. ○ ✕
→ I am doubtful as to <u>if</u> it is true.

131 이것은 값이 엄청나게 비싼 그림이다. ○ ✕
→ This is the picture <u>the price of which</u> is incredibly high.

132 그가 집에 도착한 날은 12월 마지막 날이었다. ○ ✕
→ The day <u>when he arrived</u> at his home was the last of December.

133 결점이 없는 사람은 없다. ○ ✕
→ There's nobody but <u>doesn't have</u> his fault.

134 나는 경력을 바꾸는 것을 고려했다. ○ ✕
→ I considered <u>changing</u> my career path.

135 그녀는 곰인형을 가지고 있었는데, 두 눈이 모두 없다. ○ ✕
→ She had a teddy bear, both of <u>whose</u> eyes were missing.

136 그것은 그녀가 전혀 대비가 안 된 위기였다. ○ ✕
→ It was a crisis <u>for which</u> she was totally unprepared.

137 그녀는 바깥 날씨가 아무리 추워도 창문을 열어 둔다. ○ ✕
→ She has the window open, <u>however cold it is outside</u>.

138 그는 무술을 연습하는 것 외에도 숙련된 화가이다. ○ ✕
→ <u>Beside</u> practicing martial arts, he's also a skilled painter.

139 나는 그녀를 처음 만난 날을 기억한다. ○ ✕
→ I remember the day <u>that</u> I met her for the first time.

140 그는 독일에서 참전 중에 포로가 되었다. ○ ✕
→ <u>While fighting in Germany</u>, he was taken prisoner.

141 우리는 열심히 귀를 기울였다. 왜냐하면 그가 우리 가족 소식을 가져왔으니까. ○ ✕
→ We listened eagerly, <u>for</u> he brought news of our families.

142 나의 주의를 끈 첫 주제는 종교였다. ○ ✕
→ The first subject that <u>attracting</u> my attention was religion.

143 비가 내리기 시작했고 설상가상으로 어둠 속에서 우리는 길까지 잃었다. ⬜ O | X
→ It began to rain and, <u>which is worse</u>, we lost our way in the dark.

144 그는 제복을 입지 않으면 경찰관으로 보이지 않았다. ⬜ O | X
→ <u>Unless he was not in uniform</u>, he didn't look a policeman.

145 나무에서 떨어지지 않도록 조심해라. ⬜ O | X
→ Be careful <u>lest you should fall</u> from the tree.

146 시대가 변했고 나 또한 그렇다. ⬜ O | X
→ Times have changed and <u>so have I</u>.

147 이 집은 내가 자랐던 곳이다. ⬜ O | X
→ This is the house in <u>that</u> I grew up.

148 내가 생각하기에 정직했던 그 CEO는 알고 보니 사기꾼이었다. ⬜ O | X
→ The CEO <u>who</u> I thought was honest turned out to be a swindler.

149 우리 이웃 어르신들을 도와주다니 그녀는 참 사려 깊다. ⬜ O | X
→ It's considerate <u>for her</u> to help the elderly in our neighborhood.

150 다음 달이면 그는 결혼한 지 10년이 된다. ⬜ O | X
→ By next month, he <u>will be</u> married for 10 years.

151 그는 축구로 유명한 도시인 마드리드에서 태어났다. ⬜ O | X
→ He was born in Madrid, a city <u>knowing</u> for soccer.

152 의사의 진단서를 받지 않으면 근무하지 않은 시간에 대한 급여는 못 받는다. ⬜ O | X
→ You won't get paid for time off <u>unless</u> you have a doctor's note.

153 나는 그들 중 누구도 좋아하지 않는다. ⬜ O | X
→ I don't like <u>both</u> of them.

154 그녀가 만약 매일 아침에 조깅을 하면, 그녀는 건강해질 것이다. ⬜ O | X
→ <u>If</u> she jogs every morning, she will become healthy.

155 지난 몇 년간 무슨 일이 일어난 것 같다. ⬜ O | X
→ Something seems <u>to happen</u> during the past years.

156 나는 자연을 관찰하는 데 많은 시간을 보냈다. $\quad$ O $\vdots$ X

→ I spent much of my time <u>to observe</u> nature.

157 근시인 사람들은 안경을 쓰도록 요구된다. $\quad$ O $\vdots$ X

→ People <u>who are shortsighted</u> are requested to wear glasses.

158 이 일을 잘 해낼 수 있을 것 같은 두 사람을 염두에 두고 있다. $\quad$ O $\vdots$ X

→ I have two people in mind <u>whom</u> I think would work out well on this.

159 이것은 그가 그 소설을 쓰는 데 썼던 펜이다. $\quad$ O $\vdots$ X

→ This is the pen <u>with which</u> he wrote the novel.

160 그는 젊은 시절에 열심히 공부했는데, 그것이 그가 만년에 성공하는 데 도움이 되었다. $\quad$ O $\vdots$ X

→ He studied hard in his youth, <u>which</u> contributed to his success in later life.

161 그 학교는 그녀가 학생회장으로 임명되는 것을 금지했다. $\quad$ O $\vdots$ X

→ The school prohibited her from <u>appointing</u> as the head prefect.

162 당신은 동료들에게 뛰어난 수학자로 평가되어 왔다. $\quad$ O $\vdots$ X

→ You <u>have regarded</u> as a brilliant mathematician by his peers.

163 나는 아직 오늘 신문을 못 읽었어. 뭐 재미있는 것 있니? $\quad$ O $\vdots$ X

→ I have not read today's newspaper yet. Is there anything <u>interested</u> in it?

164 그가 가장 뛰어나게 잘하는 취미는 그림 그리기이다. $\quad$ O $\vdots$ X

→ The hobby <u>in which</u> he excels the most is painting.

165 모든 운전자가 안전 지침을 따르는 것은 중요하다. $\quad$ O $\vdots$ X

→ It is important that every driver <u>follow</u> the safety guidelines.

166 나는 그가 당신과 일했다고 주장한 한 남자를 어제 공원에서 보았다. $\quad$ O $\vdots$ X

→ I saw a man at the park yesterday <u>who</u> claimed he had worked with you.

167 인내와 성공의 관계는 물과 생명의 관계와 같다. $\quad$ O $\vdots$ X

→ Patience is to success <u>what</u> water is to life.

168 예술가가 자신의 유명한 그림들이 많이 만들어진 스튜디오를 방문했다. $\quad$ O $\vdots$ X

→ An artist visited the studio <u>which</u> many of his famous paintings were created.

169 인턴은 병원에서 교대로 야간 근무를 한다.   O ┊ X
   → Interns <u>take turns being</u> on night call at the hospital.

170 이 건물은 10층짜리 사무실 빌딩으로 1884년에 건설되었다.   O ┊ X
   → It was built in 1884 as <u>a ten-story office building</u>.

171 Mary는 반에서 다른 누구보다도 키가 작다.   O ┊ X
   → Mary is not taller than any other <u>girls</u> in the class.

172 코뿔소는 육상 포유류 동물 중 두 번째로 크다.   O ┊ X
   → The Rhinoceros is <u>the second largest</u> land mammal.

173 당신은 불을 이용하여 붕대에서 세균을 없앨 수 있다.   O ┊ X
   → You can use fire to make bandages <u>free</u> from germs.

174 애완동물들은 키우기 쉽고, 그들에게 애정을 주면 기분이 좋아진다.   O ┊ X
   → Pets are easy to raise, and it makes you feel good to give <u>it</u> your affection.

175 그는 바닷가에 서 있는 자기 자신을 상상했다.   O ┊ X
   → He imagined <u>himself</u> standing on the shore.

176 어젯밤 늦게까지 안 자고 더 공부했었어야 했는데.   O ┊ X
   → I <u>should have stayed</u> up late and studied more last night.

177 모임에 나온 사람은 기껏해야 5명이었다.   O ┊ X
   → There were <u>not more than</u> 5 people at the meeting.

178 회계사는 두 달마다 우리 재무 기록을 감사한다.   O ┊ X
   → The accountant audits our financial records every two <u>month</u>.

179 그는 담배를 덜 피우고 술을 덜 마시라는 조언을 들었다.   O ┊ X
   → He was advised to smoke <u>fewer cigarettes and drink less beer</u>.

180 아는 것과 가르치는 것은 별개이다.   O ┊ X
   → It is one thing to know, and <u>another</u> to teach.

181 우리는 이틀에 한 번 꼴로 야근을 한다.   O ┊ X
   → We work overtime about once <u>every two day</u>.

182 그가 돌아왔을 때 우리는 낙하산 펴는 것을 연습했다. ⭕ ❌
➡ When he came back, we <u>practiced releasing</u> our parachute.

183 못된 짓을 하다가 걸리는 아동은 누구든 교실 앞쪽에 서 있어야 했다. ⭕ ❌
➡ Any child caught misbehaving <u>was made to stand</u> at the front of the class.

184 이 정책은 의료 빈곤층을 대상으로 시행될 예정이다. ⭕ ❌
➡ This policy will <u>be put into effect</u> for the medical poor.

185 그는 자기 하숙비도 겨우 내는데 하물며 친구 것까지 낼 수는 없었다. ⭕ ❌
➡ He could barely pay for his own lodging, <u>much less</u> for that of his friend.

186 우리가 일어난 일에 대해 우리 자신을 비난해서는 안 된다. ⭕ ❌
➡ We shouldn't blame <u>us</u> for what happened.

187 그녀는 그것에 대해 생각을 할수록 점점 더 우울해졌다. ⭕ ❌
➡ The more she thought about it, <u>the more depressed she became</u>.

188 민주주의적 가치는 경제적 가치 못지않게 중요하다. ⭕ ❌
➡ Democratic values are <u>no less important than</u> economic.

189 그의 실종을 둘러싸고 언론에서 대단히 많은 관심을 보였다. ⭕ ❌
➡ There has been <u>a great deal of publicity</u> surrounding his disappearance.

190 아무런 설명도 제공되지 않았다. 해결책은 말할 것도 없고. ⭕ ❌
➡ No clarification was given, <u>still more</u> a resolution.

191 우린 아직 40마일을 더 가야 한다. ⭕ ❌
➡ We've still got <u>another forty miles</u> to go.

192 타조가 날지 못하는 것은 키위가 날지 못하는 것과 같다. ⭕ ❌
➡ An ostrich cannot fly any more <u>than a kiwi can</u>.

193 올해 수입은 작년의 세 배이다. ⭕ ❌
➡ This year's revenues are <u>three times as much as</u> last year's.

194 많은 유물들이 상당히 오래된 것들이다.
➔ A number of the monuments are of <u>considerable</u> antiquity.
O｜X

195 그들의 가구는 기능적이기보다 미적이었다.
➔ Their furnitures <u>were</u> more aesthetic than functional.
O｜X

196 학생은 새로운 것을 시도할 수 있는 용기를 가지고 있어야 한다.
➔ The student should have the courage <u>to try</u> new things.
O｜X

197 이 수준은 대부분의 학생들이 쉽게 달성할 수 있다.
➔ This standard is easily attainable by <u>almost</u> students.
O｜X

198 우리의 낡은 복사기는 새 복사기만큼 효율적으로 작동한다.
➔ Our old copy machine works as <u>efficient</u> as a new one.
O｜X

199 그 밧줄은 길이가 땅에 충분히 닿을 정도로 길었다.
➔ The rope was plenty <u>long enough</u> to reach the ground.
O｜X

200 그들은 거의 진화하거나 변화하지 않았다.
➔ They have <u>not hardly</u> evolved or changed.
O｜X

201 갑자기 폭풍이 일어난다고 하더라도, 피난처를 쉽게 찾을 수 있다.
➔ <u>Should a storm arise suddenly</u>, we can find a shelter easily.
O｜X

202 아직 그것을 본 적이 없기 때문에 나는 그것을 잘 알지 못한다.
➔ <u>Not having seen</u> it yet, I don't know it well.
O｜X

203 나는 일을 더욱 진지하게 받아들이기 시작했다.
➔ I <u>began to take</u> my work more seriously.
O｜X

204 그는 그의 반에서 다른 어떤 소년들보다 키가 크다.
➔ He is taller than any other <u>boys</u> in his class.
O｜X

205 그는 시인이라기보다는 선생님이다.
➔ He is not a poet <u>any more than</u> a teacher.
O｜X

206 말이 물고기가 아니듯이 고래는 물고기가 아니다.

→ A whale is no more a fish <u>than a horse is</u>. ☐ O ┊ X ☐

207 새로운 관리자는 이전 관리자보다 훨씬 더 우수하다.

→ The new manager is <u>far superior to</u> the old one. ☐ O ┊ X ☐

208 우리가 가격이 치솟기 전에 그 집을 샀었더라면 좋았을 텐데.

→ I wish we <u>had bought</u> the house before the prices surged. ☐ O ┊ X ☐

209 선생님은 다가올 시험에 대해 힌트조차 주지 않았다.

→ The teacher <u>never so much as hinted</u> at the upcoming test. ☐ O ┊ X ☐

210 그가 더 빨리 뛸수록 결승선에 도달하는 시간이 더 빨라졌다.

→ The faster he ran, <u>the sooner he reached</u> the finish line. ☐ O ┊ X ☐

211 부모의 지도는 학교 교육 못지않게 중요하다.

→ Parental guidance is <u>no more</u> important than school education. ☐ O ┊ X ☐

212 나는 실내 활동보다 실외 활동을 선호한다.

→ I find outdoor activities to be <u>preferable</u> to indoor ones. ☐ O ┊ X ☐

213 우리가 지난번에 만난 지 약 7년이 되었다.

→ <u>It has been</u> about seven years since we met last time. ☐ O ┊ X ☐

214 Mary는 Peter만큼 유명하지 않다.

→ Mary is no more famous than Peter <u>isn't</u>. ☐ O ┊ X ☐

215 그는 그의 아버지에 의해 훌륭한 피아니스트가 되었다.

→ He <u>was made</u> a great pianist by his father. ☐ O ┊ X ☐

216 밤새도록 그 개가 짖는 소리가 모두에게 들렸다.

→ The dog <u>was heard to bark</u> all night by everybody. ☐ O ┊ X ☐

217 우리는 긍정적인 결과를 보고 나서 옳은 결정을 내렸다고 확신했다.

→ We knew that we <u>will make</u> the right decision once we saw the positive results. ☐ O ┊ X ☐

218 그 계란은 보통 계란 크기의 3배입니다.

→ The egg is <u>three times the size of</u> the average egg. ☐ O ┊ X ☐

219 내일까지 논문을 제출하는 것은 불가능하다고 생각한다.
　　→ I think it impossible <u>to hand</u> in the paper by tomorrow.　〔O │ X〕

220 모든 불평이 그렇게 쉽게 처리되는 것은 아니다.
　　→ <u>Not all</u> complaints are so easily dealt with.　〔O │ X〕

221 대학은 학생들이 수강신청을 좀 더 쉽게 할 수 있도록 해줘야 한다.
　　→ The university should <u>make it easier for students</u> to register for classes.　〔O │ X〕

222 모든 사람이 다 그 일을 하루 만에 끝낼 수 있는 게 아니다.
　　→ <u>Not everybody</u> can finish it in a day.　〔O │ X〕

223 집을 나가자마자 폭우가 내리기 시작했다.
　　→ <u>Scarcely did I leave</u> the house when it started pouring rain.　〔O │ X〕

224 그가 당신에게 그것을 말하는 것은 당연해.
　　→ It is natural <u>for him</u> to say that to you.　〔O │ X〕

225 그 영화는 많은 팬들에 의해 기대되어 왔다.
　　→ The movie <u>has been looked forward</u> by lots of fans.　〔O │ X〕

226 나는 학교생활에서 무엇을 해야 할지 모르겠다.
　　→ I don't know <u>what</u> to do with my school life.　〔O │ X〕

227 그는 백만장자가 아니고 나도 아니다.
　　→ He isn't a millionaire, <u>nor am I</u>.　〔O │ X〕

228 그 축제는 현지 주민들에 의해 설립됐다.
　　→ The festival <u>was founded by</u> local residents.　〔O │ X〕

229 실수하지 않는 사람은 없다.
　　→ There is no <u>one but commits errors</u>.　〔O │ X〕

230 공기가 없다면, 우리는 더 이상 살 수 없다.
　　→ <u>Had it not been for air</u>, we could not live any more.　〔O │ X〕

231 우리는 여행의 첫 단계를 기차로 했다.
　　→ We did the first stage of the trip <u>by train</u>.　〔O │ X〕

232 그는 거짓말을 하지 않은 것으로 드러났다.　　　　　　 ○ ｜ ✕
➥ He turned out <u>not to have</u> told a lie.

233 당신은 나를 하루 종일 기다리게 할 작정입니까?　　　　 ○ ｜ ✕
➥ Are you going to keep me <u>waited</u> all day long?

234 지구는 평평하다고 여겨졌다.　　　　　　　　　　　　 ○ ｜ ✕
➥ <u>It was believed that</u> the earth was flat.

235 눈을 감은 채로, 그는 토마토 수프를 맛보고 있는 중이었다.　 ○ ｜ ✕
➥ With his eyes <u>shut,</u> he was tasting the tomato soup.

236 감사함은 가장 강력한 무기 중 하나이다.　　　　　　　 ○ ｜ ✕
➥ Gratitude is one of <u>the most powerful weapons</u>.

237 그녀는 젊었을 때 분명히 아름다웠을 것이다.　　　　　 ○ ｜ ✕
➥ She <u>must have been</u> beautiful when she was young.

238 의류를 주문할 때에는 잊지 말고 치수를 명시하세요.　　 ○ ｜ ✕
➥ Remember <u>to specify</u> your size when ordering clothes.

239 어떤 사람들은 어떻게 해서든 투표를 했지만, 대부분은 하지 않았다.　 ○ ｜ ✕
➥ Some managed to vote, but most of them <u>wasn't</u>.

240 나는 지나가는 사람들에게 전단지를 나눠줄 것이다.　　 ○ ｜ ✕
➥ I'm going to hand out leaflets to the people <u>passing by</u>.

241 거의 매일 나는 '타임머신'이라고 부르는 놀이를 혼자 한다.　 ○ ｜ ✕
➥ Almost every day I play a game with myself <u>which</u> I call 'time machine'.

242 그는 문을 세게 쾅 닫았다.　　　　　　　　　　　　 ○ ｜ ✕
➥ He slammed the door <u>hardly</u> behind him.

243 우리는 그가 그 늙은 여성분에게 한 행동에 감명 받았다.　 ○ ｜ ✕
➥ We were impressed with <u>what</u> he did for the old lady.

244 독수리의 눈은 여러 가지 면에서 인간의 눈과 비슷하다.　 ○ ｜ ✕
➥ The eyes of eagles are similar to <u>those</u> of humans in many respects.

245 그녀가 울고 있는 그 아이에게로 가더니 그 애를 들어 올렸다. [O | X]
➡ She went over to the <u>cried</u> child and picked her up.

246 날씨가 괜찮으면 그 행사는 야외에서 열릴 것이다. [O | X]
➡ The event will be held outdoors, weather <u>permitted</u>.

247 소년은 너무 당황하여 무슨 말을 해야 할지 몰랐다. [O | X]
➡ The boy was so <u>bewildering</u> that he didn't know what to say.

248 구조에 나선 항공기들이 실종된 선원들의 위치 파악을 위해 애쓰고 있다. [O | X]
➡ Rescue planes are trying to locate the <u>missing</u> sailors.

249 이 집은 유명한 배우의 소유이다. [O | X]
➡ The house <u>is belonged to</u> a famous actor.

250 이 종자에 속하는 개들은 차분한 성질로 잘 알려져 있다. [O | X]
➡ This breed of dogs is known <u>as</u> its placidity.

251 그것에 관한 보도는 일절 믿을 수가 없다. [O | X]
➡ No report about it can <u>rely on</u>.

252 그는 위원의 한 사람으로 임명되었다. [O | X]
➡ He <u>was appointed</u> one of the committee.

253 단지 이것을 부정으로 분류하는 것은 더 깊은 본질을 놓치는 것이다. [O | X]
➡ Just <u>label</u> this as denial misses the deeper truth.

254 그녀는 왜 그들이 직원 회의에 오기를 고집하는지 설명했다. [O | X]
➡ She explained why they insist <u>to come</u> to the staff meetings.

255 다음에 무슨 일이 있을지는 아무도 모른다. [O | X]
➡ <u>There's no use telling</u> what will happen next.

256 막 나가려고 하는 참에 그가 찾아왔다. [O | X]
➡ I was on the point <u>of going</u> out when he called on me.

257 열대 우림들이 베어 넘어지면서 목초지에 자리를 내주고 있다. [O | X]
➡ Tropical forest <u>is felled</u> to make way for grassland.

258 그 일에 대한 당신의 열의를 그들에게 납득시킬 필요가 있을 것이다.
→ You'll need to convince them <u>of your enthusiasm</u> for the job.   O ┊ X

259 그녀는 비상시에는 어떻게 해야 하는지를 그들에게 설명했다.
→ She explained <u>to them</u> what to do in an emergency.   O ┊ X

260 그 인부들은 하루 종일 톱질을 하고 망치를 두들겼다.
→ The workmen <u>sewed</u> and hammered all day.   O ┊ X

261 그는 집에 도착해서야 택시에 휴대폰을 두고 내렸다는 것을 알았다.
→ <u>Not until did he arrive home he found</u> he'd left his cell phone in the taxi.   O ┊ X

262 그녀는 그런 비열한 짓을 할 사람이 아니다.
→ She's above <u>doing</u> such a mean thing.   O ┊ X

263 음주는 사람들의 건강에 부정적으로 영향을 미친다.
→ Drinking adversely <u>affects</u> people's health.   O ┊ X

264 간단명료하게 말하자면, 이것은 시간 낭비이다.
→ <u>To put it in a nutshell</u>, this is a waste of time.   O ┊ X

265 우리가 역에 도착하기 전에 기차는 이미 출발했다.
→ The train <u>had departed</u> before we reached the station.   O ┊ X

266 당신이 바쁘지 않으면 오늘 아침에 당신 집에 들르겠다.
→ I'll drop by your place this morning <u>unless</u> you are busy.   O ┊ X

267 손님들을 접대하는 데 조금도 소홀한 점이 없었다.
→ The best possible care <u>was taken in receiving</u> the guests.   O ┊ X

268 경찰대가 그 건물에 접근하기 시작했다.
→ The police squad began to <u>approach on the building</u>.   O ┊ X

269 새로운 정책에 대해서는 그들도 우리만큼 아는 것이 없다.
→ They know no more <u>than we do</u> about the new policies.   O ┊ X

270 우리 지구는 우주의 광활한 영역 속에서 작은 점에 불과하다.
→ Our Earth <u>is</u> but a small point within the vast expanse of the universe.   O ┊ X

271 그는 어렸을 때 그녀에게 영어를 배웠다고 한다.
→ He is said <u>to be taught</u> English by her when young.   O X

272 크게 꿈꾸는 것과 그 꿈을 이루는 것은 별개다.
→ To dream big is one thing, and to achieve those dreams <u>is another</u>.   O X

273 이것이 바로 내가 찾아왔던 책이다.
→ This is <u>the very</u> book I have been looking for.   O X

274 도대체 뭐 하고 있는 거니?
→ <u>What on earth</u> are you doing here?   O X

275 나의 삼촌 중 한 분은 인천에 살고, 다른 한 분은 부산에 사신다.
→ One of my uncles lives in Incheon, <u>and the other in Busan</u>.   O X

276 그 축제는 매년 열리는 축제로 그 대부분의 행사가 여름에 열린다.
→ The festival is an annual one with the majority of its events <u>holding</u> in the summer.   O X

277 모든 사람의 생일과 기념일을 기억하다니 당신은 생각이 깊군요.
→ It's thoughtful <u>for you</u> to remember everyone's birthdays and anniversaries.   O X

278 봄은 매년 겨울 후에 온다.
→ Spring <u>is came</u> after winter every year.   O X

279 우물은 지하 수원에 닿기 위해 깊이 파여졌다.
→ The well was dug <u>deep</u> to reach the underground water source.   O X

280 그가 말한 것의 많은 부분이 이 분야에서 사실로 여겨진다.
→ Many of what he says <u>are</u> considered true in this field.   O X

281 모든 것을 고려해 볼 때, 그녀는 상황을 꽤 잘 다뤘다.
→ <u>All things considered</u>, she handled the situation quite well.   O X

282 공유된 모든 정보는 기밀이었다.
→ All of the information shared <u>was</u> confidential.   O X

283 나는 혼자 보는 것은 말할 것도 없고, 공포 영화를 좋아하지 않는다.
→ I'm not fond of horror movies, <u>not to mention</u> watching them alone.   O X

12

284 우리는 그의 연설에 감동하게 되었다.
➡ We were made <u>touching</u> with his speech.   ⃝ ｜ ✕

285 이런 점에서 우리는 꽤 비슷하지만 완전히 같은 것은 아니다.
➡ In this regard, we are quite alike <u>but not entirely</u>.   ⃝ ｜ ✕

286 그는 며칠 동안 잠을 못 잔 것처럼 피곤해 보인다.
➡ He looks tired as if he <u>didn't sleep</u> for several days.   ⃝ ｜ ✕

287 그는 어머니가 여동생과 이야기하는 것을 엿들었다.
➡ He overheard his mom <u>to talk</u> with his sister.   ⃝ ｜ ✕

288 음주는 사람들의 건강에 부정적으로 영향을 미친다.
➡ Drinking negatively <u>affects on people's health</u>.   ⃝ ｜ ✕

289 나는 2명의 남자 형제가 있는데, 모두 다 사업가이다.
➡ I have two brothers, <u>all of them</u> are businessmen.   ⃝ ｜ ✕

290 그는 오랫동안 시인으로 알려져 있었다.
➡ He <u>has been known to</u> a poet for a long time.   ⃝ ｜ ✕

291 팀은 마감 기한을 충족하기 위해 열심히 작업하고 있다.
➡ The team <u>are</u> working diligently to meet the deadline.   ⃝ ｜ ✕

292 나는 그가 진실한 사람이라고 확신하지 않았다.
➡ I <u>didn't convince</u> that he is a truthful man.   ⃝ ｜ ✕

293 우리는 사람들이 자살하는 것을 막아야 한다.
➡ We must stop people <u>from committing</u> suicide.   ⃝ ｜ ✕

294 그 사람에게 최대한 내 감사의 마음을 전해주십시오.
➡ Tell him the best way <u>in which</u> to express my thank.   ⃝ ｜ ✕

295 그는 영어로 의사소통이 가능하다.
➡ He can make himself <u>understand</u> in English.   ⃝ ｜ ✕

296 그에게 그런 경우가 종종 있듯이 그는 산책하러 갔다.
➡ <u>As is often the case with him</u>, he went out for a walk.   ⃝ ｜ ✕

진가영

주요 약력

現) 박문각 공무원 영어 온라인, 오프라인 대표교수
서강대학교 우수 졸업
서강대학교 영미어문 심화 전공
중등학교 정교사 2급 자격증
단기 공무원 영어 전문 강의(개인 운영)

주요 저서

New Trend 진가영 영어 단기합격 문법 All In One(박문각)
New Trend 진가영 영어 단기합격 독해 All In One(박문각)
New Trend 진가영 영어 단기합격 VOCA(박문각)
New Trend 진가영 영어 단판승 문법 적중 포인트 100(박문각)
New Trend 진가영 영어 반한다 기출 문법·어휘 & 생활영어(박문각)
New Trend 진가영 영어 반한다 기출 독해(박문각)
New Trend 진가영 영어 어휘끝판왕[어판왕](박문각)
New Trend 진가영 영어 독해끝판왕[독판왕](박문각)
New Trend 진가영 영어 문법끝판왕[문판왕](박문각)
진가영 영어 신독기 구문독해(박문각)
진가영 영어 신경향 어휘 마스터(박문각)
진가영 영어 신경향 독해 마스터 시즌1(박문각)
진가영 영어 신경향 독해 마스터 시즌2(박문각)
진가영 영어 진독기 구문독해 시즌1(박문각)
진가영 영어 단판승 생활영어 적중 70(박문각)
진가영 영어 하프 모의고사(박문각)
2024 박문각 공무원 봉투모의고사(박문각)

진가영 영어 ✧✦ 문법 끝판왕

초판 발행 2024. 11. 25. | **2쇄 발행** 2024. 12. 10. | **편저자** 진가영
발행인 박 용 | **발행처** (주)박문각출판 | **등록** 2015년 4월 29일 제2019-000137호
주소 06654 서울시 서초구 효령로 283 서경 B/D 4층 | **팩스** (02)584-2927
전화 교재 문의 (02)6466-7202

저자와의
협의하에
인지생략

이 책의 무단 전재 또는 복제 행위를 금합니다.

정가 16,000원
ISBN 979-11-7262-327-2

꿈은 이루어진다 ❀

Dreams come true!

★★★★★ **철도경찰직 합격, 영어 95점**　　　이**

저는 공부 마무리를 교수님의 단판승 문법 킬포인트 100이라는 강의로 했습니다. **잠깐 까먹었던 개념들이나 아직 살짝 헷갈렸던 개념들을 빠르게 정리하는 강의**였습니다. 마무리로 양을 늘리는 것이 아니라 아는 내용, 시험에 꼭 나오는 내용을 다시 한 번 꼼꼼히 짚고 넘어갈 수 있어 좋았습니다. 또 마지막엔 안 그래도 짧은 단판승을 3시간으로 요약한 강의를 제공해 주셔서 시험 직전 마무리 공부에 정말 큰 도움을 받았습니다.

★★★★★ **충남 교행 수석 합격, 영어 100점**　　　김**

매번 가영쌤이 고유명사처럼 Mr.판승을 애타게 부르짖으며 홍보하는 **존재감 넘치는 강의**입니다.

문법의 핵심 킬포인트를 **반복하며 확실하게 내 것으로 만들 수 있도록** 많은 노력을 기울여 주십니다. 기존에 확실히 배우고 넘어갔다 생각한 문법 포인트들도 어느 순간 기억 속에서 잘 안 꺼내지는 경우가 많은데 그런 상황을 해결하는 데 많은 도움을 줍니다. 더 확실하게 기억할 수 있게 매번 특강들을 통해서도 요점들을 반복하여 계속 언급해 주시기 때문에 수험생 입장에서는 **반복 회독하는 부분까지 그냥 떠먹여 주는 대로 받아먹으면 되는** 든든한 강의입니다.

★★★★★ **일반행정직 합격, 영어 95점**　　　김**

가영쌤의 수업이 정말 좋았던 이유는 문법, 독해를 체계적으로 잘 가르쳐 주시고 매일매일 단어인증을 숙제로 내주셔서 의무감으로라도 단어를 꾸준히 외울 수 있도록 도와 주셨다는 점입니다!! 또, 엄청나게 지엽적인 문제들 위주로 가르쳐 주시기보다는 정말 시험에 나오는 것들, **출제 포인트를 딱 집어서 가르쳐 주셔서 시험장 가서도 '내가 어떤 출제 포인트에 집중하면 되겠다!'라는 부분을 알 수 있도록 도와 주셨습니다.** 가영쌤 400제, 동형, 단판승 **정말 최고입니다!!!** 이 세 개의 커리만 제대로 따라가도 충분히 고득점 가능하다고 생각합니다.

★★★★★ **사회복지직 합격, 영어 95점**　　　강**

선생님은 자칫 지루할 수 있는 **문법 수업을 정말 쉽고 재미있고 어려운 부분까지 정확하게 다루어 주셨습니다!** 선생님의 단판승 요약서를 보고 선생님의 문법 특강 강좌에 참여하면서 선생님과 호흡하는 재미있는 수업을 하였고, 수업이 끝난 후에는 **어느 순간 리틀 가영(?)이 되어** 선생님이 알려준 재밌는 암기법과 챈트들로 재미있게 문법을 푸는 제 자신을 발견하게 되었습니다. 단판승 요약서를 활용한 문법 강의를 진행하여 수험생들에게 문법에 대한 두려움을 없애고 중요한 내용을 토가 나올 정도로 반복하여 시험이 가까워질 때는 완벽에 가깝게 암기하여 적용을 원활하게 잘할 수 있도록 좋은 강의를 진행해 주셨습니다.

2025년
신경향(New Trend) ✦
정규 커리큘럼

합격을 위한
필수 과정

2025 출제 기조 전환 대비 단기합격 커리큘럼 영상

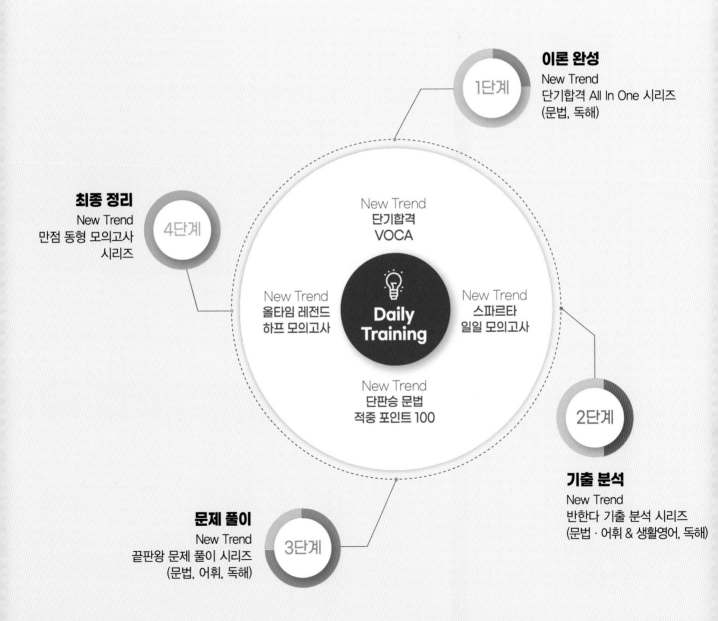

이론 완성
New Trend
단기합격 All In One 시리즈
(문법, 독해)

1단계

최종 정리
New Trend
만점 동형 모의고사
시리즈

4단계

New Trend
단기합격
VOCA

New Trend
올타임 레전드
하프 모의고사

Daily Training

New Trend
스파르타
일일 모의고사

New Trend
단판승 문법
적중 포인트 100

2단계

기출 분석
New Trend
반한다 기출 분석 시리즈
(문법 · 어휘 & 생활영어, 독해)

3단계

문제 풀이
New Trend
끝판왕 문제 풀이 시리즈
(문법, 어휘, 독해)

브랜드만족
1위
박문각

2025

수석합격
2연속
배출

산출근거 후면표기

9급 공무원 영어 시험대비

박문각
공무원

예상문제

진가영
영어

진가영 편저

New Trend
단기합격 길라잡이

2025년 출제 기조 전환 대비

필수 문법 예상 문제 수록

정답 및 해설

동영상 강의 www.pmg.co.kr

브랜드만족
1위
박문각

2025

수석합격
2연속
배출
신출근거 후면표기

9급 공무원 영어 시험대비

박문각
공무원

예상문제

진가영
영어

진가영 편저

New Trend
단기합격 길라잡이

2025년 출제 기조 전환 대비
필수 문법 예상 문제 수록

문법
끝판왕
정답 및 해설

애영상 강의 www.pmg.co.kr

진가영 영어
문법 **끝판왕**✦

Part 01
문법 실력 강화 연습문제
정답 및 해설

문법 실력 강화 연습문제 정답 및 해설

🔍 관련교재 – 단판승 문법 적중포인트 100

Answer

01 ②	02 ③	03 ①	04 ①	05 ②
06 ①	07 ②	08 ②	09 ③	10 ②
11 ④	12 ③			

01 정답 ②

정답 해설

② 적중포인트 035 ▸ 미래를 대신하는 현재시제

by the time과 같은 시간 부사절 접속사 다음에는 미래의 내용을 현재시제로 대신하고 주어가 행동을 하는 것이 아닌 당한다는 수동의 의미를 전달할 때는 동사를 수동태 구조인 be p.p 형태로 쓴다. 따라서 밑줄 친 부분에 들어갈 말로 가장 적절한 것은 ②이다.

지문 해석

그 프로젝트가 다음 달에 완료될 때쯤, 팀은 1년 넘게 그 프로젝트를 작업하게 될 것인데, 이는 그들이 해본 프로젝트 중 가장 긴 프로젝트 중 하나가 된다.

02 정답 ③

정답 해설

③ 적중포인트 010 ▸ 격에 따른 인칭대명사

make, believe, consider, find, think 동사는 진목적어인 to부정사를 목적격 보어 뒤에 쓰고 가목적어인 it을 쓴다.

오답 해설

① 적중포인트 090 ▸ 원급 비교 구문

원급 비교 구문에서 앞의 문장 구조가 완전한 구조면 부사를 쓴다. much는 '많이'라는 의미의 부사로 주어진 문장에서 완전한 구조와 함께 쓰이고 있다. 따라서 밑줄 친 부분은 올바르게 쓰였다.

② 적중포인트 060 ▸ to부정사의 명사적 역할

manage는 to부정사를 목적어로 취하는 3형식 타동사이고, '밀린 잠을 자다'의 뜻으로 숙어 'catch up on sleep'를 쓴다. 따라서 밑줄 친 부분은 올바르게 쓰였다.

④ 적중포인트 078 ▸ 등위접속사와 병치 구조

등위접속사가 나오면 병치 구조를 확인해야 한다. 등위접속사 and를 기준으로 'focus, memory retention'이 명사이므로 밑줄 친 부분에 명사형인 productivity는 올바르게 쓰였다.

지문 해석

수면 부족이 좋은 수면이 그것을 향상시킬 수 있는 만큼이나 정신적 성과에 부정적인 영향을 미칠 수 있다는 것을 이해하는 것이 중요하다. 바쁜 한 주를 보낸 후 수면을 보충한다고 해도, 수면 부족의 영향은 계속 남아 있을 수 있다. 만약 당신이 수면 부족과 피로를 겪는다면, 명확하게 사고하는 능력이 저하되어 정보를 유지하고 효과적으로 결정을 내리는 것이 더 어려워질 것이다. 실제로, 꾸준히 수면을 놓친다면, 집중력, 기억력 유지, 그리고 전반적인 생산성에서 어려움을 겪게 될 수 있다.

03 정답 ①

정답 해설

① 적중포인트 025 ▸ to부정사를 목적격 보어로 취하는 대표 5형식 타동사

cause는 5형식 타동사로 목적어와 목적격 보어의 관계가 능동일 때는 목적격 보어에 to부정사를 취한다. 따라서 밑줄 친 부분인 participate를 to participate로 고쳐야 한다.

오답 해설

② 적중포인트 043 ▸ 혼동하기 쉬운 주어와 동사 수 일치

'there'를 사용한 도치 구문으로 주어(a great need)가 단수형이므로 동사도 단수형으로 써야 한다. 따라서 밑줄 친 부분은 올바르게 쓰였다.

③ 적중포인트 007 ▸ 불가산 명사의 종류와 특징

불가산 명사는 부정관사나 수사와 함께 쓰이지 않고 복수형을 만들 수 없다. 따라서 밑줄 친 부분은 올바르게 쓰였다.

④ 적중포인트 065 ▸ 조동사 뒤의 동사원형과 조동사의 부정형

두 번째 절의 동사 반복을 피하기 위해 일반동사의 대동사를 쓸 수 있다. 앞 문장에서 동사를 대신하여 대동사 do로 쓰였다. 따라서 밑줄 친 부분은 올바르게 쓰였다.

지문 해석

이런 압박이 부모가 자녀의 삶에 덜 참여하게 만들 수 있지만, 여전히 자녀의 교육에 부모가 참여해야 할 큰 필요성이 존재한다. 최근 연구에 따르면, 가족이 자녀의 교육에 긍정적인 방식으로 참여할 때 자녀는 더 높은 성적을 얻고, 출석률이 더 좋으며, 과제를 더 많이 완료하고, 더 긍정적인 태도를 보인다. 또한, 보고서는 교사로부터 자주 메시지를 받는 가정이 그렇지 않은 가정보다 자녀의 교육에 더 많이 참여하는 경향이 있음을 보여준다.

04 정답 ①

정답 해설

① **적중포인트 074** 가정법 과거완료 공식

과거 사실에 대한 반대를 가정할 때는 가정법 과거완료 공식인 'if 주어 had p.p.~, 주어 would/should/could/might have p.p.'로 쓴다. 따라서 밑줄 친 부분에 들어갈 말로 가장 적절한 것은 ①이다.

지문 해석

그 폭우가 아니었다면, 그 야외 행사는 성공적이었을 것이며 예상보다 훨씬 많은 방문객을 끌어모았을 것이다.

05 정답 ②

정답 해설

② **적중포인트 043** 혼동하기 쉬운 주어와 동사 수 일치

many는 복수 가산 명사를 수식한다. 따라서 밑줄 친 부분인 consequence를 consequences로 고쳐야 한다.

오답 해설

① **적중포인트 079** 명사절 접속사의 구분과 특징

명사절 접속사 that은 '~것'으로 해석되며 뒤에 완전 구조를 취한다. 따라서 밑줄 친 부분은 올바르게 쓰였다.

③ **적중포인트 071** 강조 구문과 강조를 위한 표현

동사 앞에 조동사 do/does/did를 사용해서 본동사를 강조할 수 있다. 따라서 밑줄 친 부분은 올바르게 쓰였다.

④ **적중포인트 071** 강조 구문과 강조를 위한 표현

명사 앞에 the very를 사용해서 명사를 강조할 수 있다. 따라서 밑줄 친 부분은 올바르게 쓰였다.

지문 해석

끔찍한 사실은 자살이 실패하는 경우가 종종 있다는 것이며, 그럴 경우 자살 시도자는 영구적인 뇌 손상, 심한 화상, 또는 평생 지속되는 불구 등 많은 끔찍한 결과에 직면해야 한다. 긍정적인 면에서 보면, 자살 시도를 했다가 살아난 경우, 그 사람은 살아서 사람들이 자살을 하는 가장 흔한 이유인 우울증에 대한 진실, 즉 우울증은 사실 순간적인 상태라는 진실을 발견하게 된다. 당신을 우울증의 늪으로 빠뜨렸던 바로 그 상황은 언제든지 변할 수 있으며, 나쁜 기운을 몰아낼 수 있는 여러 종류의 약들이 있다.

06 정답 ①

정답 해설

① **적중포인트 019** 주어만 있으면 완전한 1형식 자동사

appeal은 '~에 호소하다, 관심[흥미]을 끌다'라는 의미의 자동사이므로 뒤에 명사 목적어를 쓸 때는 전치사 to와 결합하여 쓰이므로 밑줄 친 부분인 appealing to는 올바르게 쓰였다.

오답 해설

② **적중포인트 001** 문장의 구성요소와 8품사

주어(Decisions)와 상응하는 동사가 없이 과거분사 made만 쓰였다. 따라서 밑줄 친 부분인 rarely made를 were rarely made로 고쳐야 한다.

③ **적중포인트 019** 주어만 있으면 완전한 1형식 자동사

rely는 자동사로 전치사 on과 함께 쓰여 '기대다, 의존하다'라는 의미로 쓰일 수 있다. 다만 문장의 주어가 people(사람들)이라는 복수 주어이므로 밑줄 친 부분인 relies를 rely로 고쳐야 한다.

④ **적중포인트 020** 주격 보어가 필요한 2형식 자동사

감각 동사를 포함한 2형식 자동사의 주격 보어로 부사는 절대 쓸 수 없다. 따라서 밑줄 친 부분인 주격 보어 자리의 부사 legitimately를 형용사 legitimate로 고쳐야 한다.

지문 해석

이성을 대신하는 것들은 이성에 호소하는 것보다 마치 열등하고 덜 타당한 것처럼 항상 약간 의심의 대상이 되어 왔다. 사실, 당신 자신의 성격이나 청중의 감정에 호소하는 것에는 비이성적이거나 불합리한 것은 아무것도 없다. 순수 이성에 근거해 내려지는 결정은 거의 드물다. 사람들은 보통 무엇을 해야 할지 결정할 때 믿음이나 확신 그리고 감정에 의존하며, 많은 상황에서 이러한 정서는 논리 못지않게 타당하다.

07 정답 ②

정답 해설

② **적중포인트 083** 「전치사+관계대명사」 완전 구조

문장에 동사를 추가 하면서 대명사 역할을 할 수 있는 것은 관계대명사이므로 빈칸에는 대명사(them)가 아닌 관계대명사(which)가 필요하고 관계대명사 which가 수식하는 선행사는 정책(policies)이기 때문에 관계대명사절 내의 동사는 복수 동사로 써야 옳다. 따라서 빈칸에 가장 적절한 것은 ②이다.

지문 해석

CEO는 내일 회의에서 여러 새로운 정책들을 발표할 것으로 예상되며, 그 정책들은 모두 회사의 글로벌 경쟁력을 향상시키기 위해 신중하게 설계되었다.

08 정답 ②

정답 해설

② 적중포인트 022 4형식으로 착각하기 쉬운 3형식 타동사

explain은 3형식 타동사로 목적어를 1개만 취하므로 간접목적어와 직접목적어 즉, 목적어 2개를 쓰는 4형식 구조로 쓸 수 없다. 따라서 밑줄 친 부분인 your partner를 to your partner로 고쳐야 한다.

오답 해설

① 적중포인트 042 A and B 수 일치

A and B 구조는 복수 동사와 수 일치하므로 you and your partner와 have는 수 일치가 올바르게 쓰였다.

③ 적중포인트 020 주격 보어가 필요한 2형식 자동사

get은 2형식 자동사로 쓰일 수 있고 형용사(angry)를 주격 보어로 취할 수 있다. 따라서 밑줄 친 부분인 get angry는 올바르게 쓰였다.

④ 적중포인트 021 전치사가 필요 없는 대표 3형식 타동사

3형식 타동사 take 뒤에 전치사 없이 바로 명사 목적어가 나오고 뒤에 부사가 쓰인 구조로 밑줄 친 부분인 take a few days off는 올바르게 쓰였다.

지문 해석

어떤 사람은 자기 자신과 다른 사람 간의 거리를 두기 위해 화를 내거나 싸움을 시작한다. 당신과 당신의 상대가 엄청난 양의 시간을 함께 보내오고 있다고 해 보자. 당신은 다소 귀찮아지고, 억압되었다고 느끼기 시작하고 있다. 자신에게 이것을 인정하고, 상대방에게 당신이 약간의 거리가 필요하다고 설명하는 것 대신에, 그가 했던 약간의 사소한 일 때문에 그에게 싸움을 걸거나 화를 낸다. 그런 식으로 당신은 떠날 때 정당하다고 느낀다. 나중에 그가 전화를 하면, 당신은 그에게 당신이 잘 지내고 있지 못하기 때문에 며칠 동안 서로 만나지 않는 것이 더 낫다고 생각한다고 말한다. 실제로는 당신이 줄곧 거리를 원했던 것이다.

09 정답 ③

정답 해설

③ 적중포인트 054 분사 판별법[현재분사 VS 과거분사]

문장에 이미 본동사 need가 있어서 접속사 없이 동사를 추가할 수 없으므로 밑줄 친 부분인 동사 learn을 현재분사 learning으로 고쳐야 한다.

오답 해설

① 적중포인트 014 형용사와 부사의 차이

increasing은 '점점 느는, 증가하는'이라는 의미의 형용사로 뒤에 명사인 number를 전치 수식하고 있으므로 밑줄 친 부분인 increasing은 올바르게 쓰였다.

② 적중포인트 062 to부정사의 부사적 역할

to부정사가 부사 자리에서 '~하기 위해'라는 의미로 쓰였으므로 밑줄 친 부분은 올바르게 쓰였다.

④ 적중포인트 055 감정 분사와 분사형 형용사

감정 분사는 감정 분사의 수식을 받는 명사가 감정을 느낄 때 과거분사의 형태로 쓰고 감정을 유발할 때는 현재분사를 쓴다. 아이들이 흥미를 느낀다는 의미이므로 밑줄 친 부분인 과거분사 interested는 올바르게 쓰였다.

지문 해석

많은 연구들이 영양에 대한 지식의 부족이 젊은 층의 건강치 못한 식습관이나 비만으로 이어진다는 사실을 보여준다. 더욱이 맞벌이 가정의 수가 점점 증가함에 따라서 부모들은 자녀에게 음식을 잘 섭취하는 방법을 가르쳐 주는 것이 더욱 어려워지고 있다고 생각한다. 이 차이를 메우기 위해서, 정부는 교실에서의 영양 교육을 강조할 필요가 있다. 이러한 교육의 목표는 어린 학생들에게 더욱더 건강하게 먹는 방법을 가르치는 것이 되어야 한다. 어린 학생들은 그들의 접시에 어떤 음식이 오르고 그것이 어떻게 거기까지 오는지에 대해 배우면서 음식과 더 좋은 관계를 맺을 필요가 있다. 이러한 교육을 통해서 어린 아이들은 그들이 먹고 있는 것에 관심을 갖게 될 수 있으며 나쁜 식습관을 근절할 수 있다.

10 정답 ②

정답 해설

② 적중포인트 066 조동사 should의 3가지 용법과 생략 구조

essential과 같은 이성적 판단의 형용사가 It be와 that절 사이에 쓰일 때 that절의 동사는 '(should) 동사원형'의 구조로 써야 한다. 따라서 밑줄 친 부분에 들어갈 말로 가장 적절한 것은 ②이다.

지문 해석

모든 직원이 안전 규정을 숙지하는 것이 필수적이며, 이는 직장에서 사고 위험을 최소화할 것이다.

11 정답 ④

정답 해설

④ 적중포인트 047 to부정사의 형용사적 역할

to부정사의 형용사적 용법으로 앞에 나온 opportunity와 같은 추상명사를 수식한다. 따라서 밑줄 친 부분은 올바르게 쓰였다.

오답 해설

① 적중포인트 025 to부정사를 목적보어로 취하는 대표 5형식 타동사

motivate는 5형식 타동사로 목적어와 목적격 보어의 관계가 능동일 때는 목적격 보어에 to부정사를 취한다. 사람들이 직접 찾도록 하는 능동의 의미이므로 밑줄 친 부분인 look for를 to look for로 고쳐야 한다.

② **적중포인트 053** 암기해야 할 동명사 표현

'~을 기대하다'의 뜻으로 쓰일 때는 'look forward to 명사/동명사'의 형태로 써야 한다. 따라서 밑줄 친 부분인 future interactions를 전치사 to를 포함한 to future interactions로 고쳐야 한다.

③ **적중포인트 055** 감정 분사와 분사형 형용사

감정 분사에서 감정을 유발시킨다는 의미를 전달할 때, 주로 사물을 수식할 경우에는 현재분사로 써야 한다. 따라서 밑줄 친 부분인 depressed를 depressing으로 고쳐야 한다.

지문 해석

> 미래의 상호 작용에 대한 기대는 사람들이 누군가에게서 긍정적인 자질을 찾도록 동기를 부여하여 그들이 미래의 상호 작용을 두려워하기보다는 기대하도록 하고, 사람들이 그 개인을 매력적으로 느낄 가능성을 증가시킨다. 반대로, 사람들은 그들이 다시 만날 것이라고 예상하지 않는 누군가와 교류할 때, 그들은 긍정적인 자질을 찾을 이유가 거의 없다. 사실, 그들이 미래의 상호 작용에서 그 사람을 더 잘 알기회를 얻지 못할 수도 있어서, 그렇게 하는 것은 우울할 수도 있다.

12 정답 ③

정답 해설

③ **적중포인트 066** 조동사 should의 3가지 용법과 생략 구조

'주장·요구·명령·제안·충고'를 의미하는 타동사 뒤에 'that 주어 + 동사 (should) 동사원형' 구조를 쓴다. 따라서 밑줄 친 부분인 pressed를 (should) press로 고쳐야 한다.

오답 해설

① **적중포인트 039** 현재시제 동사와 be동사의 수 일치

문장의 주어(Intuition)는 단수형이므로 동사도 단수형이어야 한다. 따라서 밑줄 친 부분인 단수 동사 is는 올바르게 쓰였다.

② **적중포인트 051** 동명사의 명사 역할

동명사는 문장에서 주어, 목적어, 보어 역할을 한다. 따라서 밑줄 친 부분인 주어 자리에 동명사 paying은 올바르게 쓰였다.

④ **적중포인트 002** 구와 절, 문장이 길어지는 이유

'전치사+명사(전명구)'의 형태로 부사적인 역할을 한다. 따라서 밑줄 친 부분은 올바르게 쓰였다.

지문 해석

> 그래서, 그것에 귀를 기울여 보기 시작하자. 이것은 우리 내면세계나 직관으로 가는 통로이다. 논리, 추론, 이론적 설명과는 반대인 직관은 논리에 반대되고, 이성에 도전적이며, 머리나 정신보다는 육체와 강하게 연결되어 있는 더 고상한 정보의 원천이다. 우리 내면에 집중하는 것은 끊임없는 정신적 과정에 정지 버튼을 누르기를 요구하고 있다. 그것은 우리의 감정, 느낌, 육체에 집중하도록 하고 있다. 이것으로 우리는 우리의 직관적인 자아에 접근하는 첫 중대한 단계에 들어선다.

문법 실력 강화 연습문제 정답 및 해설

🔍 관련교재 – 단판승 문법 적중포인트 100

Answer

01 ④	02 ②	03 ③	04 ②	05 ③
06 ④	07 ①	08 ③	09 ③	10 ③
11 ②	12 ②			

01 정답 ④

정답 해설

④ 적중포인트 040 **상관접속사와 수 일치**

'neither A nor B'의 형태에서 동사는 A가 아닌 B와 수 일치한다. 문장에 해당하는 B는 'the concerns'으로 복수형이므로 복수동사로 써야 한다. 문장 끝에 '지금까지, 이 시점까지'의 뜻으로 쓰인 시간 부사 'so far'가 쓰였기 때문에 현재완료로 잘 쓰였고 타동사 뒤에 목적어가 없기 때문에 현재완료 수동형인 'have been p.p.'의 형태가 적절하고 동사를 수식해주기 때문에 형용사가 아닌 부사를 써야 한다. 따라서 밑줄 친 부분에 들어갈 말로 가장 적절한 것은 ④이다.

지문 해석

새로운 규정도 직원들이 제기한 우려도 지금까지 경영진에 의해 충분히 다뤄지지 않았다.

02 정답 ②

정답 해설

② 적중포인트 068 **부정부사와 도치 구문**

'Not only A but also B' 구문에서 Not only가 문두에 위치할 때 '조동사 + 주어'로 도치되고 '조동사 do(does/did)' 뒤에는 '주어 + 동사원형'이 쓰인다. 따라서 주어진 문장에서 turned를 turn으로 고쳐야 한다.

오답 해설

① 적중포인트 067 **주의해야 할 조동사와 조동사 관용 표현**

과거에 대한 추측 또는 후회나 유감은 '조동사 have p.p.' 구조로 나타내고 주어진 문장에는 1800년대 초반이라는 과거에 일어난 일에 대한 추측을 나타내므로 'would have p.p.' 구조로 써야 한다. 따라서 밑줄 친 부분은 올바르게 쓰였다.

③ 적중포인트 075 **혼합 가정법 공식**

혼합 가정법 표현에서 주절은 '주어 + would/should/could/might + 동사원형 now[today]'의 공식으로 쓸 수 있다. 따라서 밑줄 친 부분인 today would be는 올바르게 쓰였다.

④ 적중포인트 075 **혼합 가정법 공식**

혼합 가정법 표현에서 종속절은 'if + 주어 + had p.p.~'의 공식으로 쓸 수 있다. 부정문으로 쓸 때는 had와 p.p. 사이에 써야 한다. 따라서 밑줄 친 부분인 had not dropped는 올바르게 쓰였다.

지문 해석

조명 값이 너무 싸서 당신은 생각 없이 그것을 이용한다. 하지만, 1800년대 초반에는, 같은 양의 조명에 대해 오늘날 지불하고 있는 것의 400배만큼의 비용이 들었을 것이다. 그 가격이면, 당신은 비용을 의식할 것이고 책을 읽기 위해 인공조명을 이용하기 전에 다시 한번 생각할 것이다. 조명 가격의 하락은 세상을 밝혔다. 그것은 밤을 낮으로 바꾸었을 뿐 아니라, 자연광이 들어올 수 없는 큰 건물에서 우리가 살고 일할 수 있게 해 주었다. 만약 인공조명의 비용이 거의 공짜 수준으로 하락하지 않았더라면 우리가 오늘날 누리는 것 중에 가능한 것은 거의 없을 것이다.

03 정답 ③

정답 해설

③ 적중포인트 094 **「The 비교급 ~, the 비교급…」구문**

'The 비교급 주어 + 동사 ~, the 비교급 주어 + 동사…'의 구문에서는 양쪽에 the를 써야 하고 비교급 대신 원급이나 최상급을 쓸 수 없다. 따라서 밑줄 친 부분인 greater를 the greater로 고쳐야 한다.

오답 해설

① 적중포인트 088 **전치사와 명사 목적어**

전치사(By)는 뒤에 명사나 동명사를 목적어로 취할 수 있다. 따라서 밑줄 친 부분인 동명사 eating은 올바르게 쓰였다.

② 적중포인트 078 **등위접속사와 병치 구조**

등위접속사가 나오면 병치 구조를 확인해야 한다. 등위접속사 (and)를 기준으로 to face와 맞춰 to overcome으로 동일한 형태로 써야 한다. to부정사가 병치구조를 이룰 때 접속사 뒤에 쓰인 to부정사에서 to는 생략할 수 있다. 따라서 밑줄 친 부분은 올바르게 쓰였다.

④ 적중포인트 078 **등위접속사와 병치 구조**

상관접속사 'not only A but (also) B'의 형태로 쓸 수 있다. 따라서 밑줄 친 부분인 but은 올바르게 쓰였다.

지문 해석

우리가 자신의 건강과 생태계의 건강 모두에 적합한 방식으로 먹음으로써, 우리는 우리 사회가 현재의 엄청난 환경적 도전에 맞서고 극복하는 데 도움을 줄 수 있다. 사람들이 식물 기반의 음식 선택으로 이

동할수록, 우리 종이 단순히 생존하는 것을 넘어서 번영할 가능성이 커진다. 식물 기반 식단으로의 문화적 전환은 환경적 건전성을 향한 한 걸음이 될 것이다. 이는 미래의 모든 세대를 위한 사랑의 행위가 될 것이다.

04 정답 ②

정답 해설

② 적중포인트 074 가정법 과거완료 공식

과거 사실에 반대되는 가정법 과거완료 구문에서 if가 생략되면 'Had 주어 p.p.~, 주어 + would/should/could/might have p.p.'로 쓴다. 따라서 밑줄 친 부분에 들어갈 말로 가장 적절한 것은 ②이다.

지문 해석

소방관들의 빠른 대응이 없었다면, 산불로 인한 피해는 훨씬 더 심각했을 것이다.

05 정답 ③

정답 해설

③ 적중포인트 078 등위접속사와 병치 구조

쉼표와 등위접속사를 기준으로 명사(questioning)를 수식하는 형용사들로 병치되어 있다. 따라서 밑줄 친 부분인 부사 carefully를 형용사 careful로 고쳐야 한다.

오답 해설

① 적중포인트 079 명사절 접속사의 구분과 특징

what은 선행사를 포함한 관계대명사로 명사절로 쓰이며 뒤에 불완전 구조를 취한다. 따라서 밑줄 친 부분은 올바르게 쓰였다.

② 적중포인트 050 전치사에 유의해야 할 수동태

수동태 구조 be known은 뒤의 전치사에 따라 의미가 달라진다. 자격, 신분의 표현이 나올 때는 전치사 as가 들어간 'be known as 자격, 신분'의 형태로 쓴다. 따라서 밑줄 친 부분은 올바르게 쓰였다.

④ 적중포인트 083 「전치사+관계대명사」 완전 구조

「전치사+관계대명사」가 나오면 전치사에 유의하고 뒤에 완전 구조인지 확인한다. with whom 뒤에 수동태 구조인 '주어 + be p.p.' 완전 구조로 쓰였고, 문맥상 '~와 함께'라는 뜻인 전치사 with도 올바르게 쓰였다. 따라서 밑줄 친 부분은 올바르게 쓰였다.

지문 해석

소크라테스는 정의를 내리기 위한 정확한 법칙을 만들어 내지는 않았지만, '소크라테스의 방법'으로 알려지게 된 것을 채택했다. 어떤 용어의 진정한 정의에 도달하기 위해 소크라테스는 그 용어를 이해하고 있다고 주장하는 사람들과의 대화에 참여하곤 했다. 주의 깊게 조사하며 지속적인 질문을 함으로써, 소크라테스는 마침내 정확한 설명이 획득될 때까지, 그의 적으로부터 모든 종류의 정의를 끌어내고, 그들의 부적당함을 보여주곤 했다. 자연히 이런 접근법은, 특히 군중들이 그 철학자가 그들의 주장을 격퇴하는 것을 듣기 위해 모여들 때, 함께 토론을 벌인 사람들을, 그리고 확신에 차서 또 때로는 교만하게 자신들이 모든 것을 알고 있다고 생각했던 사람들을 무기력하게 하고 굴욕감을 느끼게 한 경향이 있었다.

06 정답 ④

정답 해설

④ 적중포인트 010 격에 따른 인칭대명사

문맥상 인칭대명사는 앞 부분의 the mind를 받는 것이 자연스럽다. 따라서 밑줄 친 부분인 their를 its로 고쳐야 한다.

오답 해설

① 적중포인트 001 문장의 구성요소와 8품사

be동사의 주격 보어 자리로 형용사를 쓸 수 있다. 따라서 밑줄 친 부분인 vulnerable은 올바르게 쓰였다.

② 적중포인트 048 4형식 수여동사의 수동태 구조

4형식 수여동사가 쓰인 수동태(be p.p.) 구조 뒤에는 직접목적어가 남아 있으므로 주의한다. 따라서 밑줄 친 부분인 is given은 올바르게 쓰였다.

③ 적중포인트 036 진행형 불가 동사

smell이 감각 동사로 주격 보어 자리에 형용사를 수반하는 2형식 자동사로 쓸 때는 진행형으로는 쓸 수 없다. 하지만 뒤에 목적어를 수반하면서 타동사로 쓰일 경우에는 진행형으로도 쓸 수 있다. 따라서 밑줄 친 부분인 is smelling은 올바르게 쓰였다.

지문 해석

우리의 후각은 특히 외부의 영향을 받기 쉽다. Oxford의 과학자 팀은 간단한 단어 레이블이 우리가 코로 맡는 것에 대한 생각을 깊이 변화시킬 수 있음을 보여주었다. 실험 대상자에게 냄새가 없는 공기를 맡게 하지만 그가 체더 치즈 냄새를 맡고 있다고 말했을 때, 그의 후각 영역은 배고픔에 대한 기대감으로 빛이 난다. 그러나 같은 공기가 "체취"라는 레이블과 함께 전달되면, 대상자는 무의식적으로 뇌의 냄새 감지 영역을 차단하게 된다. 감각 자체는 변하지 않았다 ─ 여전히 정화된 공기일 뿐인데 ─ 마음은 후각 반응을 완전히 수정하게 된다.

07 정답 ①

정답 해설

① **적중포인트 045** 능동태와 수동태의 차이

주어(the book) 뒤에 문장의 본동사가 없으므로 빈칸은 동사 자리임을 알 수 있고 주어인 책이 위치되어 있다는 수동의 의미이므로 수동태 구조(be p.p.)로 써야 한다. 따라서 밑줄 친 부분에 들어갈 말로 가장 적절한 것은 ①이다.

지문 해석

내가 찾고 있던 그 책은 도서관의 특별 컬렉션 섹션에서 발견되었고, 나는 그 섹션을 이전에는 확인하지 않았었다.

08 정답 ③

정답 해설

③ **적중포인트 015** 주의해야 할 형용사

막연한 수를 표현할 때는 'thousands of'로 써야 하고 구체적인 수를 표현할 때는 '숫자 + 수 단위 명사의 단수형'으로 써야 한다. 따라서 밑줄 친 부분인 thousands of를 thousand로 고쳐야 한다.

오답 해설

① **적중포인트 053** 암기해야 할 동명사 표현

'~하는 데 시간을 쓰다'의 뜻으로 쓰일 때는 'spend 시간 (in) ~ing'의 동명사 관용 구문으로 쓸 수 있다. 따라서 밑줄 친 부분인 trying은 올바르게 쓰였다.

② **적중포인트 099** 최상급 구문

'가장 ~ 한 것 중 하나'의 뜻으로 쓰일 때는 'one of the 최상급 복수명사'의 최상급을 이용한 구문으로 쓸 수 있다. 따라서 밑줄 친 부분인 복수명사 examinations는 올바르게 쓰였다.

④ **적중포인트 055** 감정 분사와 분사형 형용사

intersting은 분사형 형용사로 '재미있는, 흥미로운'의 뜻을 지니며, be동사의 주격 보어 자리에 쓸 수 있다. 따라서 밑줄 친 부분은 올바르게 쓰였다.

지문 해석

심리학자들은 "혁신가들을 다르게 만드는 것은 무엇인가?"라는 질문에 대한 답을 발견하는데 수년간을 노력해 왔다. 이 주제에 대한 가장 철저한 조사 중 하나에서, 하버드 연구원들은 6년을 들여 3,000명의 임원들과 인터뷰를 진행했다. 그들의 결론은 흥미롭지만, 조사자들은 단순히 스티브 잡스에게 물어봄으로써 많은 시간을 절약할 수 있었을 것이다.

09 정답 ③

정답 해설

③ **적중포인트 043** 혼동하기 쉬운 주어와 동사 수 일치

「There be 동사/1형식 자동사」는 뒤에 나온 명사와 수 일치 한다. 뒤에 나온 명사(furniture)가 불가산 명사로 단수 취급하고 단수 동사와 수 일치한다. 따라서 밑줄 친 부분인 Are을 Is로 고쳐야 한다.

오답 해설

① **적중포인트 058** 분사를 활용한 표현 및 구문

시간 접속사 while은 분사구문과 함께 쓰일 수 있다. 거리를 걷는다는 능동의 의미이므로 현재분사로 써야 한다. 따라서 밑줄 친 부분은 올바르게 쓰였다.

② **적중포인트 082** 관계대명사의 선행사와 문장 구조

관계대명사 which는 사물 명사를 수식하며 주어나 목적어가 없는 불완전한 구조를 취한다. 따라서 밑줄 친 부분은 올바르게 쓰였다.

④ **적중포인트 026** 5형식 사역동사의 목적격 보어

사역동사 make는 목적어와 목적격 보어의 관계가 능동일 때 목적격 보어에 원형부정사를 쓴다. 목적어(you)가 직접 느끼는 능동의 의미이므로 목적격 보어 자리에 원형부정사 feel은 올바르게 쓰였다.

지문 해석

도시의 거리를 걷다 보면, 교차로에 다다를 때 바람이 갑자기 더 강해지는 것을 눈치챈 적이 있는가? 이는 건물의 날카로운 모서리들이 공기 흐름에 혼란을 일으키기 때문이다. 마찬가지로, 집 안의 날카로운 모서리도 에너지 충돌을 일으켜 정신적 흐름과 행복감을 방해할 수 있다. 방 안을 둘러봐라. 날카로운 각을 가진 가구가 있는가? 그 옆을 지날 때 약간 불편함을 느끼는가? 실내 에너지 흐름을 부드럽게 만들고 싶다면, 이런 물건들 주변에 화분을 놓는 것이 좋은 방법이다. 이 화분들은 일종의 에너지 완충 장치와 같은 역할을 한다.

10 정답 ③

정답 해설

③ **적중포인트 029** 명사나 형용사를 목적격 보어로 취하는 5형식 동사

빈칸은 주어 뒤에 동사가 필요한 자리이고 선택지에 쓰인 regard는 타동사이므로 뒤에 목적어가 없으면 수동태(be p.p.)로 써야 한다. 따라서 밑줄 친 부분에 들어갈 말로 가장 적절한 것은 ③이다.

지문 해석

그 새로운 직원은 경험이 적었음에도 불구하고, 배우려는 의지와 빠르게 적응하는 능력 덕분에 팀의 귀중한 일원으로 여겨졌다.

11 정답 ②

정답 해설

② 적중포인트 083 「전치사＋관계대명사」 완전 구조

「전치사 + 관계대명사」가 나오면 전치사에 유의하고 뒤에 완전 구조인지 확인한다. 주어진 문장의 경우 뒤에 완전 구조를 취하고는 있지만 전치사가 적절하지 않다. '~할 수 있다'의 뜻으로 쓰일 때 'be capable of'의 형태로 쓸 수 있으므로 전치사 of가 자연스럽다. 따라서 밑줄 친 부분인 in which를 of which로 고쳐야 한다.

오답 해설

① 적중포인트 029 명사나 형용사를 목적격 보어로 취하는 5형식 동사

think of는 목적격 보어에 as 명사, as 형용사를 취하는 5형식 동사이다. 따라서 밑줄 친 부분은 올바르게 쓰였다.

③ 적중포인트 093 원급, 비교급, 최상급 강조 부사

형용사의 비교급인 better을 수식하는 강조 부사는 much를 쓸 수 있다. 따라서 밑줄 친 부분은 올바르게 쓰였다.

④ 적중포인트 063 to부정사의 동사적 성질

to부정사의 의미상의 주어가 문장의 주어나 목적어와 일치하지 않을 때 to부정사의 의미상 주어는 to부정사 앞에 'for 목적격'으로 표시한다. 따라서 밑줄 친 부분인 for him은 올바르게 쓰였다.

지문 해석

만약 스스로 위대한 성과를 이룰 자격이 없다고 생각한다면, 결코 위대함을 성취하지 못할 것이다. 반면에, 자신을 알고 자신의 능력을 이해하며, 그런 다음 자신이 할 수 있는 모든 것을 이루기로 결심한다면, 성공할 가능성이 훨씬 더 높아질 것이다. 그렇다면, 어떻게 하면 자신의 모든 가능성을 깨닫고 자신감을 가질 수 있을까? 가장 확실한 방법 중 하나는 진정으로 위대한 성과를 이룬 사람들과 어울리는 것이다.

12 정답 ②

정답 해설

② 적중포인트 016 수량 형용사와 명사의 수 일치

little은 불가산 명사를 수식한다. 복수 가산 명사(raindrops)를 수식하는 것은 few로 쓴다. 따라서 밑줄 친 부분인 little을 few로 고쳐야 한다.

오답 해설

① 적중포인트 020 주격 보어가 필요한 2형식 자동사

2형식 자동사 stand는 주격 보어로 형용사를 취할 수 있다. '가만히 있는, 고요한'의 뜻으로 쓰일 때 still은 형용사로 쓰인다. 따라서 밑줄 친 부분은 올바르게 쓰였다.

③ 적중포인트 065 조동사 뒤의 동사원형과 조동사의 부정형

화법 조동사 뒤에 동사원형을 쓴다. 따라서 밑줄 친 부분인 will meet는 올바르게 쓰였다.

④ 적중포인트 035 미래를 대신하는 현재시제

시간 부사절 접속사 when이 쓰인 부사절에서는 미래시제 대신 현재시제로 써야 한다. 따라서 밑줄 친 부분은 올바르게 쓰였다.

지문 해석

만약 수직으로 내리는 비 속에서 가만히 서 있다면, 머리 위만 젖게 되겠지만, 움직이기 시작하면 앞부분도 젖기 시작한다. 하지만 결정적으로, 천천히 움직인다고 해서 빗방울을 덜 맞게 되는 것은 아니다! 이렇게 생각해 봐라: 모든 공간의 부피마다 일정한 밀도의 빗방울이 있다. 당신의 앞부분은 어떤 속도로 이동하든 그 밀도의 빗방울에 닿게 될 것이므로, 천천히 이동한다고 해서 도움이 되지 않는다.

문법 실력 강화 연습문제 정답 및 해설

🔍 관련교재 – 단판승 문법 적중포인트 100

Answer

01 ②	02 ②	03 ③	04 ③	05 ②
06 ④	07 ④	08 ③	09 ②	10 ①
11 ②	12 ①			

---

01 정답 ②

정답 해설

② 적중포인트 066 조동사 should의 3가지 용법과 생략 구조

essential과 같은 이성적 판단의 형용사가 It be와 that절 사이에 쓰일 때 that절의 동사는 '(should) 동사원형'의 구조로 쓴다. 따라서 밑줄 친 부분에 들어갈 말로 가장 적절한 것은 ②이다.

지문 해석

모든 직원이 안전 규정을 숙지하는 것이 필수적이며, 이는 직장에서 사고 위험을 최소화할 것이다.

---

02 정답 ②

정답 해설

② 적중포인트 080 부사절 접속사의 구분과 특징

during은 전치사로 뒤에 명사가 나와야 하고, while은 접속사로 동사를 포함한 절을 이끈다. 뒤에 동사(caused)를 포함한 절을 취하므로 접속사로 써야 한다. 따라서 밑줄 친 부분인 During을 While로 고쳐야 한다.

오답 해설

① 적중포인트 095 라틴어 비교 구문과 전치사 to

라틴어 비교 구문은 'superior + to(전치사) + 비교 대상'의 형태로 쓸 수 있다. 따라서 밑줄 친 부분은 올바르게 쓰였다.

③ 적중포인트 045 능동태와 수동태의 차이

동사가 완료 시제이면서 능동태를 의미하면 have p.p.로 쓰고, 수동태를 의미할 경우 have been p.p.로 쓴다. 문장의 주어(the interface)가 단수이고 재설계된다는 수동의 의미가 맥락상 적절하므로 밑줄 친 부분은 올바르게 쓰였다.

④ 적중포인트 034 완료시제와 잘 쓰이는 시간 부사

시간 부사 already가 쓰이면 완료시제와 잘 쓰인다. 따라서 밑줄 친 부분은 올바르게 쓰였다.

지문 해석

새로운 소프트웨어는 속도와 사용자 친화성 측면에서 이전 버전보다 훨씬 우수하다. 이전 버전은 자주 지연을 초래했지만, 업데이트된 시스템은 데이터를 빠르고 효율적으로 처리한다. 또한, 인터페이스가 더 직관적으로 재설계되어 사용자들이 탐색하기가 더 쉽다. 많은 고객들이 새로운 소프트웨어에 대한 전반적인 경험이 크게 개선되었다고 이미 보고했다.

---

03 정답 ③

정답 해설

③ 적중포인트 054 분사 판별법[현재분사 vs 과거분사]

문장에 동사가 없으므로 현재분사의 형태로는 쓸 수 없다. 타동사 뒤에 목적어가 없고 '해고당하는' 수동의 의미를 나타내므로 'being p.p.'의 형태로 써야 한다. 따라서 밑줄 친 부분인 laying off를 being laid off로 고쳐야 한다.

오답 해설

① 적중포인트 033 과거 시간을 나타내는 부사와 과거시제

주절에 과거 동사(described)가 쓰인 것으로 보아 명백한 과거를 나타내는 과거 시간 부사 '시간 ago'가 쓰일 수 있다. 따라서 밑줄 친 부분은 올바르게 쓰였다.

② 적중포인트 034 완료시제와 잘 쓰이는 시간 부사

과거완료시제는 대과거에 일어난 일이 과거의 한 시점까지 이어지며 완료, 경험, 계속, 결과의 의미를 나타낼 때 쓰이는 시제이다. 타임지에서 연구를 설명했던 시점보다 더 이전에 공장 폐쇄로 인해 세 번 일자리를 잃은 사람이라는 의미를 나타내기 위해서는 과거완료시제로 써야 한다. 따라서 밑줄 친 부분은 올바르게 쓰였다.

④ 적중포인트 010 격에 따른 인칭대명사

인칭대명사는 앞에 나온 명사와 성과 수 일치를 확인하고 격에 따라 올바른 형태로 써야 한다. 맥락상 them은 the people을 받고 있으므로 올바르게 쓰였다.

지문 해석

약 20년 전, 타임지에서는 공장 폐쇄로 인해 세 번 일자리를 잃은 사람들에 대한 심리학자의 연구를 설명했다. 필자들은 그들이 발견한 것에 놀랐다. 그들은 해고당한 사람들이 무기력하고 낙담해 있을 것이라고 예상했다. 하지만 그 대신 그들은 그들이 믿을 수 없을 만큼 회복력이 강하다는 것을 발견했다. 그 이유는 무엇일까? 그들은 반복적인 역경을 견뎌낸 사람들이 다시 일어나는 법을 배웠다고 결론지었다.

---

04 정답 ③

정답 해설

③ 적중포인트 064 to부정사의 관용 구문

'~할 정도로 어리석지 않다, ~할 사람이 아니다'의 뜻으로 쓰일 때는 'know better than to부정사'로 쓸 수 있다. 따라서 밑줄 친 부분에 들어갈 말로 가장 적절한 것은 ③이다.

지문 해석

결국 그는 장단점을 면밀히 검토하고 장기적인 결과를 충분히 고려하지 않고 서둘러 결정을 내릴 정도로 어리석지 않기 때문에 채용 제안을 거절하기로 결정했다.

05 정답 ②

정답 해설

② 적중포인트 053 암기해야 할 동명사 표현

'be used to + 명사/동명사'는 '~하는 데 익숙하다'의 뜻으로 쓰이고, '~하곤 했다'의 뜻으로 쓰일 때는 'used to 동사원형'의 형태로 쓴다. 문맥상 '훈련하곤 했다'의 해석이 자연스러우므로 밑줄 친 부분인 was used train을 used to train으로 고쳐야 한다.

오답 해설

① 적중포인트 099 최상급 구문

최상급은 '(the) most 부사'의 형태로 쓸 수 있다. 따라서 밑줄 친 부분은 올바르게 쓰였다.

③ 적중포인트 053 암기해야 할 동명사 표현

'~에 전념하다'의 뜻으로 쓰일 때는 'be devoted to + 명사/동명사'의 구문으로 쓸 수 있다. 따라서 밑줄 친 부분은 올바르게 쓰였다.

④ 적중포인트 080 부사절 접속사의 구분과 특징

'너무 …해서 ~하다'는 결과 부사절 접속사 'so ~ that'의 구문으로 쓸 수 있다. 뒤에 that절이 나오는 것으로 보아 밑줄 친 부분인 so complex는 올바르게 쓰였다.

지문 해석

진정한 챔피언은 탁월함이 종종 단순함에서 가장 원활하게 흐른다는 것을 인식한다. 이러한 사실은 현대의 첨단 기술 시대에서 종종 잊혀질 수 있다. 나는 세계적 수준의 주자와 함께 훈련하곤 했다. 그는 끊임없이 맥박계와 페이스 측정기를 연결하고 있었다. 그는 자신이 개선하는 데 도움이 될 것이라고 생각한 데이터를 수집하는 데 몇 시간을 보냈다. 사실, 그의 운동 시간의 25%는 운동 외적인 요소에 할애되었다. 스포츠는 그에게 너무 복잡해져서, 그는 스스로 즐기는 것을 잊어버렸다.

06 정답 ④

정답 해설

④ 적중포인트 054 분사 판별법[현재분사 vs 과거분사]

타동사가 목적어(a successful legal career)를 취하고 있으면 현재분사로 써야 한다. 따라서 밑줄 친 부분인 commenced를 commencing으로 고쳐야 한다.

오답 해설

① 적중포인트 045 능동태와 수동태의 차이

동사가 타동사이고 뒤에 목적어가 없으면 수동태로 써야 한다. 따라서 밑줄 친 부분은 올바르게 쓰였다.

② 적중포인트 086 관계부사의 선행사와 완전 구조

장소 선행사가 나오고 뒤에 완전 구조를 취하면 관계부사 where을 써야 한다. 따라서 밑줄 친 부분은 올바르게 쓰였다.

③ 적중포인트 033 과거 시간을 나타내는 부사와 과거시제

명백한 과거를 나타내는 과거 시간 부사 'in 지난 연도'가 나오면 과거시제를 쓴다. 따라서 밑줄 친 부분은 올바르게 쓰였다.

지문 해석

Patrick Henry는 독립 전쟁 시대의 연설가이자 정치가였다. 버지니아의 스터들리 농장에서 태어난 Henry는 세련된 가정에서 개척지 환경 속에서 자랐으며, 그곳에서 Samuel Davis의 설교에 영감을 받았다. 15세에 그는 상점 점원이 되었다. Henry는 결국 법학 공부로 방향을 바꾸어 1760년 봄에 면허를 취득하였고, 이를 통해 성공적인 법조 경력을 시작하게 되었다.

07 정답 ④

정답 해설

④ 적중포인트 094 「The 비교급 ~, the 비교급…」 구문

'~할수록 더 …하다'의 뜻으로 쓰이는 'The 비교급 주어 +동사 ~, the 비교급 주어+ 동사…'의 구조는 양쪽에 the를 써야 하고 more와 형용사/부사는 붙여서 쓴다. 그리고 동사(handle)를 꾸며주는 것은 형용사가 아닌 부사이므로 밑줄 친 부분에 들어갈 말로 가장 적절한 것은 ④이다.

지문 해석

우리가 민원을 더 효율적으로 처리할수록 시민들의 만족도는 더 높아진다.

08 정답 ③

정답 해설

③ **적중포인트 020** 주격 보어가 필요한 2형식 자동사

상태 유지 동사 remain은 2형식 자동사로 주격 보어 자리에 형용사만을 취할 수 있다. 'inactivity'는 명사로 주격 보어 자리에 쓰일 경우 주로 주어의 신분이나 지위를 나타낼 때 쓰이고 형용사 주격 보어는 상태를 나타낼 때 쓴다. 따라서 밑줄 친 부분에서 명사 inactivity를 형용사 inactive로 고쳐야 한다.

오답 해설

① **적중포인트 088** 전치사와 명사 목적어

'~와 관계없이'의 뜻으로 쓰인 'regardless of'는 전치사로 명사를 목적어로 취한다. 따라서 밑줄 친 부분은 올바르게 쓰였다.

② **적중포인트 032** 의미와 구조에 주의해야 할 타동사

find는 '찾다, 발견하다'의 뜻으로 'find – found - found'의 3단 변화하고 that절을 목적어로 취할 수 있다. 따라서 밑줄 친 부분은 올바르게 쓰였다.

④ **적중포인트 045** 능동태와 수동태의 차이

타동사가 뒤에 목적어를 취하고 있지 않으므로 수동태로 써야 한다. 따라서 밑줄 친 부분은 올바르게 쓰였다.

지문 해석

연구에서 사람들 사이의 뇌 크기와 구조의 차이에 상관없이 뇌의 모든 부분들이 적어도 어떤 기능을 수행한다는 것을 발견했다. 예를 들어, 시각 장애를 갖고 태어나는 사람들은 정상적인 시각을 갖고 있는 사람들처럼 뇌의 뒤로 들어가는 시각적인 입력이 없다. 그러나 그들의 뇌의 뒷부분이 활동하지 않는 것이 아니다. 이 부분이 소리와 접촉 같은 다른 감각 정보의 처리를 위해 사용된다는 것이 발견되었다. 마찬가지로, 어린 아이가 한쪽 뇌의 반구에 큰 손상을 받고 태어나면 손상되지 않은 뇌의 반구가 떠맡아서 뇌의 양쪽 반구의 기능을 수행한다는 것이 발견되었다.

09 정답 ②

정답 해설

② **적중포인트 051** 동명사의 명사 역할

'포함하다'의 뜻으로 쓰인 involve는 동명사를 목적어로 취하는 타동사이다. 따라서 밑줄 친 부분인 to provide를 providing으로 고쳐야 한다.

오답 해설

① **적중포인트 014** 형용사와 부사의 차이

문맥상 동사(experience)를 수식하는 것은 부사이다. 따라서 밑줄 친 부분은 올바르게 쓰였다.

③ **적중포인트 043** 혼동하기 쉬운 주어와 동사 수 일치

'the number of 복수 명사'는 '복수 명사의 수'라는 의미로 단수 동사(grows)로 수 일치한다. 따라서 밑줄 친 부분은 올바르게 쓰였다.

④ **적중포인트 045** 능동태와 수동태의 차이

타동사가 뒤에 목적어를 취하고 있지 않으므로 수동태로 써야 한다. 따라서 밑줄 친 부분은 올바르게 쓰였다.

지문 해석

인적 자본은 인간이 가진 기술에 대한 경제적인 가치이고, 이것에 무게를 두고 투자하는 국가들은 궁극적으로 경제적인 성장을 경험한다. 인적 자본에 대한 투자는 시민들에게 고등 교육, 직업 훈련, 그리고 의료에 대한 더 나은 접근을 제공하는 것을 포함한다. 결과적으로, 노동 인구에서 숙련되고 건강한 노동자들의 수가 증가하고, 생산성과 기술 혁신도 향상된다. 이러한 사실은 과거 수십 년간 한국, 일본, 중국과 같은 몇몇 아시아 국가들에서 보인 빠른 경제 성장에 의해서 설명될 수 있다.

10 정답 ①

정답 해설

① **적중포인트 100** 원급과 비교급을 이용한 최상급 대용 표현

비교급을 이용한 최상급 대용 표현이 나오면 단수 명사인지 복수 명사인지 확인해야 한다. 단수 명사를 쓸 때는 '비교급 than any other 단수 명사', 복수 명사를 쓸 때는 '비교급 than all the other 복수 명사'의 구조로 써야 한다. 따라서 밑줄 친 부분에 들어갈 말로 가장 적절한 것은 ①이다.

지문 해석

이 프로젝트는 우리가 현재 진행 중인 다른 어떤 업무보다 더 중요한데, 이는 공공 안전에 직접적인 영향을 미치기 때문이다.

11 정답 ②

정답 해설

② **적중포인트 039** 현재시제 동사와 be동사의 수 일치

수식어구는 주어와 동사의 수 일치에 영향을 미치지 않고 문장의 주어(Current engagement levels)는 복수형이므로 동사 have로 써야 한다. 따라서 밑줄 친 부분인 has를 have로 고쳐야 한다.

오답 해설

① **적중포인트 084** 관계대명사 주의 사항

주격 관계대명사 뒤에 동사는 선행사와 수 일치 한다. 선행사(consumer)가 단수형이므로 단수 동사로 써야 한다. 따라서 밑줄 친 부분은 올바르게 쓰였다.

③ **적중포인트 043** 혼동하기 쉬운 주어와 동사 수 일치

'There be 동사'는 뒤에 나온 명사와 수 일치 한다. 명사(an awareness)가 단수형이므로 단수 동사로 써야 한다. 따라서 밑줄 친 부분은 올바르게 쓰였다.

④ 적중포인트 078 등위접속사와 병치 구조

'A뿐만 아니라 B도'의 뜻으로 쓰일 때 상관접속사 'not only A but (also) B'의 구조로 써야 한다. 따라서 밑줄 친 부분은 올바르게 쓰였다.

지문 해석

> 개인정보 역설이라는 개념에서 큰 역할을 하는 소비자는 흔히 간과되지만 (다른 이해관계자) 못지않게 중요한 이해관계자이다. 모든 종류의 디지털 경험과 공동체에서 소비자 참여 수준은 그야말로 폭발적으로 증가해 왔으며, 둔화할 기미가 거의 또는 전혀 보이지 않는다. 소비자들 사이에서는 이러한 회사들이 제공하는 풍부한 경험을 추진하는 데 자신들의 개인정보가 도움이 된다는 것뿐만 아니라, 이 정보를 공유하는 것이 전체로든 부분으로든, 이러한 경험에 대해 치르는 대가이기도 하다는 인식이 있다.

12 정답 ①

정답 해설

① 적중포인트 049 5형식 동사의 수동태 구조

5형식 동사 expect의 'expect + 목적어 + to부정사'의 능동태 구조가 수동태로 될 때는 'be expected to부정사'의 구조로 써야 한다. 따라서 밑줄 친 부분인 run을 to run으로 고쳐야 한다.

오답 해설

② 적중포인트 088 전치사와 명사 목적어

전치사는 뒤에 명사나 동명사를 목적어를 취할 수 있다. 따라서 밑줄 친 부분은 올바르게 쓰였다.

③ 적중포인트 082 관계대명사의 선행사와 문장 구조

사물의 선행사가 쓰였고, 뒤에 목적어가 없는 불완전 구조를 취하고 있으므로 관계대명사 that을 쓸 수 있다. 따라서 밑줄 친 부분은 올바르게 쓰였다.

④ 적중포인트 006 가산 명사의 종류와 특징

복수 명사(items)는 few의 수식을 받을 수 있다. 따라서 밑줄 친 부분은 올바르게 쓰였다.

지문 해석

> 골프 치는 것을 좋아하는 의사의 거래 '적자'와 '흑자'를 생각해 보라. 그 의사는 스포츠 용품점, 골프 캐디, 그리고 골프장 운영자에게는 거래 적자를 낼 것으로 예상될 수 있다. 왜 그럴까? 이러한 공급자들은 골프 치는 의사가 상당히 많이 구매하는 용품들을 판매한다. 반면에 의사는 스포츠 용품점이 구매하는 용품을 아마도 거의 팔지 못할 것이다.

문법 실력 강화 연습문제 정답 및 해설

🔍 관련교재 – 단판승 문법 적중포인트 100

Answer

01 ②	**02** ④	**03** ②	**04** ③	**05** ④
06 ①	**07** ①	**08** ②	**09** ②	**10** ②
11 ①	**12** ②			

01 정답 ②

정답 해설

② 적중포인트 090 원급 비교 구문

원급 비교 구문에서 as를 more로 쓰거나 than으로 쓰면 안된다. 그리고 as와 as 사이에서는 '형용사 a 명사'의 어순으로 써야 한다. 따라서 밑줄 친 부분에 들어갈 말로 가장 적절한 것은 ②이다.

지문 해석

> 그는 복잡한 문제를 해결하는 데 있어서 더 빠르지 않아도 동료들만큼 능숙한 프로그래머이다.

02 정답 ④

정답 해설

④ 적중포인트 082 관계대명사의 선행사와 문장 구조

선행사 + 콤마(,) + 관계대명사'의 형태로 '접속사 + 대명사'의 의미로 해석하며, 선행사에 대한 정보를 추가할 때 쓴다. 관계대명사 that은 제한적 용법으로만 쓰이고, 앞에 나온 절을 수식할 경우 관계대명사 which를 계속적 용법으로 쓴다. 따라서 밑줄 친 부분인 that을 which로 고쳐야 한다.

오답 해설

① 적중포인트 065 조동사 뒤의 동사원형과 조동사의 부정형

화법 조동사 can 뒤에는 동사원형이 나와야 한다. 따라서 밑줄 친 부분은 올바르게 쓰였다.

② 적중포인트 080 부사절 접속사의 구분과 특징

'whereas'는 양보 접속사로 동사를 포함한 절을 이끈다. 따라서 밑줄 친 부분은 올바르게 쓰였다.

③ 적중포인트 078 등위접속사와 병치 구조

등위접속사(and)가 나오면 병치 구조를 확인해야 한다. 앞에 전부 명사를 쓰고 있으므로 and 뒤에도 명사를 써야 한다. 따라서 밑줄 친 부분은 올바르게 쓰였다.

지문 해석

> 사회경제적인 상황들은 가정에 지대한 영향을 미칠 수 있다. 수입은 여가 수행을 결정한다. 한 가족은 휴가를 갈 여유가 있을 수 있지만, 다른 가족은 소풍이나 무료로 지역사회가 제공해 주는 것에서 여가 기회를 찾는다. 가족의 수입 수준은 종종 주택, 교육, 탁아 시설, 물질적 재화와 영양과 같은 (여러 가지) 선택에 영향을 준다. 경제적인 압박 때문에 성인들은 가족을 부양하기 위해 두 개의 일이나 여러 개의 시간제 일을 해야만 할 수도 있는데, 이것은 그들이 배우자나 아이들과 보낼 수 있는 시간에 영향을 미친다.

03 정답 ②

정답 해설

② 적중포인트 020 주격 보어가 필요한 2형식 자동사

상태 변화 동사 become은 2형식 자동사로 수동태 구조인 'be p.p.'로 쓸 수 없다. 따라서 밑줄 친 부분인 are become를 become으로 고쳐야 한다.

오답 해설

① 적중포인트 014 형용사와 부사의 차이

명사를 수식하는 것은 부사가 아닌 형용사이다 따라서 밑줄 친 부분인 형용사 expressive는 올바르게 쓰였다.

③ 적중포인트 079 명사절 접속사의 구분과 특징

앞에 오는 명사(the fact)를 보충 설명하는 동격 that절 형태로 쓰였다. 동격 that절 뒤에는 완전한 문장이 온다. 따라서 밑줄 친 부분은 올바르게 쓰였다.

④ 적중포인트 033 과거 시간을 나타내는 부사와 과거 시제

명백한 과거를 나타내는 과거 시간 부사 'in 과거 시점'이 나오므로 과거 동사를 써야 한다. 따라서 밑줄 친 부분은 올바르게 쓰였다.

지문 해석

> 음악가와 심리학자뿐만 아니라, 열성적인 음악 애호가와 전문가도 음악의 아름다움은 정확히 정해진 악보로부터의 표현상의 벗어남에 있다고 흔히 의견을 표현한다. 콘서트 공연은 악보에 적힌 내용을 훨씬 뛰어넘는다는 사실에서 흥미로워지고 매혹하는 힘을 얻는다. 음악 연주에 관한 자신의 초기 연구에서, Carl Seashore는 음악가가 정확히 같은 방식으로 두 개의 같은 음을 연주하는 경우가 거의 없다는 것을 발견했다.

04 정답 ③

정답 해설

③ **적중포인트 088** 전치사와 명사 목적어

뒤에 명사 목적어가 나오기 때문에 접속사는 올 수 없고, 전치사가 와야 한다. 전치사 ①~③ 중에서 뒤에 어떤 명사가 오느냐에 따라 올 수 있는 전치사가 정해져 있다. 뒤에 '동작의 완료를 나타내는 시간' 명사가 오게 되면 전치사 by를 써야 한다. 그리고 시간 전치사 by는 동사 finish, complete, submit, hand in과 잘 쓰인다. 따라서 밑줄 친 부분에 들어갈 말로 가장 적절한 것은 ③이다.

지문 해석

모든 공무원은 이번 달 말까지 연례 윤리 교육을 완료해야 한다.

05 정답 ④

정답 해설

④ **적중포인트 081** 주의해야 할 부사절 접속사

unless는 이미 부정의 의미가 있으므로 뒤에 부정부사 not을 쓰지 않는다. 따라서 밑줄 친 부분인 are not을 are로 고쳐야 한다.

오답 해설

① **적중포인트 030** '말하다' 동사의 구분

'말하다'의 뜻을 지닌 동사 중에 '간접목적어 + 직접목적어'의 4형식으로 쓸 수 있는 것은 tell 동사이다. 따라서 밑줄 친 부분은 올바르게 쓰였다.

② **적중포인트 043** 혼동하기 쉬운 주어와 동사 수 일치

'there be 동사'는 뒤에 나온 명사와 수 일치 한다. 동사(are)가 복수형이므로 복수 명사로 써야 한다. 따라서 밑줄 친 부분은 올바르게 쓰였다.

③ **적중포인트 060** to부정사의 명사적 역할

'~하는 경향이 있다'의 뜻을 지닌 tend는 to부정사를 목적어로 취하는 3형식 타동사이다. 따라서 밑줄 친 부분은 올바르게 쓰였다.

지문 해석

당신은 사람들에 대한 최초의 인상에 근거해 판단을 내리는 흔한 실수를 피해야만 한다. 그러한 인상들이 종종 당신에게 어떤 것을 말해줄 수는 있지만, 더 자주 그것들은 오해의 소지가 있다. 이것에 대한 몇 가지 이유가 있다. 첫 대면에서 당신은 초조하고, 덜 개방적이고, 더 내면적인 경향이 있다. 당신은 정말로 주의를 기울이고 있는 것이 아니다. 더욱이, 사람들은 특정한 방식으로 보이도록 스스로를 훈련시켜 왔다. 그들은 자신을 보호하기 위해 사람들이 있는 곳에서 사용하는 제2의 피부처럼 행동하는 가면을 가지고 있다. 만일 당신이 믿을 수 없을 만큼 지각력이 없다면, 당신은 그 가면을 진짜로 착각할 가능성이 있다.

06 정답 ①

정답 해설

① **적중포인트 032** 의미와 구조에 주의해야 할 타동사

help는 3형식 동사로 쓰일 때 목적어 자리에 원형부정사 또는 to 부정사를 쓸 수 있다. 따라서 밑줄 친 부분인 explains를 explain 또는 to explain으로 고쳐야 한다.

오답 해설

② **적중포인트 080** 부사절 접속사의 구분과 특징

due to는 전치사로 뒤에 명사를 추가한다. 따라서 밑줄 친 부분은 올바르게 쓰였다.

③ **적중포인트 020** 주격 보어가 필요한 2형식 자동사

상태 유지 동사 stay는 2형식 자동사로 주격 보어 자리에 형용사를 쓴다. 따라서 밑줄 친 부분은 올바르게 쓰였다.

④ **적중포인트 071** 강조 구문과 강조를 위한 표현

부정어를 강조할 때 at all을 쓸 수 있다. 따라서 밑줄 친 부분은 올바르게 쓰였다.

지문 해석

인간의 기본적인 유전적 특질을 더 잘 이해하면 어떤 음식이 인간의 신체에 가장 좋은 것인가를 설명하는 데 도움이 될 수도 있다. 지나치게 단순화되어 말해지는 많은 이야기 때문에, 많은 사람들은 모든 인간에게 '자연스러운' 먹기 방식이 한 가지 있었다고 믿게 되었다. 결과적으로 많은 사람들은 우리가 건강하고 활동적이 되고 그 상태를 유지하고 싶을 때 먹어야 하는 한 가지 '자연스러운' 건강식이 있다고 믿는다. 사실 이러한 믿음은 조금도 사실이 아닐 수도 있다.

07 정답 ①

정답 해설

① **적중포인트 087** 관계사, 의문사, 복합관계사의 구분

복합관계대명사는 명사절과 부사절을 이끈다. 위 문장은 명사절을 이끄는 형태로 빈칸 뒤에 'you believe'는 삽입절로, 동사(has)는 존재하고 주어가 없는 불완전한 구조를 이끌고 있다. 따라서 밑줄 친 부분에 들어갈 말로 가장 적절한 것은 ①이다.

지문 해석

당신은 이처럼 어려운 프로젝트를 처리할 적합한 기술과 경험을 갖추었다고 생각하는 누구에게든지 그 업무를 배정할 수 있다.

08 정답 ②

정답 해설

② 적중포인트 031 혼동하기 쉬운 자동사와 타동사

arise는 '생기다,' '발생하다'의 뜻인 1형식 자동사이고, arouse는 '불러일으키다, 깨우다'의 뜻인 3형식 타동사이다. whenever는 복합관계부사로 뒤에 완전 구조를 취한다. 따라서 밑줄 친 부분인 arouses를 arises로 고쳐야 한다.

오답 해설

① 적중포인트 039 현재시제 동사와 be동사의 수 일치

수식어구는 주어와 동사의 수 일치에 영향을 미치지 않으므로 괄호 처리한다. 문장의 주어(the fruits)는 복수형이므로 복수 동사로 써야 한다. 따라서 밑줄 친 부분은 올바르게 쓰였다.

③ 적중포인트 019 주어만 있으면 완전한 1형식 자동사

'~에 의지하다'의 뜻을 지닌 'turn to' 뒤에 명사 목적어를 취할 수 있다. 따라서 밑줄 친 부분은 올바르게 쓰였다.

④ 적중포인트 079 명사절 접속사의 구분과 특징

의문 부사 how는 뒤에 완전 구조를 취한다. 따라서 밑줄 친 부분은 올바르게 쓰였다.

지문 해석

이전보다 더 많이 의학 연구를 포함한 생물학 연구의 과실이 우리의 일상적인 식단의 주요한 부분이 되고 있다. 새로운 이슈가 발생할 때마다 우리는 정보와 조언을 생물학자들에게 의지한다. 우리의 질문은 단순하다. 예를 들어 '쇠고기를 먹는 것이 안전한가요?' 또는 '일광욕은 얼마나 위험한가요?' 같은 것이다. 그러나 유감스럽게도 생물학은 복잡한 과학이고 단순한 답이 없다.

09 정답 ②

정답 해설

② 적중포인트 091 비교급 비교 구문

비교급 비교 구문에서 than을 as로 쓰면 안된다. 따라서 밑줄 친 부분인 as를 than으로 고쳐야 한다.

오답 해설

① 적중포인트 088 전치사와 명사 목적어

전치사는 뒤에 명사나 동명사를 목적어로 취할 수 있다. 뒤에 명사 목적어가 나온 것으로 보아 전치사가 올 수 있다. 따라서 밑줄 친 부분은 올바르게 쓰였다.

③ 적중포인트 064 to부정사의 관용 구문

난이 형용사(difficult) 구문에서는 'It + be동사 + 난이 형용사 + (for 목적어) + to부정사'의 형태로 쓸 수 있다. 따라서 밑줄 친 부분은 올바르게 쓰였다.

④ 적중포인트 062 to부정사의 부사적 역할

사물 주어가 쓰이고 '~하는 데 사용된다'의 뜻으로 쓰일 때는 'be used to 동사원형'의 구조로 쓰고 이는 to부정사의 부사적 용법에 해당한다. 따라서 밑줄 친 부분은 올바르게 쓰였다.

지문 해석

시스템 이론 내에서 상호의존성과 관련이 있는 개념은 전체가 그 부분들의 합보다 더 크다는 것이다. 자연의 영역에서 예를 생각하는 것은 어렵지 않다. 예를 들어 물은 불을 끄기 위해 사용될 수 있다. 반면에 산소와 수소를 불을 끄는 데 사용하는 것은 폭발을 일으킬 것이다.

10 정답 ②

정답 해설

② 적중포인트 085 유사관계대명사 as, but, than

but은 유사관계대명사로 부정어를 포함한 명사(no 명사)를 특정 선행사로 수식하고 뒤에 주어나 목적어가 없는 불완전한 절을 이끈다. 유사관계대명사 but은 부정의 의미를 포함하고 있으므로 뒤에 부정 표현을 중복하여 쓰지 않는다. 수식하는 명사(student)가 단수형이므로 단수 동사로 써야 한다. 따라서 밑줄 친 부분에 들어갈 말로 가장 적절한 것은 ②이다.

지문 해석

평소 학업 성취도가 어떻든 간에, 학기 중에 시험과 과제로 압박감을 느껴보지 않은 학생은 없다.

11 정답 ①

정답 해설

① 적중포인트 060 to부정사의 명사적 역할

'결정하다'의 뜻인 decide는 to부정사를 목적어로 취하는 3형식 타동사이다. 따라서 밑줄 친 부분인 adjusting을 to adjust로 고쳐야 한다.

오답 해설

② 적중포인트 082 관계대명사의 선행사와 문장 구조

'선행사 + 콤마(,) + 관계대명사'의 형태로 '접속사 + 대명사'의 의미로 해석하며, 선행사에 대한 정보를 추가할 때 쓴다. 앞에 나온 내용을 수식할 경우 관계대명사 which를 계속적 용법으로 쓴다. 따라서 밑줄 친 부분은 올바르게 쓰였다.

③ 적중포인트 045 능동태와 수동태의 차이

타동사 뒤에 목적어가 없으면 수동태로 써야 한다. 따라서 밑줄 친 부분은 올바르게 쓰였다.

④ 적중포인트 065 조동사 뒤의 동사원형과 조동사의 부정형

화법 조동사 may 뒤에는 동사원형을 써야 하고 'be worse off'
는 '더 나쁘다, 더 못하다'의 뜻으로 쓰였다. 따라서 밑줄 친 부분
은 올바르게 쓰였다.

지문 해석

> 1960년대 말에 몇몇 경제학자들이 경제적 복지를 더 잘 측정하기 위
> 해 GDP를 조정했는데 그들은 그것을 경제적 복지의 측정이라고 불
> 렀다. 그들은 여가가 소중하지만 이 가치가 GDP에 기록되지 않았다
> 는 것을 알아차렸다. 사람들이 주당 40시간보다는 주당 60시간 일한
> 다면 GDP는 더 높겠지만 사람들은 형편이 더 나쁠지도 모른다.

12 정답 ②

정답 해설

② 적중포인트 046 수동태 불가 동사

'~인 것 같다'의 뜻으로 쓰인 seem은 2형식 자동사로 수동태 구
조가 불가능하다. 따라서 밑줄 친 부분인 be seemed를 seems
로 고쳐야 한다.

오답 해설

① 적중포인트 088 전치사와 명사 목적어

전치사는 뒤에 명사나 동명사를 목적어로 취할 수 있다. 따라서
밑줄 친 부분은 올바르게 쓰였다.

③ 적중포인트 099 최상급 구문

최상급을 이용한 구문으로 'one of the 최상급 + 복수명사'의 형
태로 쓰며 '가장 ~한 것 중 하나'의 뜻으로 쓰인다. 따라서 밑줄
친 부분은 올바르게 쓰였다.

④ 적중포인트 033 과거 시간을 나타내는 부사와 과거시제

명백한 과거를 나타내는 과거 시간 부사 'in 지난 연도'가 나오면
반드시 과거 동사를 써야 한다. 따라서 밑줄 친 부분은 올바르게
쓰였다.

지문 해석

> 사람들은 일반적으로 자신의 적의를 숨기는 데 능숙하지만, 종종 그
> 들은 무의식적으로 모든 것이 보이는 것과 다르다는 신호를 보낸다.
> 중국 공산당의 지도자 Mao Tse-tung(마오쩌뚱)의 가장 친한 친구이
> 며 조언자 중 한 명은 서기장의 계승 후보자인 Lin Biao(린뱌오)였
> 다. 그러나 1960년대 후반과 1970년대 초반에, Mao는 Lin에게서
> 변화를 감지했는데, 그는 지나칠 정도로 우호적이 되었다.

문법 실력 강화 연습문제 정답 및 해설

🔍 관련교재 – 단판승 문법 적중포인트 100

【 Answer 】

01 ①	02 ①	03 ③	04 ③	05 ④
06 ③	07 ②	08 ①	09 ③	10 ①
11 ①	12 ②			

01 【 정답 】 ①

【 정답 해설 】

① 【적중포인트 068】 부정부사와 도치 구문

Not only와 같은 부정부사가 문장 처음에 나오면 뒤에 이어지는 문장의 어순은 '조동사 주어'로 도치되고 일반 동사를 포함한 문장을 도치 구조로 쓸 때 조동사 do/does/did를 활용한다. 주어진 문장에서 상관접속사 but also 뒤에 동사는 과거형으로 쓰였기 때문에 not only 뒤에 도치 구조에서도 과거형 did로 쓴다. 따라서 밑줄 친 부분에 들어갈 말로 가장 적절한 것은 ①이다.

【 지문 해석 】

지난 분기에 회사의 매출이 20% 증가했을 뿐만 아니라, 전략적 계획을 통해 운영 비용도 크게 줄였다.

02 【 정답 】 ①

【 정답 해설 】

① 【적중포인트 040】 상관접속사와 수 일치

주어 자리에 both A and B는 복수 취급하므로 주어 자리에 나올 때 복수 동사와 수 일치해야 한다. 따라서 밑줄 친 부분인 confirms를 confirm으로 고쳐야 한다.

【 오답 해설 】

② 【적중포인트 014】 형용사와 부사의 차이

뒤에 형용사 rooted를 수식하는 역할로 부사 deeply는 올바르게 쓰였다.

③ 【적중포인트 080】 부사절 접속사의 구분과 특징

'in spite of'는 전치사로 뒤에 명사를 추가한다. 따라서 밑줄 친 부분은 올바르게 쓰였다.

④ 【적중포인트 034】 완료시제와 잘 쓰이는 시간 부사

'over 기간'은 완료 시제와 잘 쓰이는 시간 부사이다. 따라서 밑줄 친 부분은 올바르게 쓰였다.

【 지문 해석 】

중국에서의 여론 조사와 국제기관들의 조사 둘 다 중국에서 높은 수준의 부패가 깊이 뿌리박혀 있고 널리 퍼져 있다는 것을 확인해준다. 그러나 이런 부패에도 불구하고, 중국 경제는 지난 20년간에 걸쳐 연평균 약 10%의 비율로 빠르게 성장해 왔다. 일부 동아시아 국가들도 역시 비슷한 유형을 보여 준다.

03 【 정답 】 ③

【 정답 해설 】

③ 【적중포인트 039】 현재시제 동사와 be동사의 수 일치

수식어구를 제외하면 문장의 주어(The problem)는 단수형이므로 단수 동사로 써야 한다. 따라서 밑줄 친 부분인 are을 is로 고쳐야 한다.

【 오답 해설 】

① 【적중포인트 020】 주격 보어가 필요한 2형식 자동사

be 동사의 주격 보어로 형용사, 명사, to부정사를 쓸 수 있다. 따라서 밑줄 친 부분은 올바르게 쓰였다.

② 【적중포인트 078】 등위접속사와 병치 구조

등위접속사가 나오면 병치 구조를 확인해야 한다. 등위접속사(or)를 기준으로 'finding, acquiring, losing'이 동명사이므로 밑줄 친 부분에 동명사인 maintaining은 올바르게 쓰였다.

④ 【적중포인트 064】 to부정사의 관용 구문

난이 형용사 구문으로 'It + be동사 + 난이 형용사 + to부정사'의 형태로 쓰고 등위접속사(and) 기준으로 병치 구조를 이루기 때문에 밑줄 친 부분인 to ignore는 올바르게 쓰였다.

【 지문 해석 】

즐거움과 행복에 대한 추구는 보편적인 욕구이다. 하지만, 불행히도 사람들은 너무 자주 그 추구가 완벽한 직장을 발견하거나, 어떤 새로운 장치를 획득하거나, 체중을 줄이거나, 혹은 어떤 모습을 유지하는 것에 의해서 전적으로 성취될 것이라고 믿는다. 행복의 원천을 위해 밖으로 눈을 돌리는 것에 내재되어 있는 문제점은 당신이 가지고 있지 않거나 당신의 현재 모습이 아닌 것에 집중하는 것이 필연적으로 불행을 낳는 것이다. 당신의 욕망에 사로잡혀 이미 당신의 삶속에 존재하고 있는 즐거움과 성장의 원천을 무시하기가 쉽다.

04 정답 ③

정답 해설

③ 적중포인트 079 명사절 접속사의 구분과 특징

'A와 B의 관계는 C와 D의 관계와 같다'의 뜻으로 쓰일 때는 'A is to B what[as] C is to D'의 형태로 쓸 수 있다. 따라서 밑줄 친 부분에 들어갈 말로 가장 적절한 것은 ③이다.

지문 해석

음악과 감정의 관계는 예술과 우리의 상상력의 관계와 같아서, 단어 만으로는 충분히 전달할 수 없는 표현의 수단을 제공한다.

05 정답 ④

정답 해설

④ 적중포인트 065 조동사 뒤의 동사원형과 조동사의 부정형

특정 조동사와 not의 위치에 주의해야 한다. 조동사의 부정형은 '조동사+not'의 순서로 써야 한다. 따라서 밑줄 친 부분인 not could를 could not으로 고쳐야 한다.

오답 해설

① 적중포인트 080 부사절 접속사의 구분과 특징

'~하는 동안'의 뜻을 지닌 while은 접속사로 동사를 포함한 절을 이끈다. 따라서 밑줄 친 부분은 올바르게 쓰였다.

② 적중포인트 020 주격 보어가 필요한 2형식 자동사

feel은 감각 동사로 주격 보어 자리에 형용사, like 명사를 쓸 수 있다. 따라서 밑줄 친 부분은 올바르게 쓰였다.

③ 적중포인트 048 4형식 수여동사의 수동태 구조

수동태의 현재완료 형태로 과거에 시작된 상태가 현재까지 계속되고 있다는 것을 표현할 때 쓰이고 tell은 4형식 동사로 쓰여 수동태로 쓰여도 목적어가 하나 남아 있을 수 있다. 따라서 밑줄 친 부분은 올바르게 쓰였다.

지문 해석

당신은 어떤 사람이 한 회의에서 연설을 하는 동안에 있다가 갑자기 당신의 정신이 수백 마일 멀리 가버리는 것을 깨달은 적이 있는가? 당신은 아마도 미안함을 느껴서 집중하고 다시는 공상을 하지 않기로 다짐했을 것이다. 우리들 중 대부분은, 어린 학창시절부터, 공상은 시간의 낭비라는 말을 들어왔다. 반대로 그것(공상)은 꽤 필요하다. 그것이 없다면, 정신은 정상적인 날에 해야 하는 모든 사고를 할 수 없을 것이다. 깨어 있는 정신으로는 모든 생각을 다 할 수 없다.

06 정답 ③

정답 해설

③ 적중포인트 061 to부정사의 형용사적 역할

동사는 명사를 수식할 수 없다. 추상명사를 수식할 때는 동사를 to 부정사로 고쳐야 한다. 따라서 become을 to become으로 고쳐야 한다.

오답 해설

① 적중포인트 002 구와 절, 문장이 길어지는 이유

to부정사구는 명사구로 주어 자리에 쓸 수 있다. 따라서 밑줄 친 부분은 올바르게 쓰였다.

② 적중포인트 080 부사절 접속사의 구분과 특징

because는 접속사로 동사를 포함한 절을 이끈다. 따라서 밑줄 친 부분은 올바르게 쓰였다.

④ 적중포인트 086 관계부사의 선행사와 완전 구조

관계부사 앞에 the moment와 같은 일반적 의미의 선행사가 오는 경우에는 선행사나 관계부사를 생략할 수 있다 따라서 밑줄 친 부분은 when이 생략된 형태로 올바르게 쓰였다.

지문 해석

인간의 행동을 이해하기 위해서 열등감을 이해하는 것은 필수적이다. 모든 사람들은 열등감이 생기게 되는데 이것은 사람이 완전히 무력하게 태어났으며 어린 시절 내내 이와 같은 상태가 지속되기 때문이다. 그것은 모든 사람들에게 정상적인 상황이며 모든 인간이 노력하는 근원이 된다. 삶은 열등감을 줄이는 방법을 찾아 나가는 과정이다. 열등감이라는 감정은 약함이나 비정상적인 표시로 여겨지기보다는 성공의 원천이 될 수 있다. 많은 경우에 우리는 열등감을 경험하는 순간 우월해지기 위해 노력하게 된다.

07 정답 ②

정답 해설

② 적중포인트 081 주의해야 할 부사절 접속사

선택지 모두 조건을 나타낼 때 쓰는 접속사이지만 맥락상 '만약 ~하지 않는다면'의 뜻으로 쓰이는 'unless 주어 + 동사'의 형태로 쓰는 것이 가장 자연스럽다. 따라서 밑줄 친 부분에 들어갈 말로 가장 적절한 것은 ②이다.

지문 해석

그들은 더 효과적인 마케팅 전략을 도입하지 않으면 판매 실적을 향상시키지 못할 것이다.

08 정답 ①

정답 해설

① 적중포인트 099 최상급 구문

최상급을 나타내는 표현은 중복해서 쓰지 않는다. 따라서 밑줄 친 부분인 most earliest를 earliest로 고쳐야 한다.

오답 해설

② 적중포인트 062 to부정사의 부사적 역할

to부정사가 부사 역할로 '~하기 위해서'의 뜻으로 쓰인 목적의 의미로 쓰일 수 있다. 따라서 밑줄 친 부분은 올바르게 쓰였다.

③ 적중포인트 079 명사절 접속사의 구분과 특징

명사절 접속사 that으로 주어, 목적어, 보어 자리에 쓰이며 뒤에 완전 구조를 취한다. 따라서 밑줄 친 부분은 올바르게 쓰였다.

④ 적중포인트 090 원급 비교 구문

원급 비교 구문은 as 형용사/부사 as로 쓰고 부정문에서는 부사 as를 so로 쓸 수 있다. 밑줄 친 부분 앞에 부정 주어 nothing이 쓰이고 so well이라는 표현이 있으므로 밑줄 친 부분인 as music은 올바르게 쓰였다.

지문 해석

음악의 치료적이며 기분 전환적인 특성을 깨닫는 데에 있어 새삼스러운 것이 없다. 원시 사회에서 무당은 의식과 기분의 변화된 상태를 유발하기 위하여 반복적인 리듬의 북 치는 소리를 사용하였다. Martin Luther는 세상의 어떤 것도 슬퍼하는 사람들을 즐겁게 만들고, 즐거워하는 사람들을 슬프게 만들고, 절망하는 사람들에게 용기를 주고, 자만하는 사람들을 겸손하게 만들고, 질투와 증오를 감소시키는 데 있어서 음악만큼 적합한 것은 없다고 말했다. 많은 작가와 철학자가 지성보다는 감정을 어루만지고 분위기를 만들어내는 음악의 특별한 능력을 지적해 왔다.

09 정답 ③

정답 해설

③ 적중포인트 007 불가산 명사의 종류와 특징

information은 불가산 명사로 부정관사 a(an)와 복수를 의미하는 -s를 쓰지 않는다. 따라서 밑줄 친 부분인 informations를 information으로 고쳐야 한다.

오답 해설

① 적중포인트 079 명사절 접속사의 구분과 특징

선행사를 포함한 관계대명사로 what으로 뒤에 불완전 구조를 취한다. 따라서 밑줄 친 부분은 올바르게 쓰였다.

② 적중포인트 014 형용사와 부사의 차이

뒤에 명사(change)를 수식하고 있으므로 형용사를 써야 한다. 따라서 밑줄 친 부분은 올바르게 쓰였다.

④ 적중포인트 079 명사절 접속사의 구분과 특징

'~인지, ~일지'의 뜻으로 쓰인 whether는 명사절 또는 부사절 접속사로 뒤에 완전 구조를 취하고 or (not)을 수반하여 함께 쓰일 수 있다. 따라서 밑줄 친 부분은 올바르게 쓰였다.

지문 해석

이사회 위원들은 보다 중요한 것들 - 예를 들어, 직원들에 대한 동기 부여에 있어서의 하락이나 소비자의 행동에 있어서의 예기치 않은 변화 등과 같은 보다 중요한 것들 대신에 - 경영진에게 제출한 것인 분기별 숫자들을 보통 토론한다. 그들은 안건에 없는 것은 토론하지 않는 경향이 있다. 게다가 그들은 그것이 경제적인 자료인지 조리법인지 간에 얻기 쉬운 정보를 더 좋아한다.

10 정답 ①

정답 해설

① 적중포인트 081 주의해야 할 부사절 접속사

lest가 쓰이면 'lest + 주어 + (should) 동사원형'의 형태로 쓰며 '~하지 않도록, ~할까봐'의 뜻으로 쓰인다. 그리고 lest에 이미 부정의 의미가 있으므로 뒤에 부정부사 not을 쓰지 않는다. 따라서 밑줄 친 부분에 들어갈 말로 가장 적절한 것은 ①이다.

지문 해석

팀 리더는 제품 출시 중 예상치 못한 문제가 발생하지 않도록 상세한 비상 계획을 준비했다.

11 정답 ①

정답 해설

① 적중포인트 044 주어 자리에서 반드시 단수 또는 복수 취급하는 특정 표현

every는 'every + 단수 명사 + 단수 동사'의 형태로 써야 한다. 단수 동사와 수 일치를 해야 하므로 밑줄 친 부분인 have를 has로 고쳐야 한다.

오답 해설

② 적중포인트 008 주의해야 할 명사의 복수형

단수형과 복수형이 같은 명사로 percent가 있다. 따라서 밑줄 친 부분은 올바르게 쓰였다.

③ 적중포인트 088 전치사와 명사 목적어

'~에 참여[종사]하다'의 뜻으로 쓰일 때는 'engage in'으로 쓸 수 있다. 전치사 in 뒤에는 동명사를 목적어로 취할 수 있다. 따라서 밑줄 친 부분은 올바르게 쓰였다.

④ 적중포인트 010 격에 따른 인칭대명사

인칭대명사는 앞에 나온 명사의 성과 수 일치를 확인하고 격에 따라 써야 한다. 문맥상 it을 지칭하는 것은 '예상했던 것보다 더 많이 번 돈'이므로 단수형 목적격 대명사로 써야 한다. 따라서 밑줄 친 부분은 올바르게 쓰였다.

지문 해석

> 모든 판매원은 이미 자신이 버는 액수에 대한 자아 개념을 가지고 있다. 심리학자들은 사람들이 자신의 자아 개념 소득 수준보다 10퍼센트 많거나 적게 결코 벌 수 없다는 것을 발견했다. 만약 그들에게 벌 수 있는 자격이 부여되어 있다고 생각하는 것보다 10퍼센트 넘게 번다면, 즉시 그 돈을 없애기 위한 보상 행동에 참여할 것이다. 만약 대단한 한 달을 보내서 예상했던 것보다 더 많이 번다면, 그것을 저녁 식사, 여행, 의복, 혹은 다른 것에 소비하고자 하는 억누를 수 없는 욕구를 가질 것이다.

12 정답 ②

정답 해설

② 적중포인트 025 to부정사를 목적격 보어로 취하는 대표 5형식 타동사

cause는 5형식 동사로 목적어와 목적격 보어의 관계가 능동일 때는 목적격 보어에 to부정사를 취한다. 목적어에 해당하는 사람들(them)이 행동을 보인다는 능동의 의미이므로 to부정사로 써야 한다. 따라서 밑줄 친 부분인 exhibited를 to exhibit으로 고쳐야 한다. 참고로 부사는 사이에 들어가는 것이 자연스러우므로 to consistently exhibit으로 쓰는 것이 자연스럽다.

오답 해설

① 적중포인트 014 형용사와 부사의 차이

동사를 수식하는 것은 형용사가 아닌 부사이다. 따라서 밑줄 친 부분은 올바르게 쓰였다.

③ 적중포인트 054 분사 판별법[현재분사 vs 과거분사]

분사의 수식을 받는 명사가 행동한다는 능동의 의미인 경우에는 현재분사로 써야 한다. 따라서 밑줄 친 부분은 올바르게 쓰였다.

④ 적중포인트 083 「전치사＋관계대명사」완전 구조

「전치사＋관계대명사」가 나오면 전치사에 유의하고 뒤에 완전 구조 인지 확인해야 한다. 뒤에 완전 구조를 취하고 있고 degree와 어울리는 전치사 to도 적절하다. 따라서 밑줄 친 부분은 올바르게 쓰였다.

지문 해석

> 심리학자들은 사람들이 성격으로 인해 다양한 상황에서 동일한 행동 양식을 지속적으로 보이게 된다는 개념을 자주 테스트했다. 한 연구에서 십대 소년들을 위한 여름 캠프에서 일하는 상담원들은 소년들이 식사 시간에 이야기를 하는 것과 같은 다양한 형태의 외향적인 행동을 보이는 정도를 몰래 기록하도록 요청을 받았다.

문법 실력 강화 연습문제 정답 및 해설

Answer

01 ④	02 ①	03 ②	04 ②	05 ③
06 ②	07 ③	08 ①	09 ②	10 ②
11 ②	12 ③			

01 정답 ④

정답 해설

④ **적중포인트 076** if 생략 후 도치된 가정법

주절에 '주어 + would / should / could / might + have p.p.' 가 나오면 if절에는 'if 주어 had p.p.'로 쓰고 if 생략 후 도치될 경우 'Had + 주어 + 과거분사~'로 써야 한다. 따라서 밑줄 친 부분에 들어갈 말로 가장 적절한 것은 ④이다.

지문 해석

위원회가 제안서를 철저히 검토했더라면 그 직책에 가장 적합한 후보를 확인했을 것이다.

02 정답 ①

정답 해설

① **적중포인트 006** 가산 명사의 종류와 특징

police는 보통 정관사 the와 함께 사용되고 복수 취급한다. 따라서 밑줄 친 부분인 is를 are로 고쳐야 한다.

오답 해설

② **적중포인트 007** 불가산 명사의 종류와 특징

evidence와 같은 불가산 명사는 부정관사나 수사와 함께 쓰이지 않고 복수형을 만들 수 없다. 따라서 밑줄 친 부분은 올바르게 쓰였다.

③ **적중포인트 014** 형용사와 부사의 차이

문장의 동사(is covering)를 수식하는 것으로 부사로 써야 한다. 따라서 밑줄 친 부분은 올바르게 쓰였다.

④ **적중포인트 023** 목적어 뒤에 특정 전치사를 수반하는 3형식 타동사

provide는 목적어 뒤에 특정 전치사를 수반하는 3형식 타동사로 'A에게 B를 제공하다'라는 의미로 쓰인다. 따라서 밑줄 친 부분은 올바르게 쓰였다.

지문 해석

최근 시내에서 발생한 강도 사건 이후, 이 도시는 높은 경계 상태에 있다. 경찰은 시내에서 발생한 최근의 강도를 조사하고 있으며, 증거를 수집하고 목격자들과 인터뷰하고 있다. 주민들은 자신의 안전에 대해 걱정하고 있으며, 많은 이들이 집에서 보안 조치를 강화했다. 지역 뉴스 방송국은 해당 사건을 광범위하게 보도하고 있으며, 수사가 진행됨에 따라 시청자들에게 업데이트를 제공하고 있다.

03 정답 ②

정답 해설

② **적중포인트 022** 4형식으로 착각하기 쉬운 3형식 타동사

mention은 4형식으로 착각하기 쉬운 3형식 타동사로 4형식 구조인 [간접목적어(주로 사람)+직접목적어(주로 사물)]를 취할 수 없다. 간접목적어에 해당하는 내용은 전치사 to와 함께 쓰이고 3형식 타동사의 목적어는 1개임을 확인한다. 따라서 밑줄 친 부분인 me를 to me로 고쳐야 한다.

오답 해설

① **적중포인트 033** 과거 시간을 나타내는 부사와 과거시제

과거 시간 부사 yesterday가 나오면 반드시 과거 동사를 써야 한다. 따라서 밑줄 친 부분은 올바르게 쓰였다.

③ **적중포인트 065** 조동사 뒤의 동사원형과 조동사의 부정형

조동사 could 뒤에는 동사원형으로 써야 한다. 따라서 밑줄 친 부분은 올바르게 쓰였다.

④ **적중포인트 079** 명사절 접속사의 구분과 특징

how는 의문 부사로 쓰일 때 '어떻게'의 뜻으로 쓰이며, 뒤에 완전 구조를 취한다. 따라서 밑줄 친 부분은 올바르게 쓰였다.

지문 해석

어제, 저는 팀 리더와 다음 분기의 목표를 논의하기 위해 1대1 대화를 가졌다. 그녀는 저에게 새로운 프로젝트를 진행하고 있다고 언급했으며, 이 프로젝트는 우리의 제품 제공을 상당히 향상시킬 수 있다. 그녀가 목표와 일정을 자세히 설명할 때, 저는 그녀의 열정을 느낄 수 있었다. 우리는 어떻게 효과적으로 기여하고 협력할 수 있을지에 대한 아이디어를 모색했다.

04 정답 ②

정답 해설

② **적중포인트 073** 가정법 과거 공식

'if 주어 과거시제 동사'가 나오면 가정법 과거를 의미하고 '주어 +would / should / could / might 동사원형'으로 써야 하고 '~에 집중하다, ~에 주력하다'의 뜻으로 쓰일 때는 'focus on'으로 쓸 수 있고 전치사는 뒤에 동명사를 목적어로 취할 수 있다. 따라서 밑줄 친 부분에 들어갈 말로 가장 적절한 것은 ②이다.

지문 해석

시간을 되돌릴 수 있다면, 내가 어렸을 때 실용적인 기술 개발에 더 집중했을 것이고, 그것이 오늘날 내 경력을 더 성공적으로 만들었을 텐데.

05 정답 ③

정답 해설

③ **적중포인트 028** 분사를 목적격 보어로 취하는 5형식 동사

'~한 상태로 두다'의 뜻으로 쓰인 leave는 목적격 보어 자리에 부사가 아닌 형용사를 취할 수 있다. 따라서 밑줄 친 부분인 부사 opnely를 형용사 open으로 고쳐야 한다.

오답 해설

① **적중포인트 010** 격에 따른 인칭대명사

it은 어떤 대상을 지칭하는 것이 아닌 문장의 구성을 위해 쓰이는 대명사로 쓰일 수 있고 특히 날씨, 계절, 시간, 요일, 거리, 명암, 막연한 상황에 쓰인다. 따라서 밑줄 친 부분은 올바르게 쓰였다.

② **적중포인트 031** 혼동하기 쉬운 자동사와 타동사

1형식 자동사 sit은 '앉다'의 뜻으로 'sit-sat-sat'의 3단 변화형을 취하고 뒤에 목적어가 없으므로 1형식 자동사로 잘 쓰였다. '앉히다'의 뜻으로 쓰인 3형식 타동사 seat과 잘 구분해야 한다. 따라서 밑줄 친 부분은 올바르게 쓰였다.

④ **적중포인트 033** 과거 시간을 나타내는 부사와 과거시제

'when + 주어 + 과거시제 동사'의 과거 시간 부사절이 나오면 주절에도 과거 관련 시제로 써야 한다. 따라서 밑줄 친 부분은 올바르게 쓰였다.

지문 해석

따뜻한 여름 저녁이었고, 모두가 집 안으로 스며드는 시원한 바람을 즐겼다. 저녁 식사 후 가족들은 현관에 앉아 별을 보며 이야기를 나눴다. 그들은 밤이 너무 평화로워 굳이 문을 닫을 필요를 느끼지 못했다. 그들은 밤새 문을 열어 두었고, 신선한 밤공기가 자유롭게 집 안을 채웠다. 다음 날 아침에 일어났을 때, 집 안은 여전히 시원했고, 피어나는 꽃들의 향기가 공기 중에 남아 있었다.

06 정답 ②

정답 해설

② **적중포인트 034** 완료시제와 잘 쓰이는 시간 부사

과거보다 더 과거에 발생한 일은 과거완료 had p.p.로 쓴다. 따라서 밑줄 친 부분인 has written을 had written으로 고쳐야 한다.

오답 해설

① **적중포인트 058** 분사를 활용한 표현 및 구문

시간 접속사 while과 함께 분사구문이 사용될 수 있고 분사 판별법에 따라 확인해야 한다. 타동사 뒤에 목적어를 취하고 있으므로 현재분사로 써야 한다. 따라서 밑줄 친 부분은 올바르게 쓰였다.

③ **적중포인트 078** 등위접속사와 병치 구조

상관접속사 'both A and B'에서 A와 B는 병치가 되어야 한다. A에 해당하는 distant는 '먼, 떨어져 있는'의 뜻인 형용사이므로 B도 형용사로 써야 한다. 따라서 밑줄 친 부분은 올바르게 쓰였다.

④ **적중포인트 077** 기타 가정법

as if 가정법으로 주절의 동사와 같은 시제의 반대로 가정할 때는 종속절에 'as if + 주어 + 과거시제 동사'로 써야 한다. 따라서 밑줄 친 부분은 올바르게 쓰였다.

지문 해석

오래된 책상을 정리하다가, Tom은 친구가 그에게 썼던 편지를 발견했다. 그 편지는 오랫동안 펼쳐보지 않은 낡은 공책의 페이지 사이에 끼어 있었다. 그는 조심스럽게 편지를 펼치며 대학 시절 함께했던 추억이 밀려오는 것을 느꼈다. 종이에 적힌 글은 멀게 느껴지면서도 익숙하게 다가왔고, 마치 친구가 과거로부터 말을 건네는 듯했다.

07 정답 ③

정답 해설

③ **적중포인트 070** 양보 도치 구문과 장소 방향 도치 구문

as 양보 도치 구문으로 '형용사'가 문장 처음에 위치한 도치 구조로 '비록 ~라도'라는 양보의 의미로 쓰일 수 있다. 2형식 동사 be 동사의 주격 보어인 형용사가 문장 처음에 위치한 것으로 'as 양보 부사절'로 쓰였다. 문장 처음에 As를 쓰고 싶다면 'As 형용사 + as 주어 + 2형식 동사'로 써야 한다. 따라서 밑줄 친 부분에 들어갈 말로 가장 적절한 것은 ③이다.

지문 해석

비록 팀워크가 프로젝트 성공에 아무리 중요하더라도, 개인의 기여도 간과되어서는 안 된다.

08 정답 ①

정답 해설

① **적중포인트 041** **부분을 나타내는 명사와 수 일치**
부분(majority)을 나타내는 명사가 나오면 of 뒤에 명사를 확인해서 동사와 수 일치한다. of 뒤에 명사(voters)가 복수형이므로 복수 동사로 써야 한다. 따라서 밑줄 친 부분인 supports를 support로 고쳐야 한다.

오답 해설

② **적중포인트 065** **조동사 뒤의 동사원형과 조동사의 부정형**
조동사 will 뒤에는 동사원형으로 써야 한다. 따라서 밑줄 친 부분은 올바르게 쓰였다.

③ **적중포인트 045** **능동태와 수동태의 차이**
동사가 완료 시제이면서 수동태를 의미할 때는 'have been p.p.'의 형태로 써야 한다. 현재와 관련된 과거의 상황을 표현할 때는 현재완료 시제를 쓸 수 있고, 타동사 뒤에 목적어가 없으므로 수동태의 형태로 써야 한다. 따라서 밑줄 친 부분은 올바르게 쓰였다.

④ **적중포인트 080** **부사절 접속사의 구분과 특징**
'~하는 동안'의 뜻인 during은 전치사로 뒤에 명사(the transition)를 추가할 수 있다. 따라서 밑줄 친 부분은 올바르게 쓰였다.

지문 해석

지방 정부는 이 지역의 대중교통 서비스를 개선하기 위한 새로운 정책을 도입했다. 유권자 대다수는 이 정책이 교통 혼잡을 줄이고 통근자에게 더 신뢰할 수 있는 선택지를 제공할 것이라고 믿으며 이를 지지한다. 정책에 대해 논의하고 주민들의 의견을 수렴하기 위해 커뮤니티 회의가 열렸다. 많은 사람들이 긍정적인 반응을 보이는 반면, 일부 시민들은 전환 기간 동안 요금 인상과 서비스 중단에 대한 우려를 표명하고 있다.

09 정답 ②

정답 해설

② **적중포인트 053** **암기해야 할 동명사 표현**
'~하지 않을 수 없다, ~할 수 밖에 없다'의 뜻으로 쓰일 때는 'cannot (help / choose) but R 또는 have no choice[option, alternative] but to부정사'의 형태로 쓸 수 있다. 따라서 밑줄 친 부분인 cancel을 to cancel로 고쳐야 한다.

오답 해설

① **적중포인트 053** **암기해야 할 동명사 표현**
'~하는 데 시간/돈을 쓰다'의 뜻으로 쓰일 때는 'spend/waste 시간/돈 (in) ~ing'의 형태로 쓸 수 있다. 따라서 밑줄 친 부분은 올바르게 쓰였다.

③ **적중포인트 080** **부사절 접속사의 구분과 특징**
'~에도 불구하고'의 뜻인 despite는 전치사로 명사(their efforts)를 추가할 수 있다. 따라서 밑줄 친 부분은 올바르게 쓰였다.

④ **적중포인트 060** **to부정사의 명사적 역할**
'계획하다'의 뜻인 plan은 3형식 타동사로 to부정사를 목적어로 취한다. 따라서 밑줄 친 부분은 올바르게 쓰였다.

지문 해석

주최 측은 야외 행사를 준비하기 위해 몇 달을 보냈다. 불행히도, 예보에 따르면 예정된 날에 폭우가 내릴 것으로 예상되었다. 그들은 날씨 때문에 행사를 취소할 수밖에 없었다, 대안을 찾기 위해 노력했음에도 불구하고. 많은 참석자들이 실망을 표했지만, 이 결정을 이해했다. 주최 측은 더 나은 날씨를 기대하며 행사를 나중에 다시 열 계획이다.

10 정답 ②

정답 해설

② **적중포인트 069** **다양한 도치 구문**
neither를 포함한 도치 구문으로 앞에 부정문일 때 쓰일 수 있다. 'S + V (부정) ~, and neither + 조동사 + 주어'의 구조로 써야 하며 조동사는 앞에 나온 동사의 종류와 시제에 따라 결정되고 뒤에 나온 주어와 수 일치한다. 따라서 밑줄 친 부분에 들어갈 말로 가장 적절한 것은 ②이다.

지문 해석

새로운 정책이 직원들에게 효과적으로 전달되지 않았고, 이해관계자들에게도 설명되지 않았다.

11 정답 ②

정답 해설

② **적중포인트 058** **분사를 활용한 표현 및 구문**
양보 접속사(although)와 함께 분사구문이 사용되므로 분사 판별법에 따라 확인해야 한다. 그가 오랜 시간을 일한다라는 능동의 의미가 적절하므로 현재분사로 써야 한다. 따라서 밑줄 친 부분인 worked를 working으로 고쳐야 한다.

오답 해설

① **적중포인트 002** **주격 보어가 필요한 2형식 자동사**
상태 유지 동사 stay는 2형식 자동사로 주격 보어에 형용사를 써야 한다. 따라서 밑줄 친 부분은 올바르게 쓰였다.

③ **적중포인트 010** **to부정사의 명사적 역할**
5형식 동사 make는 'it' 가목적어 'to부정사' 진목적어 구문을 취할 수 있다. 'make + it + 형용사/명사 + (for 목적어) + to부정사'의 구문으로 쓸 수 있다. 따라서 밑줄 친 부분은 올바르게 쓰였다.

④ **적중포인트 025** **to부정사를 목적격 보어로 취하는 대표 5형식 타동사**
allow는 5형식 동사로 목적어와 목적격 보어의 관계가 능동일 때 목적격 보어에 to부정사를 취한다. 목적어(him)가 재충전한다는

능동의 의미이므로 to부정사로 쓴다. 따라서 밑줄 친 부분은 올바르게 쓰였다.

> **지문 해석**
>
> Jake는 유명한 마케팅 회사의 헌신적인 직원이었다. 그는 종종 마감일을 맞추기 위해 늦게까지 남아 프로젝트를 최선을 다해 완료했다. 오랜 시간을 일했음에도 불구하고 그는 여전히 가족과 시간을 보낼 수 있었다. 매주 주말에는 일을 끊고 아이들과 소중한 시간을 보내는 것을 중요하게 여겼다. 이러한 균형은 그가 재충전하고 직장에서의 동기를 유지하는 데 도움이 되었다.

12 정답 ③

정답 해설

③ **적중포인트 023 목적어 뒤에 특정 전치사를 수반하는 3형식 타동사**

목적어 뒤에 특정 「전치사 + 명사」를 수반하는 3형식 타동사는 정해진 전치사를 확인한다. deter는 목적어 뒤에 'from ~ing'의 형태로 써야 한다. 따라서 밑줄 친 부분인 to pollute를 from polluting으로 고쳐야 한다.

오답 해설

① **적중포인트 039 현재시제 동사와 be동사의 수 일치**

grow는 1형식 자동사로 쓰일 수 있고 '커지다, 늘어나다, 증가하다, 자라다' 등의 의미로 쓰인다. 따라서 밑줄 친 부분은 올바르게 쓰였다.

② **적중포인트 019 주어만 있으면 완전한 1형식 자동사**

수식어구는 주어와 동사의 수 일치에 영향을 미치지 않고 문장의 주어(the harsh penalties)는 복수형이므로 복수 동사와 수 일치한다. 따라서 밑줄 친 부분은 올바르게 쓰였다.

④ **적중포인트 060 to부정사의 명사적 역할**

'희망하다'의 뜻인 hope는 3형식 타동사로 to부정사를 목적어로 취한다. 따라서 밑줄 친 부분은 올바르게 쓰였다.

> **지문 해석**
>
> 환경에 대한 우려가 커짐에 따라, 많은 도시들이 자연을 보호하기 위한 엄격한 규제를 시행하고 있다. 그중 하나의 중요한 조치는 쓰레기 투기에 대한 엄격한 처벌을 부과하는 것이다. 쓰레기 투기에 대한 엄격한 처벌은 사람들이 환경을 오염시키지 않도록 억제하기 위해 설계되었다. 폐기물이 생태계에 미치는 영향에 대한 인식을 높임으로써, 당국은 시민들 사이에서 책임 있는 행동을 장려하기를 희망하고 있다.

문법 실력 강화 연습문제 정답 및 해설

🔍 관련교재 – 단판승 문법 적중포인트 100

Answer

01 ②	02 ②	03 ②	04 ③	05 ②
06 ②	07 ④	08 ④	09 ③	10 ②
11 ③	12 ③			

01 정답 ②

정답 해설

② 적중포인트 064 to부정사의 관용 구문
'너무 ~해서 …할 수 없다'의 뜻으로 쓰일 때는 'too 형용사/부사 to부정사'의 구문으로 쓸 수 있다. 따라서 밑줄 친 부분에 들어갈 말로 가장 적절한 것은 ②이다.

지문 해석

제안된 예산은 너무 제한적이어서 다가오는 프로젝트에 필요한 모든 자원을 수용할 수 없다.

02 정답 ②

정답 해설

② 적중포인트 074 가정법 과거완료 공식
'주어 + would / should / could / might have p.p.'가 나오면 가정법 과거완료 공식에 따라 'if 주어 had p.p.'로 써야 한다. 따라서 밑줄 친 부분인 has known은 had known으로 고쳐야 한다.

오답 해설

① 적중포인트 058 분사를 활용한 표현 및 구문
regarding과 concerning은 독립 분사구문으로 '~에 관하여[대하여]'라는 의미로 쓰인다. 따라서 밑줄 친 부분은 올바르게 쓰였다.

③ 적중포인트 088 전치사와 명사 목적어
시간을 의미하는 전치사(after) 뒤에는 동명사를 목적어로 취할 수 있다. 따라서 밑줄 친 부분은 올바르게 쓰였다.

④ 적중포인트 082 관계대명사의 선행사와 문장 구조
관계대명사 that은 사물의 선행사를 쓸 수 있고, 뒤에 주어가 없는 불완전 구조로 취한다. 따라서 밑줄 친 부분은 올바르게 쓰였다.

지문 해석

지난 주, 새로운 프로젝트와 관련된 중요한 회의가 사무실에서 열렸다. 안타깝게도 그녀가 회의에 대해 알았다면 참석했을 것이다. 그녀의 의견은 매우 중요했으며, 팀과 공유할 소중한 통찰력이 있었다. 그녀의 부재를 깨닫고 나서 우리는 회의에서 논의된 내용을 그녀에게 전달하기로 했다.

03 정답 ②

정답 해설

② 적중포인트 057 분사의 동사적 성질
분사구문으로 쓰인 타동사 뒤에 목적어가 있는 경우 능동의 형태로 쓰고, 주절의 시제보다 앞선 시제일 경우에는 완료형으로 쓰고 목적어를 취할 경우 능동형으로 쓴다. 따라서 밑줄 친 부분인 Having been finished를 Having finished로 고쳐야 한다.

오답 해설

① 적중포인트 020 주격 보어가 필요한 2형식 자동사
감각 동사 feel은 2형식 자동사로 주격 보어 자리에 형용사를 취할 수 있다. tired는 '피로한, 피곤한, 지친'의 뜻으로 쓰인 형용사이다. 따라서 밑줄 친 부분은 올바르게 쓰였다.

③ 적중포인트 070 양보 도치 구문과 장소 방향 도치 구문
접속사 as는 'as + 주어 + 동사'의 구조로 쓰이면 시간이나 이유 등을 의미하는 부사절 접속사로 쓰이며 이때는 '조동사 + 주어'의 도치 구조로 쓰지 않는다. 따라서 밑줄 친 부분은 올바르게 쓰였다.

④ 적중포인트 021 전치사가 필요 없는 대표 3형식 타동사
'들어가다'의 뜻인 enter는 3형식 타동사로 전치사 없이 바로 목적어를 취할 수 있다. 따라서 밑줄 친 부분은 올바르게 쓰였다.

지문 해석

긴 근무일을 마친 John은 집으로 돌아오면서 피곤함을 느꼈다. 그는 재빨리 저녁을 준비하고 가장 좋아하는 음식을 즐겼다. 식사를 마친 후 그는 공원에서 산책하기로 결정했다. 신선한 공기와 부드러운 바람이 그를 편안하게 하고 긴장을 풀어주었다. 길을 따라 걸으면서 그는 하루를 되돌아보았고 작은 기쁨의 순간에 감사함을 느꼈다. 그렇게 그는 산책을 마무리하고 집으로 들어갔다.

![문법 끝판왕]

04 정답 ③

정답 해설

③ 적중포인트 060 to부정사의 명사적 역할

5형식 동사 make는 'it' 가목적어 'to부정사' 진목적어 구문을 취할 수 있다. 'make + it + 형용사/명사 + (for 목적어) + to부정사'의 구문으로 쓸 수 있다. 따라서 밑줄 친 부분에 들어갈 말로 가장 적절한 것은 ③이다.

지문 해석

공사 현장의 소음은 주민들이 자신의 집에서 편안히 지내기 어렵게 만들 것이다.

05 정답 ②

정답 해설

② 적중포인트 050 전치사에 유의해야 할 수동태

수동태 구조 be p.p. 뒤에 전치사에 따라 그 의미가 달라진다. 'be concerned with'는 '~에 관심[흥미]이 있다, ~에 관계가 있다'의 뜻으로 쓰이며, 'be concerned about'은 '~에 대해 걱정[염려]하다, ~에 관심을 가지다'의 뜻으로 쓰인다. 문맥상 대중의 혼란을 초래할 수 있다고 하고 있으므로 잘못된 정보의 확산을 우려하고 있다는 의미가 자연스러우므로 밑줄 친 부분인 at을 about으로 고쳐야 한다.

오답 해설

① 적중포인트 014 형용사와 부사의 차이

문장의 동사(spread)를 수식하는 것으로 부사로 써야 한다. 따라서 밑줄 친 부분은 올바르게 쓰였다.

③ 적중포인트 080 부사절 접속사의 구분과 특징

as는 이유를 나타내는 접속사로 동사를 포함한 절을 이끌 수 있다. 따라서 밑줄 친 부분은 올바르게 쓰였다.

④ 적중포인트 062 to부정사의 부사적 역할

to부정사가 부사 역할을 할 때 '~하기 위하여'라는 의미의 목적을 나타낼 수 있다. 따라서 밑줄 친 부분은 올바르게 쓰였다.

지문 해석

오늘날 디지털 시대에는 거짓 정보가 소셜 미디어를 통해 빠르게 퍼질 수 있다. 정부는 잘못된 정보의 확산을 우려하고 있으며, 이는 사람들을 오도하고 대중의 혼란을 초래할 수 있기 때문이다. 이 문제를 해결하기 위해 관계자들은 기술 회사들과 협력하여 잘못된 내용을 감지하고 표시하려고 노력하고 있다.

06 정답 ②

정답 해설

② 적중포인트 044 주어 자리에서 반드시 단수 또는 복수 취급하는 특정 표현

학문명(statistics)은 단수 동사와 수 일치한다. 따라서 밑줄 친 부분인 are를 is로 고쳐야 한다.

오답 해설

① 적중포인트 042 A and B와 수 일치

A and B는 원칙적으로 복수 취급해서 복수 동사와 수 일치를 확인한다. 따라서 밑줄 친 부분은 올바르게 쓰였다.

③ 적중포인트 039 5형식 동사의 수동태 구조

5형식 동사 permit는 능동태로 쓰일 때는 'permit 목적어 to부정사'의 형태로 쓸 수 있다. 따라서 밑줄 친 부분은 올바르게 쓰였다.

④ 적중포인트 014 형용사와 부사의 차이

make는 3형식 동사로 쓰여 뒤에 1개 목적어를 취한다. informed는 뒤에 명사(decisions)를 수식하는 '정보에 근거한'의 뜻인 형용사로 쓰였다. 따라서 밑줄 친 부분은 올바르게 쓰였다.

지문 해석

연구 분야에서 데이터 수집과 분석은 의미 있는 결론을 도출하는 데 중요한 역할을 한다. 통계학은 다양한 연구에서 데이터를 분석하는 데 사용되며, 연구자들이 경향과 패턴을 식별할 수 있게 한다. 통계적 방법을 적용함으로써 과학자들은 발견의 중요성을 판단하고 정보에 근거한 결정을 내릴 수 있다.

07 정답 ④

정답 해설

④ 적중포인트 056 여러 가지 분사구문

'~이 있어서, ~이 없어서'를 의미할 때는 'there being 명사, there being no 명사'로 써야 한다. 문맥상 프로젝트를 연기하기로 결정했다는 것으로 보아 자금이 없다는 내용이 자연스럽다. 따라서 밑줄 친 부분에 들어갈 말로 가장 적절한 것은 ④이다.

지문 해석

예산에 충분한 자금이 없어서, 부서는 새로운 프로젝트를 내년으로 연기하기로 결정했다.

08 정답 ④

정답 해설

④ **적중포인트 032** 의미와 구조에 주의해야 할 타동사

'빌리다'의 뜻으로 쓰인 borrow는 4형식 구조로 쓸 수 없고 3형식만 가능하고, 4형식 구조로 쓸 수 있는 것은 동사 lend이다. 따라서 밑줄 친 부분인 borrow를 lend로 고쳐야 한다.

오답 해설

① **적중포인트 033** 과거 시간을 나타내는 부사와 과거시제

과거시제와 잘 쓰이는 시간 부사로 'last 시점'이 있다. 따라서 밑줄 친 부분은 올바르게 쓰였다.

② **적중포인트 062** to부정사의 형용사적 역할

to부정사의 수식을 받는 명사가 to부정사의 의미상 목적어일 때 to부정사 뒤에 목적어를 생략한다. 따라서 밑줄 친 부분은 올바르게 쓰였다.

③ **적중포인트 082** 관계대명사의 선행사와 문장 구조

사물 선행사가 나오고 뒤에 목적어가 없는 불완전 구조를 취하고 있으므로 관계대명사가 필요하다. 따라서 밑줄 친 부분은 올바르게 쓰였다.

지문 해석

지난 금요일, 주말이 다가오면서 Emily는 여유 시간에 읽을 좋은 책이 필요하다는 것을 깨달았다. 그녀는 최근 친구가 읽은 소설에 대한 좋은 이야기를 들었기 때문에 친구에게 연락하기로 결정했다. 주말 계획에 대한 간단한 대화 후, 그녀는 친구에게 주말 동안 책을 빌려달라고 부탁했다.

09 정답 ③

정답 해설

③ **적중포인트 031** 혼동하기 쉬운 자동사와 타동사

뒤에 목적어를 취하고 있으므로 타동사로 써야 한다. '(사람을) 쓰러뜨리다'의 뜻으로 쓰인 'fell-felled-felled'의 3단 변화형을 가진 타동사 fell로 써야 한다. '떨어지다, 넘어지다'의 뜻으로 쓰인 1형식 자동사 fall과 구분해야 한다. 따라서 밑줄 친 부분인 fall을 felled로 고쳐야 한다.

오답 해설

① **적중포인트 016** 수량 형용사와 명사의 수 일치

수량 형용사 both는 복수 가산 명사와 같이 쓰일 수 있다. 따라서 밑줄 친 부분은 올바르게 쓰였다.

② **적중포인트 013** 부정대명사의 활용

둘 중 하나를 지칭할 때는 one으로, 나머지 하나는 the other로 쓸 수 있다. 밑줄 친 부분 앞에 둘을 나타내는 표현인 both가 나오기 때문에 밑줄 친 부분은 올바르게 쓰였다.

④ **적중포인트 031** 혼동하기 쉬운 자동사와 타동사

뒤에 목적어를 취하고 있으므로 타동사로 써야 한다. '~을 올리다,

~을 제기하다'의 뜻으로 쓰인 'raise-raised-raised'의 3단 변화형을 가진 타동사 raise로 써야 한다. '일어나다, 오르다'의 뜻으로 쓰인 1형식 자동사 rise와 구분해야 한다. 따라서 밑줄 친 부분은 올바르게 쓰였다.

지문 해석

챔피언십 경기는 치열했으며, 두 선수 모두 자신의 기술과 결단력을 선보였다. 라운드가 진행될수록 경기장의 긴장은 고조되었고, 관중들은 흥분으로 터져 나왔다. 3라운드에서 한 선수는 대담한 움직임을 보이며 강력한 펀치를 연달아 날렸다. 그는 경기의 마지막 라운드에서 상대를 쓰러뜨려 승리와 챔피언 타이틀을 확보했다. 관중들은 그가 승리의 기쁨을 만끽하며 두 팔을 들어 올리자 환호성을 질렀다.

10 정답 ②

정답 해설

② **적중포인트 088** 전치사와 명사 목적어

though는 양보 접속사로 뒤에 명사만 취하고 있으므로 답이 될 수 없다. 나머지 선택지는 모두 전치사에 해당하고 각각 의미가 달라 문맥상 파악해서 정답을 골라야 한다. 전치사 for은 주로 시간을 의미하며 뒤에 '막연한 기간'을 표현하는 명사가 적절하다. '~에도 불구하고'의 뜻인 despite와 '~을 제외하고'의 뜻인 except 중에서 문맥상 모든 직원들이 회의에 참석해야 하지만 휴가 중인 직원들은 제외하는 것이 자연스럽다. 따라서 밑줄 친 부분에 들어갈 말로 가장 적절한 것은 ②이다.

지문 해석

휴가 중인 직원을 제외하고 모든 직원이 회의에 참석해야 한다.

11 정답 ③

정답 해설

③ **적중포인트 027** 5형식 지각동사의 목적격 보어

지각동사 see는 목적어와 목적격 보어 관계가 능동이면 목적격 보어 자리에 to부정사가 아닌 원형부정사 또는 현재분사로 써야 한다. 문맥상 목적어(cat)가 가지를 직접 타는 능동의 의미이므로 원형부정사 또는 현재분사로 써야 한다. 따라서 밑줄 친 부분인 to climb를 climb 또는 climbing으로 고쳐야 한다.

오답 해설

① **적중포인트 014** 형용사와 부사의 차이

문장의 '산책'의 뜻인 명사(stroll)를 수식하는 것으로 형용사로 써야 한다. leisurely는 부사의 형태처럼 보이지만 '한가한, 느긋한, 여유로운'의 뜻인 형용사임을 주의해야 한다. 따라서 밑줄 친 부분은 올바르게 쓰였다.

② **적중포인트 027** 5형식 지각동사의 목적격 보어

notice는 지각 동사로 목적어와 목적격 보어의 관계가 능동이면 목적격 보어 자리에 원형부정사 또는 현재분사로 써야 한다. 문맥상 목적어(animals)가 따뜻한 날씨를 즐기고 있다는 능동의 의미이므로 현재분사로 써야 한다. 따라서 밑줄 친 부분은 올바르게 쓰였다.

④ **적중포인트 005** 단어의 8품사

nearby는 '가까운, 근처의'의 뜻인 형용사로, '가까이에, 근처에'의 뜻인 부사로도 쓸 수 있다. 밑줄 친 부분은 명사(dog)를 수식하고 있으므로 형용사로 쓰였다. 따라서 밑줄 친 부분은 올바르게 쓰였다.

지문 해석

> 화창한 오후, 나는 공원에서 느긋한 산책을 하기로 했다. 길을 따라 걸으면서 나는 따뜻한 날씨를 만끽하는 다양한 동물들을 발견했다. 아이들은 웃고 뛰어 놀았고, 새들은 나무에서 기쁘게 노래하고 있었다. 갑자기, 나는 눈의 가장자리에서 움직임을 포착했다. 나는 고양이가 도망치기 위해 나무를 타는 것을 보았다. 고양이는 근처의 개가 크게 짖는 소리에 놀란 듯 보였다.

지문 해석

> 도시로 여행을 계획할 때 가장 좋은 교통 수단을 고려하는 것은 중요하다. 많은 사람들이 피크 시간대에 교통 체증에 갇혀 있는 경우가 많아 꽤 답답할 수 있다. 오늘 교통이 너무 혼잡하니까, 당신은 차를 타는 것보다 기차를 타는 게 낫다. 기차를 타는 것은 시간을 절약할 뿐만 아니라 경치를 감상하며 편안하게 즐길 수 있게 해준다.

07

12 **정답** ③

정답 해설

③ **적중포인트 067** 주의해야 할 조동사와 조동사 관용 표현

'(B보다) A가 낫다'의 뜻으로 쓰일 때는 'may as well A as B 또는 would rather A than B'로 써야 한다. 따라서 밑줄 친 부분인 than drive를 as drive로 고쳐야 한다.

오답 해설

① **적중포인트 066** 조동사 should의 3가지 용법과 생략 구조

「It be 이성적 판단의 형용사 that절」에서 that절의 동사는 (should) 동사원형으로 써야 한다. 따라서 밑줄 친 부분은 올바르게 쓰였다.

② **적중포인트 011** 재귀대명사의 2가지 용법

문장의 주어를 목적어에 다시 언급해야 할 때는 '~selves'의 형태인 재귀대명사로 쓸 수 있다. 문장의 주어(many people)가 복수형에 해당하므로 재귀대명사 themselves로 쓸 수 있다. 따라서 밑줄 친 부분은 올바르게 쓰였다.

④ **적중포인트 078** 등위접속사와 병치 구조

상관접속사 'not only A but also B'에서는 A와 B의 병치 구조로 써야 한다. 따라서 A에 해당하는 동사(saves)에 맞춰 B도 단수 동사로 써야 한다. 따라서 밑줄 친 부분은 올바르게 쓰였다.

문법 실력 강화 연습문제 정답 및 해설

🔍 관련교재 – 단판승 문법 적중포인트 100

Answer

01 ④	02 ②	03 ②	04 ③	05 ④
06 ③	07 ①	08 ③	09 ①	10 ①
11 ③	12 ③			

01 정답 ④

정답 해설

④ **적중포인트 058** 분사를 활용한 표현 및 구문

뒤에 명사 목적어만 나온 것으로 보아 접속사 역할을 하는 so, unless는 적절하지 않으며, in spite of는 '~에도 불구하고'의 뜻으로 문맥상 자연스럽지 않다. given은 독립 분사구문으로 '~을 고려하면'의 뜻으로 쓰여 뒤에 명사 목적어를 취할 수 있고 문맥상 의미도 자연스럽다. 따라서 밑줄 친 부분에 들어갈 말로 가장 적절한 것은 ④이다.

지문 해석

빠듯한 마감 기한을 고려해 볼 때, 팀은 프로젝트를 완료하기 위해 야근할 수밖에 없었다.

02 정답 ②

정답 해설

② **적중포인트 017** 어순에 주의해야 할 형용사와 부사

어순에 주의해야 할 such는 'such + a + 형용사 + 명사'의 어순으로 써야 한다. 따라서 밑줄 친 부분인 such interesting a stroyline을 such an interesting storyline으로 고쳐야 한다.

오답 해설

① **적중포인트 045** 능동태와 수동태의 차이

주어가 어떤 일을 당한다는 의미를 나타내고 타동사 뒤에 목적어가 없으므로 수동태로 써야 한다. 따라서 밑줄 친 부분은 올바르게 쓰였다.

③ **적중포인트 017** 어순에 주의해야 할 형용사와 부사

이어동사에서 부사의 위치는 '타동사 + 대명사 + 부사'의 어순으로 써야 한다. 따라서 밑줄 친 부분은 올바르게 쓰였다.

④ **적중포인트 011** 재귀대명사의 2가지 용법

문장의 주어를 목적어에 다시 언급해야 할 때는 '~self'의 형태로 쓰이는 재귀대명사를 쓸 수 있다. 문장의 주어가 'I'일 때는 목적어 자리에 me로 써야 하고 me는 재귀대명사 myself의 형태로 쓴다. 따라서 밑줄 친 부분은 올바르게 쓰였다.

03 정답 ②

정답 해설

② **적중포인트 001** 문장의 구성요소와 8품사

동사 자리에는 준동사가 아닌 수, 시제, 태를 표시한 동사가 쓰여야 한다. 따라서 밑줄 친 부분인 playing을 played로 고쳐야 한다.

오답 해설

① **적중포인트 007** 불가산 명사의 종류와 특징

homework는 불가산 명사로 부정관사 a(an)와 복수를 의미하는 -s를 쓰지 않는다. 따라서 밑줄 친 부분은 올바르게 쓰였다.

③ **적중포인트 058** 분사를 활용한 표현 및 구문

until은 시간 접속사로 쓰여 뒤에 '주어 + 동사' 완전 구조를 취한다. 따라서 밑줄 친 부분은 올바르게 쓰였다.

④ **적중포인트 054** 분사 판별법[현재분사 vs 과거분사]

부사 역할을 하는 분사가 나오면 분사 판별법을 통해 판단해야 한다. 타동사가 목적어(themselves)를 취하고 있으면 현재분사로 써야 한다. 따라서 밑줄 친 부분은 올바르게 쓰였다.

지문 해석

숙제를 끝낸 후, 아이들은 시원한 바람을 즐기기 위해 밖으로 달려 나갔다. 아이들은 해가 질 때까지 밖에서 놀며, 웃음소리가 마당 곳곳에 울려 퍼졌다. 그들은 번갈아 나무를 오르며 먼 정글을 탐험하는 탐험가가 된 듯 상상했다.

04 정답 ③

정답 해설

③ **적중포인트 071** 강조 구문과 강조를 위한 표현

「It be ~ that」은 강조 구문에서는 강조되는 표현이 it be와 that 사이에 위치하고 나머지 부분이 that 뒤에 올바르게 나와 있는지 확인한다. It be 뒤에 주어(the dedicated efforts)가 쓰이면 that 뒤에는 주어가 없는 불완전 구조로 쓰인다. 따라서 밑줄 친 부분에 들어갈 말로 가장 적절한 것은 ③이다.

지문 해석

책을 열자마자 첫 몇 페이지에 매료되었다. 이 책은 정말 흥미로운 스토리를 가지고 있어서 나는 책을 놓을 수가 없었고, 밤늦게까지 읽게 되었다.

지문 해석

일정을 앞당겨 새 시스템 도입을 성공적으로 완료한 것은 프로젝트 팀의 헌신적인 노력이었다.

05 정답 ④

정답 해설

④ **적중포인트 021** 전치사가 필요 없는 대표 3형식 타동사

3형식 타동사 obey는 전치사 없이 바로 목적어를 취할 수 있다. 따라서 밑줄 친 부분인 obey to를 obey로 고쳐야 한다.

오답 해설

① **적중포인트 078** 등위접속사와 병치 구조

등위접속사(and) 기준으로 뒤에 명사(productivity)와 '질서'의 뜻인 명사 order는 병치 구조로 쓰였다. 따라서 밑줄 친 부분은 올바르게 쓰였다.

② **적중포인트 044** 주어 자리에서 반드시 단수 또는 복수 취급하는 특정 표현

every는 'every + 단수 명사 + 단수 동사'로 수 일치를 확인해야 한다. 따라서 밑줄 친 부분은 올바르게 쓰였다.

③ **적중포인트 031** 혼동하기 쉬운 자동사와 타동사

관계대명사 that으로 주어가 없는 불완전한 구조로 1형식 자동사가 올 수 있다. 문맥상 '발생하다'의 뜻이 자연스러우므로 1형식 자동사 arise로 쓸 수 있다. 따라서 밑줄 친 부분은 올바르게 쓰였다.

지문 해석

잘 운영되는 직장에서 명확한 지침은 질서와 생산성을 유지하는 데 필수적이다. 모든 팀원은 업무가 효율적으로 완료되도록 자신의 역할과 책임을 이해해야 한다. 발생할 수 있는 문제나 질문에 대해 논의할 수 있도록 열린 소통이 장려된다. 또한, 모든 사람이 조직의 목표와 가치에 부합하는 것이 중요하다. 궁극적으로, 직원들은 회사의 정책을 준수할 것으로 기대된다.

06 정답 ③

정답 해설

③ **적중포인트 029** 명사나 형용사를 목적격 보어로 취하는 5형식 동사

5형식 간주 동사 regard는 목적격 보어 자리에 'as 명사' 또는 'as 형용사'로 써야 한다. 따라서 밑줄 친 부분인 as unacceptably를 as unacceptable로 고쳐야 한다.

오답 해설

① **적중포인트 021** 전치사가 필요 없는 대표 3형식 타동사

'도달하다, 이르다'의 뜻인 reach는 전치사 없이 바로 목적어를 취할 수 있는 3형식 타동사이다. 따라서 밑줄 친 부분은 올바르게 쓰였다.

② **적중포인트 013** 부정대명사의 활용

'둘 중'을 표현할 때 하나는 one, 나머지 하나는 the other로 표현할 수 있다. 따라서 밑줄 친 부분은 올바르게 쓰였다.

④ **적중포인트 080** 부사절 접속사의 구분과 특징

despite는 전치사로 뒤에 명사를 추가한다. 따라서 밑줄 친 부분은 올바르게 쓰였다.

지문 해석

몇 주간의 협상 끝에 양측은 합의에 이를 것으로 예상되었다. 그러나 한쪽이 최종 제안을 했는데, 이는 상대방이 기대했던 것과 거리가 멀었다. 그는 그들의 제안을 받아들일 수 없다고 여겼다, 왜냐하면 그것이 그들이 논의했던 원래 조건을 충족하지 못한다고 생각했기 때문이다. 그의 불만에도 불구하고, 그는 예의를 지키며 침착하게 이유를 설명했다.

07 정답 ①

정답 해설

① **적중포인트 069** 다양한 도치 구문

분사를 포함한 도치 구문으로 '분사 + be동사 + 주어'의 형태로 수 일치가 중요하다. 'in the annex'는 수식어구에 해당하고 주어(the details)가 복수형이므로 복수 동사로 써야 한다. 타동사 뒤에 목적어를 취하고 있지 않으므로 과거분사로 써야 한다. 따라서 밑줄 친 부분에 들어갈 말로 가장 적절한 것은 ①이다.

지문 해석

다음 회계연도를 위한 예산 배분에 대한 자세한 내용은 부록에 제공된다.

08 정답 ③

정답 해설

③ **적중포인트 038** 시제 관련 표현

'~하자마자 …했다' 구문에서는 주절에 과거시제가 아닌 had p.p.로 써야 한다. 구문 표현은 '주어 + had hardly[scarcely] p.p. + when/before 주어 + 과거시제 동사'의 형태로 쓸 수 있다. 따라서 밑줄 친 부분인 hardly settled를 had hardly settled로 고쳐야 한다.

오답 해설

① **적중포인트 099** 최상급 구문

형용사 late에서 '-est'가 붙어 최상급 표현으로 쓰였다. 참고로 'the latest'는 '최신(식)의, 최근의' 뜻으로 쓰인다. 따라서 밑줄 친 부분은 올바르게 쓰였다.

② **적중포인트 091** 비교급 비교 구문

비교급 비교 구문에서 than을 as로 쓰면 안된다. 비교급 비교 구문 앞의 문장 구조가 보어가 없는 불완전한 구조면 형용사를 쓴다. 따라서 밑줄 친 부분은 올바르게 쓰였다.

④ 적중포인트 026 5형식 사역동사의 목적격 보어

사역동사 make는 목적어와 목적격 보어의 관계가 능동일 때는 목적격 보어자리에 원형부정사를 써야 한다. 따라서 밑줄 친 부분은 올바르게 쓰였다.

지문 해석

지난 토요일, 친구들과 나는 최신 블록버스터 영화를 보러 가기로 결정했다. 우리는 티켓을 사기 위해 극장에 간신히 도착했지만, 줄이 생각보다 길었다. 팝콘을 사기 위해 매점에서 서두른 후, 우리는 서둘러 강당으로 들어갔다. 우리가 자리에 거의 앉자마자 영화가 시작되었다. 불이 꺼지고 예고편이 상영되기 시작하자 우리는 그 쇼에 대한 기대감으로 가득 찼다.

---

09 정답 ①

정답 해설

① 적중포인트 048 4형식 수여동사의 수동태 구조

맥락상 그가 해외에서 공부할 수 있는 좋은 기회를 제안하는 것이 아닌 제안 받은 것이기 때문에 밑줄 친 부분인 was offering을 was offered로 고쳐야 한다.

오답 해설

② 적중포인트 080 부사절 접속사의 구분과 특징

because는 접속사로 동사를 포함한 절을 이끈다. 뒤에 동명사 주어가 쓰인 문장으로 '주어 + 동사'의 절을 취하고 있다. 따라서 밑줄 친 부분은 올바르게 쓰였다.

③ 적중포인트 088 전치사와 명사 목적어

시간을 의미하는 after는 전치사로 동명사 말고도 명사로도 목적어를 취할 수 있다. 따라서 밑줄 친 부분은 올바르게 쓰였다.

④ 적중포인트 060 to부정사의 명사적 역할

'시작하다'의 뜻인 begin은 목적어로 to부정사 또는 동명사 모두 취할 수 있다. 따라서 밑줄 친 부분은 올바르게 쓰였다.

지문 해석

그는 해외에서 공부할 수 있는 좋은 기회를 제안받았다. 처음에 그는 오랜 시간 동안 집을 떠나는 것이 부담스럽게 느껴져 망설였다. 그러나 친구들은 이것이 일생에 한 번 오는 기회라고 그를 응원했다. 고민 끝에 그는 제안을 수락하기로 결심하고 여행을 준비하기 시작했다.

---

10 정답 ①

정답 해설

① 적중포인트 067 주의해야 할 조동사와 조동사 관용 표현

'아무리 ~해도 지나치지 않는다'의 뜻으로 쓰일 때는 'cannot ~ too 형용사/부사 또는 cannot ~ enough 또는 cannot ~ over동사'의 조동사 관용 표현으로 쓸 수 있다. 따라서 밑줄 친 부분에 들어갈 말로 가장 적절한 것은 ①이다.

지문 해석

중요한 발표를 준비할 때는 아무리 철저하게 조사하고 준비해도 지나치지 않는다.

---

11 정답 ③

정답 해설

③ 적중포인트 056 여러 가지 분사구문

분사구문의 의미상 주어와 주절의 주어와 일치하지 않는 경우 분사 앞에 의미상 주어를 주격으로 표시해야 한다. 문맥상 매진되었다는 의미로 보아 주어는 '티켓'으로 하는 것이 자연스럽다. 따라서 밑줄 친 부분인 being을 the tickets being으로 고쳐야 한다.

오답 해설

① 적중포인트 053 암기해야 할 동명사 표현

'~을 기대하다'의 뜻으로 쓰일 때는 전치사 to를 포함한 'look forward to + 명사/동명사'의 형태로 쓸 수 있다. 따라서 밑줄 친 부분은 올바르게 쓰였다.

② 적중포인트 020 주격 보어가 필요한 2형식 자동사

be동사는 주격 보어 자리에 형용사를 쓸 수 있다. 문장에서 be동사는 과거형으로 쓰였고 주격 보어 자리에 '신이 난, 흥분한'의 뜻인 excited는 형용사로 쓰였다. 따라서 밑줄 친 부분은 올바르게 쓰였다.

④ 적중포인트 055 감정 분사와 분사형 형용사

감정 동사는 감정을 느낀다는 의미로 쓰이고, 사람을 수식할 경우에는 과거분사로 써야 한다. 따라서 밑줄 친 부분은 올바르게 쓰였다.

지문 해석

Maria와 그녀의 친구들은 몇 달 동안 그 콘서트를 기대하고 있었다. 그들은 옷차림을 계획하고 좋아하는 밴드의 라이브 공연을 볼 생각에 신이 나 있었다. 그러나, 티켓이 매진되어 우리는 콘서트에 갈 수 없었다. 소식에 낙담한 그들은 주말에 대한 대안 계획을 세우기로 결정했다.

12 정답 ③

정답 해설

③ **적중포인트 070** 양보 도치 구문과 장소 방향 도치 구문

장소 부사구가 문장 처음에 나오면 도치 구조 '1형식 자동사 + 주어'의 어순으로 써야 한다. 뒤에 주어(photographs)가 복수형이므로 복수 동사로 써야 한다. 따라서 밑줄 친 부분인 is를 are로 고쳐야 한다.

오답 해설

① **적중포인트 080** 부사절 접속사의 구분과 특징

during은 전치사로 뒤에 명사(cleaning)를 추가한다. 따라서 밑줄 친 부분은 올바르게 쓰였다.

② **적중포인트 079** 명사절 접속사의 구분과 특징

선행사를 포함한 관계대명사 what은 앞에는 선행사가 없고 뒤에 주어, 목적어, 보어 중 하나가 빠진 불완전 구조를 취한다. 따라서 밑줄 친 부분은 올바르게 쓰였다.

④ **적중포인트 016** 수량 형용사와 명사의 수 일치

each는 단수 가산 명사(photo)를 수식한다. 따라서 밑줄 친 부분은 올바르게 쓰였다.

지문 해석

봄맞이 청소를 하던 중, 나는 옷장 뒤쪽에서 오래된 상자를 발견했다. 호기심이 생겨 상자를 열어 안에 무엇이 들어 있는지 확인하기로 했다. 상자 안에는 우리가 여행에서 찍은 여러 오래된 사진이 있었다. 각 사진은 우리가 가족으로서 함께 나눈 기쁨과 웃음, 모험의 순간을 포착하고 있었다.

Answer

01 ②		**02** ③		**03** ③		**04** ③		**05** ②
06 ②		**07** ④		**08** ②		**09** ②		**10** ①
11 ②		**12** ①						

01 정답 ②

정답 해설

② **적중포인트 067** 주의해야 할 조동사와 조동사 관용 표현

'(B보다) A가 낫다'의 뜻으로 쓰일 때는 'would rather A than B 또는 may as well A as B'의 조동사 관용 표현으로 쓸 수 있다. 빈칸 뒤에 'than 동사'를 취하고 있으므로 'would rather'로 써야 한다. 따라서 밑줄 친 부분에 들어갈 말로 가장 적절한 것은 ②이다.

지문 해석

효과적인 의사소통을 위해 화상 회의로 참석하느니 차라리 직접 회의에 참석하겠다.

02 정답 ③

정답 해설

③ **적중포인트 078** 등위접속사와 병치 구조

상관 접속사 'neither A nor B'가 나오면 A와 B는 품사, 형태, 시제를 고려한 병치 구조로 써야 한다. A 부분에 해당하는 동사가 과거시제로 쓰였기 때문에 B에 해당하는 동사도 과거시제로 써야 한다. 따라서 밑줄 친 부분인 care를 cared로 고쳐야 한다.

오답 해설

① **적중포인트 034** 완료시제와 잘 쓰이는 시간 부사

과거보다 더 과거에 발생한 일은 had p.p.로 쓴다. 문맥상 나에게 영향을 미치는 상황보다 대화를 하지 않은 상황이 더 과거에 발생한 것으로 보아 과거완료 시제로 쓸 수 있다. 따라서 밑줄 친 부분은 올바르게 쓰였다.

② **적중포인트 020** 주격 보어가 필요한 2형식 자동사

추측 동사 seem은 2형식 자동사로 주격 보어 자리에 to부정사를 쓸 수 있다. 따라서 밑줄 친 부분은 올바르게 쓰였다.

④ **적중포인트 059** 원형부정사의 용법과 관용 표현

'~을 놓아주다'의 뜻으로 쓰일 때는 'let go of'의 원형부정사의 관용 표현으로 써야 한다. 따라서 밑줄 친 부분은 올바르게 쓰였다.

지문 해석

그에 대한 소식을 들었을 때, 나는 이상한 고립감을 느꼈다. 나는 그와 몇 년 동안 대화를 하지 않았기 때문에 그의 문제는 나에게 영향을 미치지 않는 것 같았다. 사실, 나는 그에게 무슨 일이 있었는지 모르고도 신경 쓰지 않았다. 마치 그가 내 과거의 유령이 된 것 같았고, 한때 알았던 사람이나 오래전에 잊어버린 사람이었다. 내가 삶을 계속 살아가면서, 때로는 사람들이 멀어지고 오래된 인연을 놓아주는 것이 괜찮다는 것을 깨달았다.

03 정답 ③

정답 해설

③ **적중포인트 063** to부정사의 동사적 성질

to부정사의 의미상 주어가 문장의 주어나 목적어와 일치하지 않을 때 to부정사의 의미상 주어는 to부정사 앞에 'for 목적격'으로 표시한다. 하지만 인성 형용사(foolish)를 포함할 때는 'of 목적격'으로 표시해야 한다. 따라서 밑줄 친 부분인 for us를 of us로 고쳐야 한다.

오답 해설

① **적중포인트 055** 감정 분사와 분사형 형용사

감정 동사는 감정을 유발시킨다는 의미로 쓰이고, 주로 사물을 수식할 경우에는 현재분사로 써야 한다. 따라서 밑줄 친 부분은 올바르게 쓰였다.

② **적중포인트 078** 등위접속사와 병치 구조

등위접속사(and)를 기준으로 동사원형(explore)에 맞춰 병치 구조로 써야 한다. 따라서 밑줄 친 부분은 올바르게 쓰였다.

④ **적중포인트 015** 주의해야 할 형용사

문장에서 명사(lesson)을 수식하는 것으로 '귀중한'의 뜻인 valuable은 형용사로 쓰였다. 따라서 밑줄 친 부분은 올바르게 쓰였다.

지문 해석

하이킹 여행은 친구들 그룹에게 흥미진진한 모험으로 시작되었다. 그들은 아름다운 트레일을 탐험하고 자연을 만끽할 준비가 되어 있었다. 그러나 그들은 곧 예상치 못한 도전에 직면하게 되었다. 경고 신호를 무시한 것은 우리에게 어리석었다. 처음의 흥분에도 불구하고 그들은 안전과 준비에 대한 귀중한 교훈을 배웠다.

04 정답 ③

정답 해설

③ 적중포인트 062 to부정사의 부사적 역할

to부정사의 부사적 역할로 여러 가지 의미로 쓰인다. 'so as to부
정사, in oder to부정사, to부정사'는 목적을 의미하는 '~하기 위
해서'의 뜻으로, 'only to부정사'만 결과를 나타내는 '결국 ~하다'
의 뜻으로 쓰이고 역접의 내용을 연결할 수 있다. 따라서 밑줄 친
부분에 들어갈 말로 가장 적절한 것은 ③이다.

지문 해석

그녀는 인상적인 발표를 준비했지만 회의가 마지막 순간에 취소되었
다는 사실을 알게 되었다.

05 정답 ②

정답 해설

② 적중포인트 055 감정 분사와 분사형 형용사

감정 동사는 감정을 유발시킨다는 의미로 쓰이고, 주로 사물을 수
식할 경우에는 현재분사로 써야 한다. 따라서 밑줄 친 부분인 과
거분사 inspired를 현재분사 inspiring으로 고쳐야 한다.

오답 해설

① 적중포인트 033 과거 시간을 나타내는 부사와 과거시제

과거 시간 부사 'last 시점'이 나오면 반드시 과거 동사로 써야 한
다. 따라서 밑줄 친 부분은 올바르게 쓰였다.

③ 적중포인트 053 암기해야 할 동명사 표현

'~에 전념하다'의 뜻으로 쓰일 때 'be committed to + 명사/동명
사'의 형태로 쓸 수 있다. 따라서 밑줄 친 부분은 올바르게 쓰였다.

④ 적중포인트 043 혼동하기 쉬운 주어와 동사 수 일치

'there be동사'는 뒤에 나온 명사와 수 일치 한다. 뒤에 나오면 명
사(sense)가 단수형이므로 단수 동사로 써야 한다. 따라서 밑줄
친 부분은 올바르게 쓰였다.

지문 해석

어젯밤, 지역 사회는 지역 문제에 대해 논의하기 위한 특별한 행사를
열었다. 그녀의 연설은 영감을 주었고, 많은 사람들이 행동하도록 동
기를 부여했다. 참석자들은 그녀의 말을 들은 후 새로운 목적 의식과
에너지를 느꼈다. 여러 사람이 개선 아이디어를 공유하고 변화를 만
드는 것에 전념했다. 밤이 끝날 무렵, 방 안에는 희망과 결단력이 가
득한 것이 느껴졌다.

06 정답 ②

정답 해설

② 적중포인트 038 시제 관련 표현

'~이 되어 (비로소)…하다'의 뜻으로 쓰일 때는 'It be + not until
주어 + 동사 that 주어 + 동사'의 구조로 쓸 수 있다. that절 뒤에
는 도치 구조가 아닌 '주어 + 동사'의 어순으로 써야 한다. 따라서
밑줄 친 부분인 did she realize를 she realized로 고쳐야 한다.

오답 해설

① 적중포인트 079 등위접속사와 병치 구조

등위접속사(and) 기준으로 문장의 동명사(exploring, trying)에
맞춰 병치 구조로 써야 한다. 따라서 밑줄 친 부분은 올바르게 쓰
였다.

③ 적중포인트 014 형용사와 부사의 차이

문장에서 동사(became)를 수식하는 것은 형용사가 아닌 부사이
다. 따라서 밑줄 친 부분은 올바르게 쓰였다.

④ 적중포인트 088 전치사와 명사 목적어

시간의 의미를 지닌 전치사 over 뒤에는 기간의 명사가 잘 쓰인
다. 따라서 밑줄 친 부분은 올바르게 쓰였다.

지문 해석

Sarah는 새로운 나라로 이사했을 때 처음에는 모든 것이 흥미롭고
새로웠다. 그녀는 낯선 거리를 탐험하고, 다양한 음식을 먹어보고, 새
로운 사람들을 만나는 것을 좋아했다. 그녀가 해외로 이사하고 나서
야 고향을 얼마나 그리워하는지 깨달았다. 어머니의 요리에서 나는
향기나 오래된 친구들과의 소소한 대화 같은 사소한 것들이 갑자기
소중한 추억이 되었다. 시간이 흐르면서, 그녀는 새로운 삶에 대한 사
랑과 자신이 온 곳에 대한 더 깊은 애정을 균형 있게 갖추게 되었다.

07 정답 ④

정답 해설

④ 적중포인트 052 동명사의 명사적 성질

명사는 다른 명사를 목적어로 취할 수 없지만 동명사는 목적어를
취할 수 있다. 또한 동명사의 의미상의 주어가 문장의 주어나 목
적어와 일치하지 않을 때 동명사의 의미상 주어는 동명사 앞에 소
유격 또는 목적격으로 표시한다. 따라서 밑줄 친 부분에 들어갈
말로 가장 적절한 것은 ④이다.

지문 해석

조직은 지속가능한 관행을 촉진한 것에 자부심을 느끼고 있으며, 이
는 환경에 긍정적인 영향을 미쳤다.

09

08 정답 ②

정답 해설

② 적중포인트 035 미래를 대신하는 현재시제

'by the time' 접속사가 쓰인 시간 부사절 접속사에서는 미래시제가 아닌 현재시제로 써야 한다. 따라서 밑줄 친 부분인 will decide를 decides로 고쳐야 한다.

오답 해설

① 적중포인트 053 암기해야 할 동명사 표현

'~하는 데 어려움을 겪다'의 뜻으로 쓰일 때는 'have a hard time[difficulty, trouble] ~ing'의 형태인 동명사 관용 구문으로 쓸 수 있다. 따라서 밑줄 친 부분은 올바르게 쓰였다.

③ 적중포인트 034 완료시제와 잘 쓰이는 시간 부사

시간 부사 already는 완료시제와 잘 쓰인다. 문맥상 미래에 시작한 일이 특정한 미래까지 동작의 결과를 의미하므로 미래 완료 시제로 쓸 수 있다. 타동사 뒤에 목적어가 없으므로 수동형 미래완료 시제로 써야 한다. 따라서 밑줄 친 부분은 올바르게 쓰였다.

④ 적중포인트 032 의미와 구조에 주의해야 할 타동사

'want that'절의 구조로 쓸 수 없지만, hope는 that절을 목적어로 취할 수 있다. 따라서 밑줄 친 부분은 올바르게 쓰였다.

지문 해석

Tom은 특히 중요한 상황에서 결정을 내리는 데 항상 어려움을 겪는다. 그의 친구들은 그가 도움을 줄 결정을 내릴 때쯤이면 이미 문제가 해결되어 있을 거라며 종종 농담을 한다. Tom도 이것이 나쁜 습관이라는 것을 알지만, 여전히 빠르게 선택해야 할 때마다 어려움을 겪는다. 그의 친구들은 언젠가 그가 더 빨리 행동하고 결단력을 기를 수 있기를 바라고 있다.

09 정답 ②

정답 해설

② 적중포인트 003 어순이 중요한 간접의문문

간접의문문[의문사절]은 명사절 중 하나로 「의문사 +조동사 +주어」도치 구조가 아닌 평서문의 어순인 「의문사+ (주어) + 동사」로 써야 한다. 따라서 밑줄 친 부분인 did they find를 they found로 고쳐야 한다.

오답 해설

① 적중포인트 020 주격 보어가 필요한 2형식 자동사

be 동사는 2형식 자동사로 to부정사를 주격 보어로 취할 수 있다. 따라서 밑줄 친 부분은 올바르게 쓰였다.

③ 적중포인트 079 명사절 접속사의 구분과 특징

명사절 접속사 that은 '~것'으로 해석되고 뒤에 완전 구조를 이끈다. 따라서 밑줄 친 부분은 올바르게 쓰였다.

④ 적중포인트 053 암기해야 할 동명사 표현

'~에 관하여'의 뜻으로 쓰일 때는 'with respect to + 명사/동명사'의 형태인 전치사 to를 포함한 동명사 표현으로 쓸 수 있다. 따라서 밑줄 친 부분은 올바르게 쓰였다.

지문 해석

이야기의 발명 과정을 이해하는 좋은 방법은 그것을 직접 관찰하는 것이다. 불행하게도, 사람들이 새로운 이야기를 창조할 때, 우리는 그들이 말하고 있는 이야기의 다양한 조각들을 어떻게 발견했는지를 정확하게 알기 어렵다. 우리는 허공에서 무엇이 발명되었는지, 그리고 이전의 경험이나 다른 이야기들로부터 무엇이 각색되었는지를 쉽게 알 수 없다. 그러나 우리는 진정한 창조물이 이야기와 관련해서는 거의 존재할 수 없다는 것은 합리적으로 가정할 수 있다.

10 정답 ①

정답 해설

① 적중포인트 049 5형식 동사의 수동태 구조

5형식 간주 동사 refer to는 능동태로 쓸 때는 'refer to + 목적어 + as 명사/ as 형용사'의 구조로 쓰고, 수동태로 쓸 때는 'be referred to + as 명사 / as 형용사'의 형태로 쓴다. 따라서 밑줄 친 부분에 들어갈 말로 가장 적절한 것은 ①이다.

지문 해석

정부 운영의 투명성 원칙은 공공의 신뢰와 책임의 초석으로 언급된다.

11 정답 ②

정답 해설

② 적중포인트 086 관계부사의 선행사와 완전 구조

the way와 how는 겹쳐 쓰지 않고 둘 중 하나가 생략되어야 한다. 따라서 밑줄 친 부분인 how는 삭제해야 한다.

오답 해설

① 적중포인트 044 주어 자리에서 반드시 단수 또는 복수 취급하는 특정 표현

동명사구는 단수 동사와 수 일치해야 한다. 따라서 밑줄 친 부분인 단수 동사 is는 올바르게 쓰였다.

③ 적중포인트 093 원급, 비교급, 최상급 강조 부사

강조 부사 even은 형용사 또는 부사의 비교급(more than)을 수식한다. 따라서 밑줄 친 부분은 올바르게 쓰였다.

④ 적중포인트 048 4형식 수여동사의 수동태 구조

4형식 수여동사가 쓰인 수동태(be p.p.) 구조 뒤에는 직접목적어가 남아 있으므로 주의한다. 4형식 수여동사 give의 수동태 구조는 'be given 직접목적어'로 쓴다. 따라서 밑줄 친 부분은 올바르게 쓰였다.

지문 해석

사람들이 비언어적으로 감정을 전달하는 주된 방법은 얼굴이기 때문에, 표정을 읽는 것은 감정지능의 중요한 부분이다. 사람들은 목소리 톤이나 몸의 움직임과 같은 다른 비언어적 신호보다 표정에, 때로는 언어적 의사소통보다 더 많은 관심을 기울이는 경향이 있다. 특히 서로 다른 의사소통 채널에서 서로 다른 신호가 있을 때 표정에 특별한 중요성이 부여된다.

12 정답 ①

정답 해설

① **적중포인트 053** 암기해야 할 동명사 표현

'~에 관하여'의 뜻으로 쓰일 때는 'when it comes to + 명사/동명사'의 형태인 전치사 to를 포함한 동명사 표현으로 쓸 수 있다. 따라서 밑줄 친 부분인 to understand and resolve를 to understanding and resolving으로 고쳐야 한다.

오답 해설

② **적중포인트 019** 주어만 있으면 완전한 1형식 자동사

'~을 다루다, 처리하다'의 뜻으로 쓰일 때는 'deal with'로 1형식 자동사와 짝꿍 전치사를 수반하여 잘 쓰인다. 따라서 밑줄 친 부분은 올바르게 쓰였다.

③ **적중포인트 078** 등위접속사와 병치 구조

상관접속사 'not A but B'의 구조는 'B, not A'의 형태로도 쓸 수 있다. 따라서 밑줄 친 부분은 올바르게 쓰였다.

④ **적중포인트 058** 분사를 활용한 표현 및 구문

조건 접속사 unless는 분사구문과 함께 쓰일 수 있다. 타동사가 목적어를 취하고 있지 않으면 과거분사로 써야 한다. 따라서 밑줄 친 부분은 올바르게 쓰였다.

지문 해석

인간 본성의 복잡성을 이해하고 해결하는 데 있어서 전통적인 논리학과 형이상학은 부족하다. 이러한 접근법들은 단지 통일성과 절대적 진리를 나타내는 실체들을 다룰 수 있을 뿐이다. 그러나 인간에게는 이러한 통일성이 없다. 철학자들은 발명된 버전이 아니라 실제 인간을 묘사해야 한다. 인간 본성에 대한 정의는 실제 인간의 경험에 근거하지 않는 한 단순한 추측에 불과하다.

문법 실력 강화 연습문제 정답 및 해설

🔍 관련교재 – 단판승 문법 적중포인트 100

Answer

01 ②	02 ③	03 ④	04 ①	05 ③
06 ③	07 ①	08 ③	09 ②	10 ③
11 ③	12 ③			

01 정답 ②

정답 해설

② 적중포인트 044 주어 자리에서 반드시 단수 또는 복수 취급하는 특정 표현

'the 형용사'가 '~한 사람들'로 해석될 경우에는 단수 동사가 아닌 복수 동사와 수 일치해야 한다. 따라서 밑줄 친 부분에 들어갈 말로 가장 적절한 것은 ②이다.

지문 해석

실업자들은 정부에서 제공하는 다양한 직업 훈련 프로그램에 의해 지원받고 있다.

02 정답 ③

정답 해설

③ 적중포인트 036 진행형 불가 동사

know는 인식 동사로 진행형(be ~ing)으로는 쓸 수 없다. 따라서 밑줄 친 부분인 were knowing을 knew로 고쳐야 한다.

오답 해설

① 적중포인트 055 감정 분사와 분사형 형용사

문장에서 명사(question)를 수식하는 것으로 '도전적인, 어려운'의 뜻인 challenging은 분사형 형용사로 쓰였다. 따라서 밑줄 친 부분은 올바르게 쓰였다.

② 적중포인트 045 능동태와 수동태의 차이

주어가 어떤 일을 당한다는 의미를 나타내고 타동사 뒤에 목적어가 없으므로 수동태로 써야 한다. 라서 밑줄 친 부분은 올바르게 쓰였다.

④ 적중포인트 033 과거 시간을 나타내는 부사와 과거시제

과거 시간 부사절인 'when + 주어 + 과거시제 동사'가 쓰이면 주절에도 과거 관련 시제로 써야 한다. 따라서 밑줄 친 부분은 올바르게 쓰였다.

지문 해석

기말 시험 중에, 선생님은 많은 학생들을 놀라게 하는 어려운 질문을 했다. 하지만 Sarah와 그녀의 친구들은 준비가 되어 있었다. 그들은 전날 밤 함께 공부했고, 그 질문에 대한 답을 알고 있었다. 사라는 시험지를 쓰면서 자신감이 넘치는 것을 느꼈다. 결과가 발표되었을 때, 그들의 노력은 결실을 맺었고, 그들은 함께 성공을 축하했다.

03 정답 ④

정답 해설

④ 적중포인트 055 감정 분사와 분사형 형용사

명사를 꾸며주는 것으로 분사형 형용사를 써야 한다. 분사형 형용사 existing은 '기존의, 현존하는, 현행의'의 뜻으로 쓰인다. 따라서 밑줄 친 부분인 existed를 existing으로 고쳐야 한다.

오답 해설

① 적중포인트 016 수량 형용사와 명사의 수 일치

수량 형용사 several은 뒤에 복수 가산 명사(tasks)가 와야 한다. 따라서 밑줄 친 부분은 올바르게 쓰였다.

② 적중포인트 078 등위접속사와 병치 구조

등위접속사(and) 기준으로 문장의 현재분사(taking)에 맞춰 병치 구조로 써야 한다. 따라서 밑줄 친 부분은 올바르게 쓰였다.

③ 적중포인트 012 지시대명사 this와 that

가까이 있는 명사를 지칭할 때 단수일 때는 this로, 복수일 때는 these로 쓸 수 있다. 따라서 밑줄 친 부분은 올바르게 쓰였다.

지문 해석

경영진 팀은 주간 회의 중 현재 운영 프로세스를 검토했다. 그들은 여러 작업이 예상보다 더 오래 걸리고 지연을 초래하고 있다는 것을 알았다. 다양한 선택을 논의한 후, 그들은 생산성을 향상시키기 위해 변경이 필요하다고 결론지었다. 이러한 논의를 바탕으로, 그들은 효율성을 높이기 위해 기존 계획에 대한 수정을 제안했다.

04 정답 ①

정답 해설

① 적중포인트 038 시제 관련 표현

'~이 되어 (비로소) …하다'의 뜻으로 쓰일 때는 'Not until 명사 + 조동사 + 주어 또는 Not until 주어 + 동사 + 조동사 + 주어'의 도치 구문으로 쓸 수 있고, 'It be + not until 명사 + that 주어 + 동사 또는 It be + not until 주어 + 동사 that 주어 + 동사'의 강조 구문으로 쓸 수 있다. 따라서 밑줄 친 부부에 들어갈 말로 가장 적절한 것은 ①이다.

지문 해석

그녀가 발표를 마치고 나서야 청중은 이 프로젝트를 완전히 이해했다.

05 정답 ③

정답 해설

③ 적중포인트 064 to부정사의 관용 구문

'~하는 것을 규칙으로 하다'의 뜻으로 쓰일 때는 'make it a rule

to부정사'의 형태로 써야 한다. 이때 it을 생략해서는 안 된다. 따라서 밑줄 친 부분인 make를 it 추가한 make it으로 고쳐야 한다.

오답 해설

① **적중포인트 091** 비교급 비교 구문
비교급 비교 구문(more ~ than) 앞의 문장 구조가 보어가 없는 불완전한 구조면 형용사로 쓴다. 따라서 밑줄 친 부분은 올바르게 쓰였다.

② **적중포인트 060** to부정사의 명사적 역할
begin은 목적어로 to부정사 또는 동명사 모두 취할 수 있다. 따라서 밑줄 친 부분은 올바르게 쓰였다.

④ **적중포인트 051** 동명사의 명사 역할
동명사 주어는 복수 동사가 아닌 단수 동사와 수 일치 한다. 따라서 밑줄 친 부분은 올바르게 쓰였다.

지문 해석

오늘날의 세계에서 환경 인식은 그 어느 때보다 중요하다. 많은 사람들이 자신의 행동이 지구에 미치는 영향을 인식하기 시작하고 있다. 우리는 환경을 돕기 위해 가능한 한 재활용하는 것을 규칙으로 삼아야 한다. 쓰레기 분리 및 재사용 가능한 봉투 활용과 같은 간단한 실천에 참여하면 환경에 상당한 변화를 가져올 수 있다.

06 정답 ③

정답 해설

③ **적중포인트 045** 능동태와 수동태의 차이
타동사 뒤에 목적어가 없으면 have[has] p.p.가 아닌 have[has] been p.p.로 써야 한다. 따라서 밑줄 친 부분인 has celebrated를 has been celebrated로 고쳐야 한다.

오답 해설

① **적중포인트 053** 암기해야 할 동명사 표현
'~에 전념하다'의 뜻으로 쓰일 때는 전치사 to를 포함한 'be dedicated to + 명사/동명사'의 형태로 쓸 수 있다. 따라서 밑줄 친 부분은 올바르게 쓰였다.

② **적중포인트 014** 형용사와 부사의 차이
문장에서 동사(contributed)를 수식하는 것은 부사로 써야 한다. 따라서 밑줄 친 부분은 올바르게 쓰였다.

④ **적중포인트 099** 최상급 구문
최상급을 이용한 구문으로 '가장 ~한 것 중 하나'의 뜻으로 쓸 때는 'one of the 최상급 복수명사'로 써야 한다. 따라서 밑줄 친 부분은 올바르게 쓰였다.

지문 해석

Emily Carter 박사는 환경 과학 분야에서 혁신적인 연구에 자신의 삶을 바쳤다. 여러 해 동안 그녀의 혁신적인 연구는 기후 변화에 대한 이해에 크게 기여했다. 그녀의 뛰어난 작업 덕분에 그녀는 자신의 분야에서 최고의 과학자 중 한 명으로 기념되고 있다. Carter 박사는

연구 외에도 지속 가능한 관행에 대해 지역 사회를 교육하는 대중 홍보 프로그램에 적극 참여한다.

07 정답 ①

정답 해설

① **적중포인트 077** 기타 가정법
'It's time 가정법'으로 'It is high time (that) + 주어 + 과거 동사 또는 It is high time (that) + 주어 + should 동사원형'의 형태로 쓸 수 있다. ①, ③ 중에서 문맥상 명사(action)를 수식하는 것으로 부사가 아닌 형용사로 써야 한다. 따라서 밑줄 친 부분에 들어갈 말로 가장 적절한 것은 ①이다.

지문 해석

정부가 너무 늦기 전에 기후 위기를 해결하기 위해 중대한 조치를 취해야 할 시간이다(그런데 아직 하지 못했다).

08 정답 ③

정답 해설

③ **적중포인트 026** 5형식 사역동사의 목적격 보어
5형식 사역동사 let은 목적어와 목적격 보어가 수동의 의미를 갖는 경우에는 반드시 목적격 보어를 과거분사가 아닌 'be p.p.'로 써야 한다. 문맥상 목적어(him)가 속상함을 당하는 수동의 의미이므로 따라서 밑줄 친 부분인 upset를 be upset로 고쳐야 한다.

오답 해설

① **적중포인트 082** 관계대명사의 선행사와 문장 구조
사람 선행사를 취하고 주어가 없는 불완전 구조를 취하고 있으므로 관계대명사 who로 써야 한다. 따라서 밑줄 친 부분은 올바르게 쓰였다.

② **적중포인트 088** 전치사와 명사 목적어
after는 시간을 의미하는 전치사로 명사 목적어(her feedback)를 취할 수 있다. 따라서 밑줄 친 부분은 올바르게 쓰였다.

④ **적중포인트 023** 목적어 뒤에 특정 전치사를 수반하는 3형식 타동사
'상기시키다'의 뜻으로 쓰인 remind는 목적어 뒤에 that절을 수반할 수 있다. 따라서 밑줄 친 부분은 올바르게 쓰였다.

지문 해석

일부는 칭찬을 받았지만, 다른 이들은 소화하기 힘든 비판에 직면했다. 자신의 이야기 속에 마음을 쏟은 한 젊은 작가는 피드백 후 특히 낙담한 것처럼 보였다. 나는 그녀의 눈에서 실망감을 읽을 수 있었고, 그녀를 격려하고 싶었다. 나는 선생님이 그가 비판에 속상하지 않도록 해주길 바란다. 그녀가 모든 작가는 도전 과제를 마주한다는 것을 깨닫는 것이 중요하며, 이러한 비판이 자신의 성장에 얼마나 귀중할 수 있는지를 이해해야 한다고 말했다. 나는 그녀에게 각 피드백이 더 나은 작가가 되기 위한 발판이라는 것을 상기시켰다.

09 정답 ②

정답 해설

② **적중포인트 014** 형용사와 부사의 차이

주격 보어 자리에는 부사가 아닌 형용사로 써야 한다. 따라서 밑줄 친 부분인 simply를 simple로 고쳐야 한다.

오답 해설

① **적중포인트 060** to부정사의 명사적 역할

'~하는 경향이 있다'의 뜻인 tend는 to부정사를 목적어로 취하는 3형식 타동사이다. 따라서 밑줄 친 부분은 올바르게 쓰였다.

③ **적중포인트 020** 주격 보어가 필요한 2형식 자동사

감각 동사 look은 2형식 자동사로 주격 보어 자리에 형용사를 쓸 수 있다. '혼란스러워 하는'의 뜻인 confused는 형용사로 쓰였다. 따라서 밑줄 친 부분은 올바르게 쓰였다.

④ **적중포인트 014** 형용사와 부사의 차이

문장에서 동사(engage)를 수식하는 것은 부사로 써야 한다. 따라서 밑줄 친 부분은 올바르게 쓰였다.

지문 해석

교육하는 동안 그 강사는 새로운 소프트웨어와 관련된 여러 복잡한 주제를 최대한 쉽게 설명하려는 경향이 있다. 하지만 그의 설명은 그들이 따라가기에는 충분히 간단하지 않았고, 많은 참가자들이 혼란스러워 보였다. 이를 깨달은 그는 속도를 줄이고 개념을 더 작고 관리 가능한 부분으로 나누기로 결정했다. 몇 가지 조정을 한 후, 그는 청중을 효과적으로 참여시킬 수 있었다.

10 정답 ③

정답 해설

③ **적중포인트 049** 5형식 동사의 수동태 구조

사역동사 make의 수동태로 쓸 때는 'be made to부정사/과거분사'의 구조로 써야 한다. 'be made 동사원형'의 형태로는 쓸 수 없다. 따라서 밑줄 친 부분에 들어갈 말로 가장 적절한 것은 ③이다.

지문 해석

그녀는 회의 중에 전체 팀 앞에서 그녀의 실수에 대해 사과해야 했다.

11 정답 ③

정답 해설

③ **적중포인트 069** 다양한 도치 구문

so와 neither를 포함한 도치 구문으로 so는 긍정문과 호응하고, neither는 부정문과 호응한다. 따라서 밑줄 친 부분인 and so를 and neither로 고쳐야 한다.

오답 해설

① **적중포인트 019** 주어만 있으면 완전한 1형식 자동사

'일하다'의 뜻인 work는 1형식 자동사로 동사를 수식하는 것은 부사로 써야 한다. 따라서 밑줄 친 부분은 올바르게 쓰였다.

② **적중포인트 080** 부사절 접속사의 구분과 특징

although는 접속사로 동사를 포함한 절을 이끈다. 따라서 밑줄 친 부분은 올바르게 쓰였다.

④ **적중포인트 032** 의미와 구조에 주의해야 할 타동사

help는 5형식 동사로 쓰여 목적격 보어 자리에 to부정사 또는 원형부정사 모두 쓸 수 있다. 따라서 밑줄 친 부분은 올바르게 쓰였다.

지문 해석

마감일 전 마지막 주에 많은 학생들은 과제에 열심히 일하면서 압박 감을 느꼈다. 그들의 노력에도 불구하고 그들은 프로젝트를 끝내지 않았고, 그들의 급우들도 마찬가지이다. 그 그룹은 제때에 과제를 완수하기 위해 늦은 밤 스터디 세션을 열기로 결정했다. 그들은 협력하는 것이 동기부여를 유지하고 아이디어를 공유하는 데 도움이 될 것이라는 것을 알고 있었다.

12 정답 ③

정답 해설

③ **적중포인트 092** 비교 대상 일치

비교 구문 '비교급 than' 뒤에 비교 대상이 사물과 사물일 때 인칭 대명사의 주격이나 목적격이 아닌 소유대명사를 써야 한다. 따라서 밑줄 친 부분인 me를 mine으로 고쳐야 한다.

오답 해설

① **적중포인트 060** to부정사의 명사적 역할

decide는 to부정사를 목적어로 취하는 3형식 타동사이다. 따라서 밑줄 친 부분은 올바르게 쓰였다.

② **적중포인트 082** 관계대명사의 선행사와 문장 구조

소유격 관계대명사 whose는 완전한 절을 이끈다. 따라서 밑줄 친 부분은 올바르게 쓰였다.

④ **적중포인트 043** 혼동하기 쉬운 주어와 동사 수 일치

statistics는 의미에 따라 동사와 수 일치해야 한다. '통계자료, 통계'를 의미할 때는 복수 동사로, '통계학'을 의미할 때는 단수 동사로 수 일치 한다. 문맥상 '통계'의 의미가 자연스러우므로 복수 동사 show로 써야 한다. 따라서 밑줄 친 부분은 올바르게 쓰였다.

지문 해석

지난 주말, 친구들과 나는 누가 가장 빠른 차를 가지고 있는지 알아보기 위해 친선 경주를 하기로 했다. 지역 경주장에서 모인 후, 우리는 모두 흥분감을 느꼈다. 그의 차는 내 차보다 더 빠르기 때문에, 나는 따라잡기 위해 최선을 다해야 한다는 것을 알고 있었다. 통계에 따르면 그의 차는 처음 시동을 걸었을 때 두 배나 빠르다고 한다.

Part 02

문법 실력 강화 OX문제 정답 및 해설

01 ✗ 문맥상 보증이 만료된 것이 먼저 일어난 일로, 과거보다 더 과거에 발생한 일은 과거완료(had p.p.)로 써야 하고, expire는 자동사로 수동태가 될 수 없으므로 능동 형태로 쓴다. 따라서 주어진 문장에서 is expired를 had expired 로 고쳐야 한다.

> **해석** 보증이 만료되어서 수리는 무료가 아니었다.

02 ○ 문장이 복문일 때, 주절을 기준으로 부가의문문을 만든다. 하지만 'I think[suppose/believe/guess]' 등의 구조로 시작하는 복문일 때는 종속절의 주어와 동사를 기준으로 부가의문문을 만든다. 따라서 부가의문문 are they가 올바르게 쓰였다.

> **해석** 나는 그들이 학생이 아니라고 생각해, 그렇지?

03 ○ 간접의문문은 '조동사 + 주어'의 도치 구조가 아닌 '의문사 + (주어) + 동사'의 평서문 어순으로 써야 한다. 따라서 간접의문문 구조인 '의문사(when) + 주어(that tragic incident) + 동사(occurred)'가 올바르게 쓰였다.

> **해석** 그 비극적인 사건이 언제 일어났는지 아무도 모른다.

04 ○ 5형식 동사 keep의 목적격 보어로는 현재분사, 과거분사 또는 형용사를 쓸 수 있다. 따라서 목적격 보어로 형용사 open은 올바르게 쓰였다.

> **해석** 나는 너무 졸려서 눈을 뜰 수가 없었다.

05 ○ lie는 1형식 자동사로 쓰이고 자동사는 부사와 잘 쓰인다. 따라서 lie down은 '(자거나 쉬려고) 눕다[누워 있다]'라는 의미로 올바르게 쓰였다.

> **해석** 그들은 매일 오후에 잠깐 누워 낮잠 자는 것을 좋아한다.

06 ○ 1형식 자동사는 특정 전치사와 잘 쓰인다. 따라서 자동사 engage가 전치사 in과 함께 쓰인 engage in은 '~에 종사 하다, 참여하다'라는 의미로 올바르게 쓰였다.

> **해석** 그 학교의 모든 학생은 봉사활동에 참여한다.

07 ✗ 간접의문문은 '의문사 + 조동사 + 주어'의 도치 구조가 아닌 '의문사 + (주어) + 동사'의 평서문 어순으로 써야 한다. 따라서 간접의문문의 어순에 맞게 why are you helping을 why you are helping으로 고쳐야 한다.

> **해석** 나는 저 아이를 왜 당신이 돕고 있는 것인지 이해가 안 된다.

08 ○ 'refer to A as B'는 'A를 B로 언급[말]하다'의 뜻으로 쓰이고 타동사 뒤에 목적어가 없을 때는 수동태 구조로 써야 한다. 따라서 주어진 문장에서 was referred to as the master는 올바르게 쓰였다.

> **해석** 어떤 가정에서는, 그 남자를 주인이라고 언급하기도 했다.

09 ○ 5형식 사역동사의 목적어와 목적격 보어의 의미관계가 능동일 때는 목적격 보어로 원형부정사를 쓴다. 따라서 사역 동사 let의 목적어 me와 목적격 보어 know의 관계가 능동의 의미로 원형부정사 know는 올바르게 쓰였다.

> **해석** 너는 내게 회사에 늦을 거라고 알렸어야 했다.

10 O belong은 자동사이고 '~에 속하다'의 뜻으로 쓰일 경우는 전치사 to와 함께 쓰인다. 따라서 belong to the man은 올바르게 쓰였다.

해석 그 차는 옆집 사람의 것입니까?

11 O 현재시제 동사는 주어와의 수 일치에 주의한다. the old saying은 단수 주어이고 수 일치하여 단수 동사 goes는 올바르게 쓰였다.

해석 속담에 따르면, 당신은 당신이 먹는 것이 된다.

12 X know가 '~로서 알려져 있다'라는 뜻으로 쓰일 때는 'be known as'의 수동태 형태로 써야 한다. 따라서 has known을 has been known으로 고쳐야 한다.

해석 그 도시는 수십 년 동안 제조업의 중심지로 대체로 알려져 왔다.

13 O remind는 통고·확신 동사로 'remind + 목적어(대상) + that절'의 구조로 쓸 수 있다. 따라서 remind와 뒤에 대상인 Henry는 올바르게 쓰였다.

해석 그들은 Henry에게 그곳에 일찍 도착해야 한다고 상기시켰다.

14 O 조건 부사절에서는 미래의 내용을 현재시제가 대신한다. 따라서 부사절 접속사 unless 다음에 미래시제 대신 현재 동사 leaves는 올바르게 쓰였다.

해석 우리는 기차가 5분 안에 떠나지 않으면 회의에 도착하지 못할 것이다.

15 O sound는 2형식 감각동사로 '형용사 또는 like 명사'를 주격 보어로 취한다. 따라서 like your father는 올바르게 쓰였다.

해석 네가 그 말을 할 때 보니 꼭 네 아버지 같았다.

16 X charge는 '비난하다, 고발하다'의 뜻을 가진 타동사로 목적어 뒤에 특정 전치사 with를 수반한다. 따라서 전치사 of를 with로 고쳐야 한다.

해석 위원회는 그 지도자에게 그의 직책에서의 부주의를 비난했다.

17 X 문장의 주어로 행동하는 주체가 아닌 행동을 당하는 대상이 쓰이고 타동사 뒤에 목적어가 없을 때는 문장을 수동태 구조로 쓴다. 주어진 문장에서 주어인 The problems는 행동을 당하는 대상이고 타동사 solve 뒤에 목적어가 없으므로 solve를 be solved로 고쳐야 한다.

해석 그 문제는 그 구성원들의 합의에 바탕을 두고 해결되어야 한다.

18 O '시간 ago'라는 명백한 과거를 나타내는 과거 시간 부사가 나오면 반드시 과거 동사를 확인한다. 따라서 과거시제 동사 went는 올바르게 쓰였다.

해석 그는 며칠 전에 친구를 배웅하기 위해 역으로 갔다.

19 O 문장의 주어로 행동하는 주체가 아닌 행동을 당하는 대상이 쓰이고 타동사 뒤에 목적어가 없을 때는 문장을 수동태 구조로 쓴다. 주어진 문장에서 주어인 game은 행동을 당하는 대상이고 타동사 watch 뒤에 목적어가 없으므로 was watched는 올바르게 쓰였다.

해석┃ 경기는 경기장 밖에서 거대한 화면으로 시청되었다.

20 O '~이 되어 비로소 …하다'라는 시제 관련 표현은 '주어 + not 동사 ~ + until 명사[주어 + 동사]'로 쓴다. 따라서 주어진 문장에서 not과 호응하는 until she called me는 올바르게 쓰였다.

해석┃ 그녀가 나한테 전화했을 때 비로소 나는 그녀가 사무실에 없다는 것을 알았다.

21 O 완료시제와 잘 쓰이는 시간 부사는 완료시제 동사를 확인한다. 'since + 주어 + 과거시제 동사~'는 완료시제와 잘 쓰인다. 따라서 주어진 문장에서 have worked는 올바르게 쓰였다.

해석┃ 그들은 대학을 졸업한 이후로 함께 일해 왔다.

22 O '~하자마자 ~했다'의 뜻을 가진 구문으로 'Hardly[Scarcely] + had 주어 p.p. + when[before] 주어 + 과거시제 동사'의 도치 구문 표현이 있다. 따라서 scarcely는 올바르게 쓰였다.

해석┃ 우리가 그곳에 도착하자마자 눈이 내리기 시작했다.

23 X 대표 5형식 동사들은 목적어와 목적격 보어의 관계가 능동일 때는 to부정사를 쓴다. 따라서 5형식 동사인 ask는 목적격 보어로 to부정사를 취하므로 donate를 to donate로 고쳐야 한다.

해석┃ 그는 학생들에게 낯선 사람들에게 전화를 걸어 그들에게 돈을 기부해달라고 요청하게 했다.

24 O 대표 5형식 동사들은 목적어와 목적격 보어의 관계가 능동일 때는 to부정사를 쓰고 수동일 때는 과거분사를 쓴다. 따라서 5형식 동사인 get의 목적어인 면허증은 빼앗기는 수동의 의미이므로 목적격 보어 자리에는 과거분사형인 taken away가 올바르게 쓰였다.

해석┃ Tim은 너무 빨리 운전해서 면허증을 빼앗겼다.

25 X 금지·방해 동사(keep, stop, prevent, prohibit, inhibit, deter, dissuade, discourage)는 목적어 뒤에 from -ing의 구조를 써야 한다. 따라서 to accomplish를 from accomplishing으로 고쳐야 한다.

해석┃ 그 어떤 것도 내가 목표를 달성하는 것을 막지 못할 것이다.

26 X 3형식 타동사구의 수동태 구조에서는 전치사가 있는지 반드시 확인한다. 따라서 '~에 치이다'라는 의미로 쓰일 때는 be run over로 써야 하므로 was run을 was run over로 고쳐야 한다.

해석┃ 그는 트럭에 치여 즉사했다.

27 X 1형식 자동사는 명사 목적어를 취할 수 없으므로 명사 목적어가 없는지 확인한다. 따라서 its eggs라는 목적어를 취하기 위해서는 1형식 자동사가 아닌 3형식 타동사가 필요하므로 lies를 lays로 고쳐야 한다.

해석┃ 뻐꾸기는 다른 새들의 둥지에 알을 낳는다.

28 O look은 2형식 감각동사로 '형용사 또는 like 명사'를 주격 보어로 취한다. 따라서 밑줄 친 부분의 형용사 the same은 올바르게 쓰였다.

> 해석 상어는 수억 년 동안 어느 정도 똑같아 보였다.

29 X 시간이나 조건 부사절에서는 미래의 내용을 현재시제로 나타내지만, 시간이나 조건 부사절이 아닌 경우에는 미래의 내용은 미래시제로 쓴다. 따라서 if가 조건 부사절을 이끄는 것이 아닌 명사절을 이끌 때는 미래면 미래시제로 써야 하므로 finishes를 will finish로 고쳐야 한다.

> 해석 그녀가 내일까지 일을 끝낼 수 있을지 궁금하다.

30 X 주어 자리에 both A and B를 제외한 상관 접속사는 B에 수 일치해야 하므로 상관 접속사 'Not only A but also B'의 경우에 B에 수 일치한다. 따라서 Many places와 수 일치하려면 has를 have로 고쳐야 한다.

> 해석 서울뿐만 아니라 많은 곳들은 고유의 유적지가 있다.

31 O 명사구와 명사절은 단수 동사와 수 일치를 확인한다. 따라서 명사절인 'What matters in the majority of organization'은 단수 취급하므로 단수 동사 is는 올바르게 쓰였다.

> 해석 대다수의 기관에서 중요한 것은 유능한 관리자들을 두는 것이다.

32 X 5형식 동사 find의 목적격 보어로는 현재분사, 과거분사 또는 형용사를 쓸 수 있다. 목적어와 목적격 보어의 관계가 능동일 때는 목적격 보어로 현재분사를 쓰고, 수동일 때는 과거분사를 쓴다. 따라서 his car가 주차되는 수동의 관계를 나타내기 위해서는 parking을 parked로 고쳐야 한다.

> 해석 경찰은 그의 차가 호수 중간쯤에 주차되어 있는 것을 발견했다.

33 X 1형식 자동사는 특정 전치사를 수반하여 잘 쓰이므로 전치사에 주의한다. '~없이 지내다'라는 표현은 dispense with로 쓴다. 따라서 dispense without을 dispense with로 고쳐야 한다.

> 해석 요즘 은행에 있는 대부분의 창구 직원들은 컴퓨터 없이 지낼 수 없다.

34 X 문장의 주어로 행동하는 주체가 아닌 행동을 당하는 대상이 쓰이고 타동사 뒤에 목적어가 없을 때는 문장을 수동태 구조로 쓴다. 따라서 inform은 타동사로 'inform A that절'로 쓰고 목적어가 없는 경우 수동태 구조로 써야 하므로 have informed를 have been informed로 고쳐야 한다.

> 해석 나는 그들이 회의에 참석할 것이라고 연락받았다.

35 O 문장의 주어로 행동하는 주체가 아닌 행동을 당하는 대상이 쓰이고 타동사 뒤에 목적어가 없을 때는 문장을 수동태 구조로 쓴다. 따라서 promote는 '승진시키다'라는 의미의 타동사이므로 목적어가 없는 경우 수동태 구조로 쓰는 것이 옳은 표현이므로 be promoted는 올바르게 쓰였다.

> 해석 소문에 의하면 그는 조만간 승진될 것이라고 한다.

36 X 명사구와 명사절은 단수 동사와 수 일치를 확인한다. 따라서 명사절인 'Whether or not we are likely to get various diseases'는 단수 취급하므로 복수 동사 depend를 단수 동사 depends로 고쳐야 한다.

> 해석 우리가 다양한 질병에 걸릴 가능성이 있는지 없는지는 면역체계에 달려있다.

37 O 동명사가 주어, 목적어, 보어 자리에 나오면 각각 출제 포인트를 확인한다. 동명사 주어는 단수 동사와 수 일치한다. 따라서 동명사 주어인 'Being ~'에 따라서 단수 동사 is는 올바르게 쓰였다.

해석 다른 사람에게 예의를 차리는 것은 중요하지만 종종 무시된다.

38 O 동명사가 주어, 목적어, 보어 자리에 나오면 각각 출제 포인트를 확인한다. 동명사는 2형식 동사의 주격 보어 역할을 할 수 있다. 따라서 2형식 동사 is 뒤에 주격 보어로 traveling to many countries는 올바르게 쓰였다.

해석 내가 내 직업에서 가장 좋아하는 점은 여러 나라를 여행하는 것이다.

39 X 분사구문의 주어는 '날씨'이고, 주절의 주어는 'I' 이기 때문에 분사구문의 주어와 주절의 주어가 다를 때는 분사구문 앞에 따로 써야 한다. 따라서 날씨를 의미하는 it을 삽입해야 하므로 Being cold outside를 It being cold outside로 고쳐야 한다.

해석 바깥 날씨가 추웠기 때문에 나는 차를 마시려 물을 끓였다.

40 O 동명사가 주어, 목적어, 보어 자리에 나오면 각각 출제 포인트를 확인한다. 동명사를 취하는 특정 타동사가 나온다면 동명사 목적어를 쓴다. 따라서, 동명사를 목적어로 취하는 동사 consider 뒤에 동명사 목적어인 joining the board of directors는 올바르게 쓰였다.

해석 일 년간 이사회에 가입하는 게 어떠시겠어요?

41 X 완전한 문장 다음에 부사 역할을 하는 현재분사 또는 과거분사가 나오면 어떤 분사가 적절한지 분사 판별법을 통해 확인해야 한다. 과거분사는 수동의 의미를 지니며 타동사 뒤에 목적어가 없을 때 쓰이고, 현재분사는 능동의 의미를 지니고 타동사 뒤에 목적어가 있거나 자동사일 때 쓰인다. 따라서 부사 자리에서 명사 목적어인 their own validity를 목적어로 취하기 위해서는 동사 assert를 현재분사 asserting으로 고쳐야 한다.

해석 이것은 흑인들이 그들 자신들의 자기혐오감을 없애주며, 이에 따라 자신의 정당성을 주장하는 데 도움이 된다.

42 O 동명사가 주어, 목적어, 보어 자리에 나오면 각각 출제 포인트를 확인한다. 전치사 뒤에는 명사 또는 동명사 목적어를 취한다. 따라서, 전치사 about의 목적어로 동명사 going은 올바르게 쓰였다.

해석 이탈리아 음식점에 점심 먹으러 가는 거 어때?

43 O 주격 보어 자리에 to부정사는 주어와 동격 의미일 때 쓸 수 있다. 따라서 주어진 문장은 올바르게 쓰였다.

해석 감사를 표현하는 것은 우리 삶에 가져다주는 풍요로움을 인정하는 것이다.

44 O '모든 것을 고려해볼 때'라는 의미를 가진 구문으로 'taking all things into consideration'라는 분사 관용 구문 표현이 있다. 따라서 밑줄 친 부분은 올바르게 쓰였다.

해석 모든 것을 고려해 볼 때, 그 행사는 큰 성공이었다.

45 O 부사 역할을 하는 현재분사 구문 또는 과거분사 구문이 나오면 어떤 분사가 적절한지 분사 판별법을 통해 확인해야 한다. 현재분사는 능동의 의미를 지니고 타동사 뒤에 목적어가 있거나 자동사일 때 과거분사는 수동의 의미를 지니며 타동사 뒤에 목적어가 없을 때 쓰인다. 따라서, '당신이 산 정상에 오르면'이라는 능동의 의미를 전달하기 위해 현재분사 구문인 Climbing to the top of the mountain은 올바르게 쓰였다.

해석 산 정상에 오르면 당신은 항구를 볼 수있다.

46 ○ to부정사를 활용한 구문은 영작으로 자주 출제되므로 의미와 특징을 확인해야 한다. 따라서, 'know better than to 부정사'는 '~할 사람이 아니다, ~할 정도로 어리석지 않다'라는 의미로 쓰이므로 주어진 문장은 올바르게 쓰였다.
　해석 그는 외모로 사람을 판단할 정도로 어리석지는 않다.

47 ○ 동명사가 주어, 목적어, 보어 자리에 나오면 각각 출제 포인트를 확인한다. 특정 타동사 뒤에는 동명사 목적어를 취한다. 따라서 give up, abandon은 '포기하다'라는 3형식 타동사로 동명사를 목적어로 취할 수 있으므로 trying은 올바르게 쓰였다.
　해석 나는 그녀에게 잘 보이려고 노력하는 것을 포기해야 한다고 생각한다.

48 ✗ '~하는 게 어때'의 뜻을 가진 구문으로는 'what do you say to 명사/동명사'의 관용 표현이 있다. 따라서 주어진 문장에서 what do you say visiting을 전치사 to를 추가한 what do you say to visiting으로 고쳐야 한다.
　해석 이번 주말에 박물관을 방문하는 게 어때?

49 ○ 동명사는 동사적 성질을 지니고 있기 때문에 능동형과 수동형을 지닌다. 따라서 주어진 문장에서 like 뒤에 쓰인 동명사는 5형식 동사 call 뒤에 목적어 없이 목적격 보어만 남아 있으므로 수동형 동명사인 being called 형태가 올바르게 쓰였다.
　해석 나는 그런 별명으로 불리는 것을 싫어한다.

50 ○ 분사구문은 문두, 문중, 문미에 쓰일 수 있고 문장에서 어느 자리에 쓰이든지 간에 현재분사가 적절한지 과거분사가 적절한지 확인해야 한다. 따라서 문중에 쓰인 분사구문인 read carelessly와 분사의 의미상 주어의 관계가 수동의 의미 관계를 지니므로 과거분사인 read는 올바르게 쓰였다.
　해석 어떤 책들은 부주의하게 읽히면 유익하기보다 더 유해하다.

51 ✗ to부정사는 동사적 성질을 가지고 있으므로 시제를 나타낼 수 있다. to부정사가 발생한 시점이 본동사의 시제와 같거나 그 이후의 시제일 때 단순형 to부정사를 쓰고 본동사의 시제보다 앞선 시제를 나타낼 때는 완료형 to부정사를 쓴다. 따라서 주어진 문장의 시제는 현재이고 last year를 미루어 볼 때 to부정사가 발생한 시제는 과거이므로 단순형 to부정사인 to try를 to have tried로 고쳐야 한다.
　해석 나는 작년에 많은 종류의 스포츠를 시도해서 매우 만족스럽다.

52 ○ to부정사는 be동사의 주격 보어 역할을 할 수 있고 이때 예정, 의무, 가능, 운명, 의도를 나타낼 수 있다. 주어진 문장에서 if절에 쓰인 be to부정사는 의도를 나타내므로 are to catch는 올바르게 쓰였다.
　해석 기차를 잡으려면, 우리는 지금 떠나야 한다.

53 ○ 간접의문문은 '의문사 + 조동사 + 주어'의 도치 구조가 아닌 '의문사 + (주어) + 동사'의 평서문 어순으로 써야 한다. 따라서 주어진 문장에서 간접의문문 구조인 '의문사(who) + 동사(will be available to join)'는 올바르게 쓰였다.
　해석 이번 회의에 참석 가능한 분들은 알려주시길 바랍니다.

54 ✗ 명사를 수식할 때는 형용사를 쓰고 그 외의 것들을 수식할 때는 부사를 쓴다. 따라서 주어진 문장에서 동사 dealt with를 수식하기 위해서는 형용사 effective를 부사 effectively로 고쳐야 한다.
　해석 당신은 이 상황에 매우 효과적으로 대처했다.

55 O 문장이 중문(and, but으로 연결된 문장)일 때는 등위 접속사 뒤의 절을 기준으로 부가의문문을 만든다. 따라서 주어진 문장에서 'Jane is a teacher'를 기준으로 만든 부가의문문 isn't she는 올바르게 쓰였다.
해석 Henry는 판매원이고 Jane은 선생님이지, 그렇지 않니?

56 O 시간, 조건 부사절에서는 의미상 미래일지라도 현재시제가 미래를 대신한다. 따라서 주어진 문장에서 조건 부사절 접속사 In case가 이끄는 절에서 현재시제 동사 rains가 올바르게 쓰였다.
해석 내일 비가 오면, 경기가 취소될 것이다.

57 O 분사의 의미상의 주어가 문장의 주어와 일치하지 않을 때는 분사 앞에 분사의 의미상의 주어를 쓴다. 특히 날씨를 의미할 때는 분사구문의 의미상 주어로 비인칭 주어 it을 쓴다. 따라서 It being warm enough는 올바르게 쓰였다.
해석 날씨가 따뜻했기 때문에, 우리는 하이킹을 가기로 결정했다.

58 O 문장의 본동사의 행위 시점보다 동명사의 행위가 더 앞선 경우에는 완료형 동명사인 having p.p.를 써서 시제 차이를 나타낸다. 따라서 having done her homework는 올바르게 쓰였다.
해석 그녀는 자신의 숙제를 하지 않아서 비난받았다.

59 O nearly 50 people을 목적어로 취할 수 있는 능동의 현재분사 killing은 올바르게 쓰였다.
해석 두 대의 버스가 충돌해서, 거의 50명의 사망자가 발생했다.

60 X 지각동사 see는 목적어와 목적격 보어의 관계가 능동일 경우에는 목적격 보어 자리에 to부정사가 아닌 원형부정사 또는 현재분사를 써야 한다. 주어진 해석에 의하면 목적어인 '한 가족이 이사한다'는 능동의 의미관계이기 때문에 수동을 의미하는 moved를 move 또는 moving으로 고쳐야 한다.
해석 내가 출근할 때, 한 가족이 위층에 이사 오는 것을 보았다.

61 X 5형식 간주동사 consider은 'as 명사' 또는 'as 형용사'를 목적격 보어로 취한다. 따라서 주어진 문장에서 부사 beneficially를 형용사 beneficial로 고쳐야 한다.
해석 그들은 그 제안이 이롭다고 생각한다.

62 O sell은 1형식 자동사로 쓰일 때 주로 뒤에 부사를 동반하여 '팔리다'라는 수동의 의미가 있다. 따라서 주어진 문장에서 sold well은 '잘 팔렸다'라는 의미로 올바르게 쓰였다.
해석 그 책은 잘 팔려서 여러 차례 재판되었다.

63 O sound는 2형식 동사로 쓰일 때 주격 보어로 형용사를 취하며 '~인 것 같다, ~처럼 들리다'라는 의미로 사용하므로 주어진 문장에서 올바르게 쓰였다.
해석 그녀의 설명은 분명히 그럴듯하게 들렸다.

64 O become은 2형식 동사로 쓰일 때 명사, 형용사와 같은 주격 보어를 취하며 contact는 '~와 접촉시키다, ~와 연락하다'라는 뜻으로 3형식 타동사이고 뒤에 전치사 없이 바로 목적어를 취할 수 있으므로 contacted the police는 올바르게 쓰였다.
해석 그들이 그의 행위에 의혹을 품고 경찰에 연락했다.

65 O have an effect on은 '~에 영향을 미치다'라는 뜻으로 주어진 문장에서 올바르게 쓰였다. have가 '가지다'라는 의미로 쓰이지 않을 때는 진행시제로도 잘 쓰일 수 있으므로 주의한다.

> **해석** 기름 유출이 해양의 산호초에 대단히 파괴적인 영향을 미치고 있다.

66 X 타동사 see 뒤에 목적어가 없으므로 수동태 구조인 be seen으로 고쳐야 한다.

> **해석** 아침이 되어서야 비로소 손상의 규모 자체가 어느 정도인지를 알 수가 있었다.

67 X 주어진 문장에서는 '~한 지 시간이 ~지났다'라는 시제 관용 구문인 'It has been 시간 since 주어 과거 동사' 구조가 쓰였다. 따라서 has happened를 happened로 고쳐야 한다.

> **해석** 이런 일이 일어난 지 10년이 지났다.

68 X run은 2형식 동사로 쓰일 때 형용사 보어를 취할 수 있다. run dry는 '말라버리다, 고갈되다'라는 의미로 쓰인다. 다만, 문장의 주어가 The wells로 복수이므로 has를 have로 고쳐야 한다.

> **해석** 그 지역에 있는 마을들 대부분의 우물들이 말라버렸다.

69 X News는 불가산 명사로 단수 취급하므로 복수 동사인 provide를 단수 동사인 provides로 고쳐야 한다.

> **해석** 뉴스는 사실과 정보를 제공해 준다.

70 X 주어가 직접 동작을 하는 중이면 'be v-ing(능동)'를 쓰고, 주어가 어떤 동작의 대상이 되는 중이면 'be being p.p.(수동)'를 쓴다. 주어진 문장에서 동화가 읽혀지고 있는 중이므로 is reading을 is being read로 고쳐야 한다.

> **해석** 동화 백설 공주가 지금 아이들에게 읽혀지고 있다.

71 O 주어가 스스로 '눕다, ~에 있다'라고 할 때는 'lie – lay – lain'으로 쓰고, '주어가 다른 것을 놓으면(~을 놓다, 눕히다)'라고 할 때는 'lay – laid – laid'로 사용한다. 주어진 문장에서는 '그녀가 누워있었다'라는 의미로 자동사 lie의 과거형인 lay는 올바르게 쓰였다.

> **해석** 그녀는 그의 팔에 안겨 가만히 누워 있었다.

72 X 상대방에게 감정을 불러일으키면 현재분사를, 주어가 그 감정을 느끼면 과거분사를 감정동사에 적용하여 사용한다. 주어진 문장에서 사물인 work는 감정을 느낄 수 있는 주체가 아니므로 사물을 수식할 경우에는 현재분사로 수식해야 한다. 따라서 주어진 문장에서 bored를 boring으로 고쳐야 한다.

> **해석** 그는 지금 가장 지겨운 일을 하고 있는 중이다.

73 O 2형식 동사인 become 뒤에 주격 보어로 형용사 conscious는 올바르게 쓰였다.

> **해석** 그는 부모님의 뜻을 저버렸다는 것을 뼈아프게 자각하게 되었다.

74 O felled는 '(나무를) 베어 넘어뜨리다, (사람을) 쓰러뜨리다'라는 의미의 타동사로 fell의 과거형이다. 따라서 주어진 문장에서 felled는 타동사이므로 목적어 the trees는 올바르게 쓰였다.

> **해석** 벌목꾼들이 정밀하게 나무를 벌채했다.

75 ○ 조건 부사절 접속사 if 다음에는 미래의 내용을 현재시제로 대신하므로 주어진 문장에서 현재 동사 is는 올바르게 쓰였다.

해석 아무리 정교한 기계라도 잘 손질하지 않으면 성능이 떨어진다.

76 ✕ 'There seem(s) to be 명사 주어' 구조에서 seem(s)은 to be 뒤에 나온 명사와 수 일치한다. 따라서 주어진 문장에서 명사 주어는 'an insatiable demand'로 복수 동사 seem을 단수 동사 seems로 고쳐야 한다.

해석 더 강력한 컴퓨터에 대한 만족할 줄 모르는 요구가 있는 것 같다.

77 ○ reach는 3형식 타동사로 뒤에 목적어를 취할 수 있다. 따라서 주어진 문장에서 reach의 목적어로 what절은 올바르게 쓰였다.

해석 나는 마침내 우리가 문명이라고 부르는 것에 도달했다.

78 ○ 5형식 동사의 수동태 구조로 'be expected to부정사'는 올바르게 쓰였다.

해석 초지들도 3년 정도면 변할 것이라고 예상된다.

79 ✕ accompany는 전치사가 필요 없는 대표 3형식 타동사로 전치사 없이 바로 목적어(her fahter)를 취할 수 있다. 따라서 accompany with를 전치사 with를 삭제한 accompany로 고쳐야 한다.

해석 Sarah는 아버지와 함께 프랑스 여행을 가기로 동의했다.

80 ○ effect는 '결과[효과]로서 ~을 가져오다, ~을 초래하다'라는 뜻으로 3형식 타동사로 쓰일 수 있으므로 주어진 문장은 올바르게 쓰였다.

해석 여권운동은 사회에 많은 변화를 가져왔다.

81 ○ 4형식 수여동사인 give는 '간접목적어(주로 사람)와 직접목적어(주로 사물)'의 구조를 취한다. 따라서 주어진 문장에서 give me a chance는 올바르게 쓰였다.

해석 이 프로젝트는 내가 더 많은 돈을 벌 기회를 줄 것이다.

82 ✕ 시간, 조건 부사절에서는 의미상 미래일지라도 현재시제가 미래를 대신한다. 따라서 provided는 조건 부사절 접속사이므로 미래시제 will pay를 현재시제 pay로 고쳐야 한다.

해석 토요일까지 돈을 갚을 수 있다면, 돈을 빌려줄게.

83 ○ taste는 2형식 동사로 쓰일 때 형용사 보어를 취하며 '~한 맛이 나다'라는 의미로 쓰인다. 따라서 주어진 문장에서 tasted a little bit sour는 '약간 신맛이 났었다'라는 의미로 올바르게 쓰였다.

해석 점심을 먹으면서 마셨던 우유가 약간 신맛이 났다.

84 ○ resemble은 '~을 닮다'라는 뜻을 가진 3형식 타동사로 뒤에 전치사 없이 바로 목적어를 취할 수 있다. 따라서 주어진 문장에서 resemble my parents는 올바르게 쓰였다.

해석 외모상 난 부모님을 전혀 닮지 않았다.

85 ○ arise는 1형식 자동사이므로 부사의 수식을 받을 수 있다. 따라서 주어진 문장에서 arise는 '생기다, 발생하다'라는 의미로 올바르게 쓰였다.

해석 의사소통이 부족할 때 문제가 발생할 수 있다.

86 ○ remain은 2형식 동사로 쓰일 때 명사, 형용사 또는 to부정사를 보어로 취할 수 있고 특히 remain to be seen은 '두고 볼 일이다'라는 뜻으로 자주 사용되는 표현으로 주어진 문장에서 올바르게 쓰였다.

해석 이게 얼마나 버틸지는 두고 볼 일이다.

87 ✕ 사역동사 make는 수동태로 쓰일 경우 'be made to부정사/과거분사'로 써야 하고 'be made 동사원형'의 형태로는 쓸 수 없다. 따라서 come을 to come으로 고쳐야 한다.

해석 밀 소비를 촉진해 달라는 제빵사들이 나왔다.

88 ○ make는 5형식 동사로 쓰일 때 목적격 보어 자리에 '명사, 형용사, 원형부정사(동사원형), 과거분사'를 취하며 주어진 문장에서는 목적어와 목적격 보어가 능동의 의미관계가 성립하므로 목적격 보어 자리에 원형부정사(동사원형) look 은 올바르게 쓰였다.

해석 노트를 잊어버려서 바보처럼 보였다.

89 ○ '부분을 나타내는 명사 of 명사' 구조는 of 뒤에 나온 명사에 수 일치한다. 따라서 of 뒤의 students와 수 일치하여 have는 올바르게 쓰였다.

해석 학생들의 절반이 이미 과제를 완료했다.

90 ✕ 'Not until 명사' 또는 'Not until 주어 + 동사'가 문장 첫머리에 위치할 때 '조동사 + 주어'로 도치된다. 따라서 we realized를 did we realize로 고쳐야 한다.

해석 병에 걸리기 전까지는 우리는 건강의 가치를 깨닫지 못한다.

91 ✕ '주장·요구·명령·제안·충고'를 의미하는 타동사 뒤에 'that 주어 + 동사 (should) (not) 동사원형' 구조를 쓴다. 따라서 be not을 not be로 고쳐야 한다.

해석 그는 가게 이름을 공표하지 말 것을 요구했다.

92 ✕ with는 명사 목적어 뒤에 현재분사 또는 과거분사를 써서 부대 상황을 나타낸다. arms는 행위를 받는 처지이므로 현재분사 folding을 과거분사 folded로 고쳐야 한다.

해석 남자는 팔짱을 낀 채 벽에 기대어 서 있었다.

93 ✕ 'Not until 명사' 또는 'Not until 주어 + 동사' 구조가 문장 처음에 위치하면 주절이 조동사와 주어로 도치된다. 따라서 주어진 문장에서 Not until did she apologize the situation began을 Not until she apologized did the situation begin으로 고쳐야 한다.

해석 그녀가 사과하고 나서야 비로소 상황이 개선되기 시작했다.

94 ○ 'cannot too 형용사/부사' 구조는 '아무리 ~해도 지나치지 않다'라는 표현으로 주어진 문장에서 올바르게 쓰였다.

해석 깨지기 쉬운 물건을 다룰 때는 아무리 조심해도 지나치지 않다.

95 ○ 장소나 방향 부사구가 문두에 오면 1형식 자동사와 주어 순서로 도치되므로 주어진 문장은 올바르게 쓰였다.
해석 그녀의 아이들 바로 앞에 그 빌딩이 있었다.

96 ○ 과거 사실을 가정하는 가정법 과거완료의 종속절과 현재 사실을 가정하는 가정법 과거의 주절이 합쳐진 가정법인 혼합 가정법은 과거 사실에 반대되는 일이 현재도 영향을 미치고 있을 때 사용되고 'if 주어 had p.p.~(과거 시간 부사), 주어 would/should/could/might 동사원형 now[today]'의 구조로 표현하므로 주어진 문장은 올바르게 쓰였다. 참고로 still이 있어도 '여전히, 지금까지'라는 현재의 의미를 지니고 있으므로 now나 today 대신 혼합 가정법에서 사용될 수 있다.
해석 만약 과거에 그가 의사의 충고를 들었더라면, 그는 아직도 살아 있을지도 모른다.

97 ○ 'The majority of 명사' 구조는 of 뒤에 명사와 수 일치하므로 주어진 문장에서 복수 명사 accidents와 복수 동사 happen은 올바르게 쓰였다.
해석 사고의 대부분은 가정에서 일어난다.

98 ✕ 1형식 자동사인 fall은 3단 변화 형태가 'fall − fell − fallen'의 구조로 쓰인다. 따라서 has fell을 has fallen으로 고쳐야 한다.
해석 종신형 복역 재소자들의 수가 줄었다.

99 ○ die, live, dream, smile은 일반적으로 1형식으로 쓰이지만 문장의 본동사와 같은 의미의 명사형을 목적어로 취해 3형식을 만들 수 있는 동족목적어를 쓸 수 있는 자동사이다. 따라서 주어진 문장에서는 die 뒤에 동족목적어 a miserable death는 올바르게 쓰였다.
해석 그는 작년에 비참하게 죽었다.

100 ○ 관계부사 when이 앞에 나온 시간 선행사 the day를 올바르게 수식하고 있다. 시간 부사절 접속사 when 뒤에는 미래시제 대신 현재시제를 쓰지만 그 외 명사절이나 형용사절을 이끄는 접속사로 when이 사용될 때 미래의 내용은 미래시제로 쓴다. 따라서 주어진 문장은 올바르게 쓰였다.
해석 나는 마침내 세계일주를 할 그 날을 고대하고 있다.

101 ○ never, hardly, scarcely 등의 부정부사가 강조를 위해 문두(문장 처음)나 절두(절 처음)에 위치하면 조동사와 주어 순서로 도치가 일어난다. 따라서 주어진 문장에서 'Scarcely could he get~'은 올바르게 쓰였다.
해석 그는 그녀에게서 거의 눈을 떼지 못했다.

102 ○ '주장·요구·명령·제안·충고'를 의미하는 타동사 뒤에 'that 주어 + 동사 (should) 동사원형' 구조를 쓴다. 따라서 주어진 문장에서 required that he should be는 올바르게 쓰였다.
해석 그가 참석하는 것이 필요한[요구되는] 상황이었다.

103 ○ 현재 사실의 반대로 가정할 때는 가정법 과거인 'if 주어 과거 동사~, 주어 would/should/could/might 동사원형' 구조로 써야 한다. 따라서 주어진 문장은 올바르게 쓰였다.
해석 내가 만약 그렇게 바쁘지 않다면, 너와 함께 영화 보러 갈 수 있을 텐데.

104 ✕ 부가 의문문은 종속절이 아닌 주절의 주어와 동사를 활용하여 만든다. 따라서 wasn't she를 didn't he로 고쳐야 한다.

해석 Bill은 그녀가 수영을 잘한다고 생각했지, 그렇지 않니?

105 ✕ oppose는 3형식 타동사로 전치사 없이 목적어를 취할 수 있다. 따라서 주어진 문장에서 oppose to cloning을 전치사 to를 삭제한 oppose cloning으로 고쳐야 한다.

해석 많은 사람들은 복제와 줄기세포 연구를 반대한다.

106 ○ 주어와 동사가 수식어에 의해 멀리 떨어져 있고 동사가 현재시제로 쓰여있을 경우 주어와 동사 수 일치에 주의한다. 주어진 문장에서 주어는 The decisions이므로 복수 동사 have는 올바르게 쓰였다.

해석 그들이 내린 결정들이 결과에 큰 영향을 미쳤다.

107 ✕ envy는 전치사 'to 사람' 구조를 취하지 않고 4형식 구조로 잘 쓰이므로 my trip around the world to me을 me my trip around the world로 고쳐야 한다.

해석 그는 내가 세계 일주를 한 것을 부러워했다.

108 ✕ have가 '가지다, 소유하다'라는 의미일 때는 진행시제를 쓰지 않는다. 따라서 주어진 문장에서 was having을 had로 고쳐야 한다.

해석 그녀가 은퇴했을 때 그는 새 차와 보트를 가지고 있었다.

109 ○ 재귀대명사의 관용적 표현으로 beside oneself는 '제정신이 아닌'이라는 의미로 주어진 문장에서 올바르게 쓰였다.

해석 그녀는 그 소식을 들었을 때 제정신이 아니었다.

110 ✕ make 뒤에 오는 목적어가 능동적으로 어떤 동작을 하면 목적격 보어 자리에 동사원형을 사용하고, make 뒤에 오는 목적어가 수동적으로 어떤 동작의 대상이 되면 목적격 보어 자리에 과거분사를 사용한다. 주어진 문장에서는 목적격 보어 자리에 자동사 wait가 나왔고 자동사는 수동의 의미로는 쓰이지 않고 능동의 의미로 쓰이므로 waited를 wait로 고쳐야 한다.

해석 그는 나를 잠시 기다리게 했다.

111 ○ 소유격 관계대명사 whose는 앞에 나온 명사를 수식하고 뒤에 완전한 구조를 취하므로 주어진 문장을 올바르게 쓰였다.

해석 이곳은 창문이 깨진 호텔이다.

112 ○ 4형식 동사가 수동태가 될 경우 간접목적어가 문장의 주어 자리로 가고 뒤에 직접목적어가 그대로 남아 있다. 따라서 주어진 문장은 올바르게 쓰였다.

해석 나의 남편은 시카고에 있는 직장에서 제의를 받았다.

113 ○ 'There appear(s) to be 명사 주어' 구조에서 appear(s)는 to be 뒤에 나온 명사와 수 일치한다. 주어진 문장에서 단수 명사 another outbreak가 나왔으므로 단수 동사 appears는 올바르게 쓰였다.

해석 또 한 번의 조류 질병이 창궐한 것 같다.

114 ○ 'Most of 명사' 구조는 of 뒤에 명사와 수 일치하므로 주어진 문장에서 단수 명사 the play와 단수 동사 is는 올바르게 쓰였다.

해석 그 희곡은 대부분이 운문으로 쓰여 있지만 일부는 산문으로 되어있다.

115 ✕ 'A뿐만 아니라 B도'의 뜻을 가진 구문으로는 'B as well as A = not only A but (also) B'의 표현이 있다. 여기서 동사는 A가 아닌 B에 수 일치해야 한다. 따라서 you와 수 일치하려면 is를 are로 고쳐야 한다.

해석 그 남자뿐만 아니라 너도 그 실패에 책임이 있다.

116 ○ die, live, dream, smile은 일반적으로 1형식 문장을 만들지만, 문장의 본동사와 같은 의미의 명사형을 목적어로 취해 3형식을 만들 수 있는 동족 목적어를 쓸 수 있는 자동사이다. 따라서 주어진 문장에서 smiled a bright smile은 올바르게 쓰였다.

해석 그 여배우는 그녀의 팬들에게 차창 밖으로 밝은 미소를 보냈다.

117 ○ 동명사 주어는 단수 취급하므로 is가 올바르게 쓰였고, 감정 분사는 감정 분사의 수식을 받는 명사가 감정을 느낄 때 과거분사의 형태로 쓰고 감정을 유발할 때는 현재분사를 쓴다. 따라서 주어진 문장에서 동명사 주어를 수식하고 있고 동명사 주어는 감정을 느낄 수 있는 주체가 아니므로 감정 분사가 동명사를 수식할 때 현재분사로 써야 하므로 confusing은 올바르게 쓰였다.

해석 한 나라의 문화를 이해하는 것은 혼란스럽고 복잡하다.

118 ✕ 앞 형용사를 수식하는 to부정사의 목적어의 역할을 문장의 주어가 할 때, to부정사 뒤의 목적어가 생략되어야 한다. 따라서 주어진 문장에서 목적어 it을 삭제한 to carry out으로 고쳐야 한다.

해석 그 계획은 실행하기 어려웠다.

119 ✕ 등위접속사가 명령문 뒤에 쓰일 때 해석에 주의한다. 명령문 뒤에 'or 주어 + 동사'의 구조는 '~해라 그렇지 않으면 주어가 동사할 것이다'의 뜻으로, 'and 주어 + 동사'의 구조는 '~해라 그러면 주어가 동사할 것이다'의 뜻으로 쓰인다. 따라서 문맥상 자연스럽게 연결되기 위해서는 and를 or로 고쳐야 한다.

해석 너는 지금 먹는 게 좋을 거야, 그렇지 않으면 나중에 엄청 배고플 거야.

120 ✕ So 형용사가 문두에 나오면 be동사 주어로 도치되고 수 일치를 확인해야 한다. the goods와 수 일치해야 하므로 was를 were로 고쳐야 한다.

해석 그 물건들은 너무 파손되어서 그가 의도했던 가격에 그것들을 팔 수 없었다.

121 ○ remember는 동명사를 목적어로 취할 수 있고 동명사 앞에는 동명사의 의미상 주어를 소유격 또는 목적격으로 쓸 수 있다. 따라서 주어진 문장에서 remember his taking은 올바르게 쓰였다.

해석 나는 그가 단 하루라도 근무를 쉰 것을 기억할 수 없다.

122 ○ need 뒤에 능동형 동명사가 쓰이면 수동의 의미를 전달할 수 있다. 따라서 주어진 문장에서 '수리될 필요가 있다'라는 의미의 need repairing은 올바르게 쓰였다.

해석 그는 집주변의 물건들을 고치는 데 소질이 있다.

123 ✗ 의문사구인 'what to부정사' 구조는 to부정사 뒤에 목적어가 없는 경우에 쓸 수 있고 목적어까지 완전하게 나와 있을 경우에는 what이 아닌 how로 써야 한다. 주어진 문장에서는 what to drive 뒤에 목적어 a car가 나왔으므로 what을 how로 고쳐야 한다.

해석 그는 차를 운전하는 방법을 배우기 전에 비행하는 법을 배웠다.

124 ○ be concerned with는 '~에 관계가 있다, ~에 관심이 있다'라는 뜻으로 쓰이며 전치사 뒤에는 동사가 아닌 동명사로 써야 하므로 protecting은 올바르게 쓰였다.

해석 그들은 오직 그들 자신을 보호하는 것에만 관심이 있다.

125 ○ 분사구문의 의미상 주어가 주절의 주어와 일치할 경우 따로 표시하지 않는다. 그리고 문장에 이미 주어와 동사가 있는데 동사원형에 -ing나 ed가 나온다면 분사 문제이다. 타동사 뒤에 목적어가 있으므로 능동형인 현재분사 impacting 또한 올바르게 쓰였다.

해석 과잉 어획은 중대한 문제로, 해양 생태계에 영향을 미친다.

126 ✗ see, hear과 같은 지각동사 다음에 오는 목적어가 능동의 뜻이면 목적격 보어 자리에 원형부정사나 현재분사를 쓰고, 수동적인 뜻이면 목적격 보어 자리에 과거분사를 쓴다. 이 문장에서는 눈송이가 떨어지는 능동의 의미이므로 과거분사 fallen을 동사원형 fall로 고쳐야 한다.

해석 그들은 하늘에서 눈송이가 내리는 것을 보았다.

127 ✗ '시간, 거리, 가격, 중량' 등의 단위 명사는 '기수 + 복수 명사'의 복수형이라도 단수 취급을 한다. 따라서 are를 is로 고쳐야 한다.

해석 6개월은 직업 없이 지내기에 긴 시간이 아니다.

128 ✗ 대명사에 대한 문제로 '그녀의 차'를 의미하므로 her을 her car 또는 hers로 고쳐야 한다.

해석 저기 내 차 옆에 주차된 차는 그녀의 것이다.

129 ○ allow는 목적어와 목적격 보어의 관계가 능동일 때 to부정사를 목적격 보어로 취한다. allow를 수동태 구조로 전환하면 be allowed to부정사로 쓰이므로 주어진 문장에서 are not allowed to talk는 올바르게 쓰였다.

해석 여기서는 큰 소리로 말하는 것이 허용되지 않는다.

130 ○ help는 목적격 보어로 'to부정사' 또는 '원형부정사'를 취할 수 있다. 따라서 주어진 문장에서 help me achieve는 올바르게 쓰였다.

해석 영어를 정복하는 것은 내가 나의 목표를 이루는 것을 도울 것이다.

131 ○ All things considered는 독립 분사구문으로 '모든 것을 고려해 볼 때'라는 의미로 주어진 문장에서 문맥상 올바르게 쓰였다.

해석 모든 것을 고려해 보았을 때, 그는 좋은 선생님이다.

132 ✗ 능동의 의미를 전달하는 완료형 현재분사 구문인 having raised는 목적어가 필요한데 뒤에 목적어가 없으므로 자동사 rise로 써야 한다. 따라서 주어진 문장에서 having raised를 having risen으로 고쳐야 한다.

해석 달이 뜨자, 우리는 불을 껐다.

133 ✕ 문장의 주어 자리에는 동사가 올 수 없으므로 주어 역할을 할 수 있는 'to부정사'나 '동명사'가 와야 한다. 따라서 주어진 문장에서 Provide를 To provide 또는 Providing으로 고쳐야 한다.

> **해석:** 모든 직원에게 앉을 의자를 제공하는 것은 비용이 많이 들 수 있다.

134 ✕ 감정분사는 감정분사의 수식을 받는 명사가 감정을 느낄 때 과거분사의 형태로 쓰고 감정을 유발할 때는 현재분사를 쓴다. 따라서 주어진 문장에서 소년이 당혹스러움을 느끼는 것이므로 현재분사 bewildering을 과거분사 bewildered 로 고쳐야 한다.

> **해석:** 소년은 너무 당황하여 무슨 말을 해야 할지 몰랐다.

135 ○ 동명사를 부정할 경우 동명사 앞에 not 또는 never를 써서 동명사를 부정할 수 있고 동명사 주어는 단수 취급하므로 주어진 문장에서 Not getting과 is는 올바르게 쓰였다.

> **해석:** 충분히 자지 않는 것은 건강에 해롭다.

136 ✕ appreciate는 동명사 목적어를 취하는 타동사이고 동명사의 의미상 주어는 동명사 앞에 소유격이나 목적격으로 표시 하므로 for you to let을 your letting으로 고쳐야 한다.

> **해석:** 무슨 일이 있었는지 저에게 알려주시면 감사하겠습니다.

137 ○ to부정사가 명사를 수식할 때 수식받는 명사가 to부정사의 의미상의 목적어 역할을 하면 to부정사 뒤에 목적어를 생략해야 한다. 따라서 주어진 문장은 to be afraid of 뒤에 전치사의 목적어가 생략된 채로 올바르게 쓰였다.

> **해석:** 두려워할 건 정말이지 아무것도 없다.

138 ✕ 'It be 인성 형용사(kind, wise, good, foolish 등) of 목적어 to부정사' 구조는 올바르게 쓰였으나 to부정사를 부정할 때는 부정사 앞에 부정어를 쓴다. 따라서 to not take를 not to take로 고쳐야 한다.

> **해석:** 그들이 바이러스를 심각하게 받아들이지 않는 것은 어리석은 일이다.

139 ○ help는 목적격 보어 자리에 to부정사 또는 원형부정사(동사원형)를 쓸 수 있으므로 주어진 문장에서 cleanse their bodies and minds는 올바르게 쓰였다.

> **해석:** 금식은 이슬람교도들이 그들의 몸과 마음을 정화하는 데 도움을 준다.

140 ○ 'be to부정사'는 '예정, 의무, 운명, 가능, 의도' 등의 의미를 나타내고 주어진 문장에서 is to meet은 예정의 의미로 올바르게 쓰였다.

> **해석:** 총리는 마약에 대한 전쟁을 논의하기 위해 그들과 만날 예정이다.

141 ○ rise는 자동사이므로 수동의미를 전달하는 과거분사 구문으로 쓸 수 없으므로 주어진 문장에서 능동을 의미하는 현재 분사 having risen은 올바르게 쓰였다.

> **해석:** 해가 떠서, 나는 산책을 했다.

142 ✕ 분사구문의 부정에 대한 문제로, 부정부사는 분사 앞에 위치해야 하므로 Knowing not을 Not knowing으로 고쳐야 한다.

> **해석:** 길을 몰랐기 때문에, 그들은 곧 길을 잃었다.

143 ✕ think는 '형용사' 목적격 보어와 'to부정사' 진목적어를 취할 때 반드시 think 뒤에 가목적어 it이 필요하다. 따라서 think wrong을 it을 추가한 think it wrong으로 고쳐야 한다.

해석 나는 시간보다 돈을 더 소중히 여기는 것이 잘못되었다고 생각한다.

144 ✕ consist는 자동사이므로 능동의 의미를 갖는 현재분사로 명사를 수식해야 한다. 따라서 consisted를 consisting으로 고쳐야 한다.

해석 그는 12명의 전문가들로 구성된 클럽에 합류했다.

145 ○ 주어진 문장에서 타동사 mention 뒤에 목적어가 없고 수식받는 명사 requirements가 행동할 수 없는 사물이므로 수동의 의미를 지닌 과거분사 mentioned는 올바르게 쓰였다.

해석 그녀는 당신의 직무 기술서에 언급된 요구 사항을 충족한다.

146 ○ 콤마와 함께 부사 자리에서 현재분사가 쓰이면 먼저 분사구문의 주어가 올바르게 쓰여 있는지 확인해야 한다. 주어진 문장에서는 '그녀가 몰랐다'라는 능동의 해석이 의미상 적절하므로 현재분사 not knowing은 올바르게 쓰였다.

해석 그녀는 다음에 무슨 말을 해야 할지 몰라 멍하니 허공을 바라보았다.

147 ✕ 동명사 주어는 단수 취급하고 주어진 문장에서 Casting the leads of a show는 동명사 주어이므로 문장에서 단수 동사와 수 일치해야 한다. 따라서 are을 is로 고쳐야 한다.

해석 쇼의 주연 배우를 캐스팅하는 건 도전이자 책임을 지는 일이다.

148 ○ to부정사는 앞에 나온 추상명사를 수식할 수 있다. 따라서 주어진 문장에서 effort to make는 올바르게 쓰였다.

해석 그는 그녀를 다시 행복하게 해 주기 위해 노력을 아끼지 않았다.

149 ✕ '건물 안에서 산다'라는 내용을 의미하면서 to부정사가 형용사 역할을 할 때 전치사에 주의할 표현이 있으므로 확인한다. 따라서 주어진 문장에서 명사를 수식할 때 to live를 전치사 in을 추가한 to live in으로 고쳐야 한다.

해석 그 건물들의 대부분이 살기에 부적합하다.

150 ○ 완료형 분사인 having p.p.는 본동사의 시제보다 분사의 시제가 더 이전에 발생하였을 때 쓸 수 있다. 주어진 문장은 '커피를 마시고 난 후 컵을 씻어서 치웠다'라는 의미이므로 분사의 시제가 본동사의 시제보다 먼저 발생했다. 따라서 주어진 문장에서 완료형 분사인 Having drunk는 올바르게 쓰였다.

해석 그녀는 커피를 마시고 난 후, 컵을 씻어서 치웠다.

151 ✕ to부정사가 발생한 시점은 at that time이라는 과거 시점이고 문장의 본동사 시제는 현재시제이므로 본동사의 시제보다 to부정사가 더 이전에 발생하면 to have p.p. 구조인 완료형 to부정사로 써야 한다. 따라서 주어진 문장에서 to be를 to have been으로 고쳐야 한다.

해석 아무도 그 당시에 그가 정직했다고 생각하지 않는다.

152 ✕ 전치사 뒤에는 동사 대신 동명사 목적어를 취하므로 전치사 by 뒤에 동사 show를 동명사 showing으로 고쳐야 한다.

해석 나는 그에게 담배의 해로운 영향을 보여줌으로써 금연하도록 설득했다.

11

153 ○ established는 분사형 형용사로 '인정받는, 확실히 자리를 잡은, 확립된'이라는 의미로 주어진 문장에서 올바르게 쓰였다.
해석 그들은 평판이 좋은 인정받는 회사이다.

154 ○ consider는 동명사를 목적어로 취할 수 있으므로 주어진 문장에서 consider coming은 올바르게 쓰였다.
해석 만약 당신이 가입한다면, 나는 공연하는 데 가보는 것을 고려할 것이다.

155 ○ to부정사 To enjoy the movie가 부사 자리에서 '~하기 위해'라는 부사적 용법으로 올바르게 쓰였다.
해석 그 영화를 즐기기 위해서 당신은 불신감을 멈춰야 한다.

156 ✕ keep은 목적어로 'to부정사'가 아닌 '동명사'를 취한다. 따라서 주어진 문장에서 to learn을 learning으로 고쳐야 한다.
해석 만약 당신이 인생에서 성공하려면, 당신은 계속 배워야 한다.

157 ○ 무언가를 하기 위해 하던 일을 멈추면 'to R', 하던 것을 그만하면 '동명사'로 써야 한다. 따라서 주어진 문장에서 컴퓨터 게임 하는 것을 '그만두다'라는 의미로 stop playing은 올바르게 쓰였다.
해석 그는 컴퓨터 게임하는 것을 그만하기로 결심했다.

158 ✕ '과거에 했던 것이나 상태를 나타낼 때'는 'used to 동사원형', '~를 하기 위해' 쓰이면 be used to R로 써야 한다. 이때 be used to부정사는 사물 주어와 쓰인다. 따라서 주어진 문장에서 were used to를 used to로 고쳐야 한다.
해석 나보다 큰 여자애들이 나를 쫓아와서 나를 간지럽을 태우곤 했다.

159 ✕ 'be used to 동사원형'은 '~하는 데 사용되다, 이용되다'의 뜻으로, be used to ~ing는 '~하는 데 익숙하다'의 뜻으로 쓰인다, 따라서 문맥상 자연스러우려면 be recognized를 being recognized로 고쳐야 한다.
해석 그는 거리에서 사람들이 자기를 알아보는 것에 익숙해 있다.

160 ✕ 학문명, 질병, 게임, 국가명 등과 같이 복수형이지만 단수로 취급하는 명사들이 있다. 미국은 국가명으로 단수 취급해야 하므로 are를 is로 고쳐야 한다.
해석 미국은 평화를 구축하기 위해 노력 중이다.

161 ✕ ask가 4형식 구조로 쓰일 때 '묻다'라는 뜻으로 직접 목적어 자리에 접속사 that은 의미상 어울리지 않고 의문의 의미를 지니는 접속사와 어울린다. 따라서 주어진 문장에서 맥락상 that을 의문사 where로 고쳐야 한다.
해석 억양을 듣자마자 그에게 어디 출신인지 묻지 마라.

162 ○ with 분사구문으로 'with + 명사 목적어 + 형용사'의 구조로 '목적어가 형용사할 때/하면서'의 뜻으로 쓰인다. 따라서 주어진 문장은 올바르게 쓰였다.
해석 주요 연설가가 결석하여, 세미나 일정이 변경되었다.

163 ✕ those를 수식하는 과거분사에 대한 문제로, '초대받은 사람들'의 문맥의 의미를 통해서 '초대받은'의 표현은 과거분사로 써야 한다. 따라서 주어진 문장에서 inviting을 invited로 고쳐야 한다.
해석 초대받은 사람들 중 오직 몇몇 사람만 지난 밤 파티에 왔다.

164 ✕ 'there be동사' 구조는 뒤에 나온 명사와 수 일치한다. 따라서 주어진 문장에서 'there be동사' 뒤에 나온 명사가 new challenges이므로 is를 are로 고쳐야 한다.

해석 우리가 마주해야 할 새로운 도전이 항상 있다.

165 ○ so long as는 '~하는 한'이라는 뜻을 나타내는 부사절 접속사이므로 주어진 문장에서 올바르게 쓰였다.

해석 조용히 있는 한 여기에 머물러도 된다.

166 ○ What is called는 '소위, 이른바'의 의미를 가지며, what절 내의 구조가 불완전하므로 주어진 문장에서 올바르게 쓰였다.

해석 진 교수는 소위 걸어 다니는 사전이다.

167 ○ '아무리 ~해도 지나치지 않다'는 'cannot over~'로 표현할 수 있으므로 주어진 문장에서 cannot overemphasize는 올바르게 쓰였다.

해석 저축의 중요성은 아무리 강조해도 지나치지 않다.

168 ✕ feel like는 동명사를 목적어로 취하므로 to go를 going으로 고쳐야 한다.

해석 나는 지금 산책을 가고 싶지 않다.

169 ○ 완전한 문장 구조에서 동사를 수식할 수 있는 것은 부사이다. 따라서 주어진 문장에서 부사 efficiently는 올바르게 쓰였다.

해석 그는 회의 중에 자신의 생각을 효과적으로 전달했다.

170 ○ I wish 가정법은 과거 사실에 대한 반대를 소망할 경우 '주어 + 과거완료 시제'로 써야 한다. 따라서 주어진 문장에서 I wish I had learned는 올바르게 쓰였다.

해석 어릴 적에 피아노를 배웠으면 좋았을 텐데.

171 ✕ 특정 조동사와 not의 위치에 주의해야 하므로 조동사의 부정형이 올바르게 쓰였는지 확인해야 한다. 'had better not 동사원형'의 어순으로 쓰이므로 had not better give를 had better not give로 고쳐야 한다.

해석 극단적인 예는 들지 않는 것이 좋을 것이다.

172 ○ feed는 타동사로도 쓰일 수 있는데 뒤에 목적어가 없으므로 수동태 구조(be p.p.)로 써야 한다. 따라서 주어진 문장은 올바르게 쓰였다.

해석 동물들은 동물원 사육사에 의해 매일 아침에 먹이를 먹었다.

173 ✕ '지금 또는 현재 어땠으면 좋을 텐데'라는 바람을 표현할 때는 'I wish 주어 + 과거 동사~' 구조를 쓰고, '과거에 어땠었으면 좋을 텐데'라는 바람을 표현할 때는 'I wish 주어 + had p.p.~' 구조를 쓴다. 주어진 문장은 과거의 바람을 표현하고 있으므로 started를 had started로 고쳐야 한다.

해석 나의 아버지가 더 일찍 운동을 시작하셨으면 좋을 텐데.

174 ✗ 실현 가능한 조건은 'If 주어 + 현재 동사~, 주어 + will~'로 표현하고, 현재 사실과 다른 것을 가정할 때는 'if 주어 + 과거 동사, 주어 + would~'로 표현하므로 주어진 문장에서 will을 would로 고쳐야 한다.

해석 지구에 중력이 없다면, 물은 모두 공중으로 사라질 것이다.

175 ○ 'so 형용사/부사 that절' 구조에서 'so 형용사/부사'가 강조되기 위해 문두에 위치할 경우 '조동사 + 주어'로 도치가 된다. 따라서 주어진 문장에서는 So devastating이 문두에 위치하고 그 뒤에 was the fire로 도치 구조가 올바르게 쓰였다.

해석 그 화재가 매우 파괴적이어서 이 지역은 결코 회복할 수 없을 것이다.

176 ✗ '과거분사(전명구) + be동사 + 주어' 구조는 과거분사가 문두로 위치해 'be동사 + 주어'로 도치되고 이때 주어와 be 동사 수 일치에 주의한다. 따라서 주어진 문장에서 주어는 several bottles of beer인 복수 주어이므로 was를 were 로 고쳐야 한다.

해석 캐비닛 속에 숨겨져 있던 것은 몇 병의 맥주였다.

177 ○ as 양보 도치 구문에서 형용사 주격 보어가 문두에 나올 때 be동사와 주어가 도치되고 이때 수 일치에 주의한다. 따라서 주어진 문장에서 is the man은 수 일치가 올바르게 쓰였다.

해석 자신의 운명에 만족하는 사람은 행복하다.

178 ✗ 과거 시점의 추측은 must have p.p.로 표현한다. 따라서 주어진 문장에서 must rain을 must have rained로 고쳐야 한다.

해석 거리가 다 젖어 있는 것을 보니, 지난밤 비가 내렸음에 틀림없다.

179 ○ 무의지 동사 뒤에 to부정사는 결과적인 의미를 나타내는 to부정사의 부사적 용법으로 주어진 문장에서 올바르게 쓰였다.

해석 소년은 자라서 훌륭한 청년이 되었다.

180 ○ 과거 시점에 대한 아쉬움을 나타내는 표현은 should have p.p.이므로 주어진 문장에서 should have apologized 는 올바르게 쓰였다.

해석 Tim은 더 일찍 사과했어야 했는데 그러지 않았다.

181 ✗ 강조 구문은 'It be 강조할 말(주어/목적어/부사) that 나머지 부분'으로 쓴다. 다만, 강조할 말이 사람이면 that 대신 who나 whom으로, 사물이면 which로, 시간 부사구이면 when으로, 장소 부사구이면 where로 쓸 수 있다. 따라서 주어진 문장에서 that he invented를 he를 삭제한 that invented로 고쳐야 한다.

해석 1949년에 그 기계를 발명한 사람은 Tom Ford였다.

182 ✗ Under no circumstances라는 부정부사가 강조를 위해 문두 또는 절두에 위치하는 경우 '조동사 + 주어~'로 도치 가 된다. 이때 '조동사(must) + 주어 + 동사원형'으로 도치해야 한다. 따라서 주어진 문장에서 opened를 open으로 고쳐야 한다.

해석 어떤 일이 있어도 그 문을 열어서는 안 된다.

183 O 'as if 주어 + 과거 동사~' 구조는 주절의 동사와 같은 시제로 '마치 어떠한 것처럼'이라고 해석되고, 'as if 주어 +
had p.p.~' 구조는 문장의 동사보다 하나 이전 시제로 '마치 어떠했던 것처럼'이라고 해석된다. 주어진 문장에서는
주절의 동사와 같은 시제인 현재 시점에 마치 피아노를 잘 칠 수 있는 것처럼'이라는 의미로 'as if 주어 + 과거 동
사~' 구조가 올바르게 쓰였다.
> **해석** 그는 마치 피아노를 아주 잘 칠 수 있는 것처럼 말한다.

184 X 강조 구문은 'It be 강조할 말(주어/목적어/부사) that 나머지 부분'으로 쓴다. 따라서 주어진 문장에서 which를 that
으로 고쳐야 한다.
> **해석** 수위가 정상보다 3미터 더 높이 올라갈 때는 문이 닫힌다.

185 O '과거에 했어야 했는데'라는 과거 시점의 후회나 유감을 표현할 때는 ought to have p.p. 또는 should have p.p.로
표현하므로 ought to have known은 '알고 있어야 했다'라는 의미로 올바르게 쓰였다.
> **해석** 너는 그런 것쯤은 알고 있었어야 했다.

186 O 'A하자마자 B하다'는 'No sooner had 주어 p.p.~ than 주어 과거 동사~' 또는 'Hardly[Scarcely] had 주어 p.
p.~ when[before] 주어 과거 동사~' 구조로 표현하므로 주어진 문장은 올바르게 쓰였다.
> **해석** 경기가 시작되자마자 비가 오기 시작했다.

187 O 앞에 나온 부정적인 서술이 뒤의 대상에도 똑같이 적용될 때 부정 동의 표현으로 'and neither 조동사 주어'를 써서
나타낼 수 있고 이때 접속사 and와 부정부사 neither를 접속사 nor로 바꿔 쓸 수 있으므로 주어진 문장은 올바르게
쓰였다.
> **해석** 그녀는 그들을 좋아하지 않고 그것은 Jeff도 마찬가지이다.

188 X 과거 사실의 반대로 가정할 때는 가정법 과거완료인 'if 주어 had p.p.~, 주어 would/should/could/might have
p.p.~' 구조가 쓰이고 이때 if가 생략되고 'Had 주어 p.p.~, 주어 would/should/could/ might have p.p.~' 구조
로 쓸 수도 있다. 따라서 주어진 문장에서 Had it cold를 Had it been cold로 고쳐야 한다.
> **해석** 날씨가 추웠더라면, 나는 어제 밖에 나가지 않았을 것이다.

189 X 도치를 유발하는 표현들이 나오면 반드시 도치 구조가 올바르게 쓰였는지 확인해야 한다. 부정부사 neither가 절 처
음에 위치할 때 'and + neither + 조동사 + 주어'로 쓴다. 따라서 주어진 문장에서 접속사 and가 없으므로 neither
앞에 and를 추가하거나 neither를 접속사 역할을 할 수 있는 nor로 고쳐야 한다.
> **해석** 팀장은 그 계획이 마음에 들지 않았고, 나머지 직원들도 마음에 들지 않았다.

190 X 도치를 유발하는 표현들이 나오면 반드시 도치 구조가 올바르게 쓰였는지 확인해야 한다. 'So 형용사'나 'So 부사'가
문장 처음에 위치할 때 '조동사 + 주어'로 도치된다. 다만 'So 형용사'로 도치될지 'So 부사'로 될지는 뒤에 문장 구조
에 따라 달라진다. 따라서 주어진 문장에서 be동사의 보어 역할을 할 수 있는 형용사가 필요하므로 부사 importantly
를 형용사 important로 고쳐야 한다.
> **해석** 우리가 그것을 명심해야 하는 것은 매우 중요하다.

191 O 양보의 의미를 갖는 접속사 though는 주격 보어가 문장 처음에 위치하는 '형용사(S.C) + though + 주어 + 2형식 동사' 도치 구조로 쓰일 수 있다. 따라서 주어진 문장에서 '형용사(Eloquent) + though + 주어(she) + 2형식 동사' 구조로 쓸 수 있으므로 주어진 문장은 올바르게 쓰였다.

> **해석** 비록 유창했지만, 그녀는 그를 설득할 수 없었다.

192 X 장소나 방향 부사구가 문장 처음에 위치할 때 '조동사 + 주어'로 도치되지 않고 '1형식 자동사 + 주어'로 도치된다. 따라서 주어진 문장에서 does our school stand를 stands our school로 고쳐야 한다.

> **해석** 우리 학교는 언덕 위에 있다.

193 O 'so 조동사 주어'는 앞에 나온 긍정문과 호응해서 쓰이는 표현으로 앞에 나온 동사가 be동사면 so 뒤에 조동사도 be동사로 써야 한다. 따라서 주어진 문장에서 so is brotherhood는 올바르게 쓰였다.

> **해석** 부모의 사랑은 숭고한 것으로 인식되고, 형제애도 그렇다.

194 X such가 문두에 나오고 뒤에 be동사 주어로 도치된 구조이다. 이때 be동사와 뒤에 나온 주어의 수 일치에 주의해야 한다. 따라서 주어가 his influence이므로 were를 was로 고쳐야 한다.

> **해석** 그의 세력은 강대해서 모두가 그를 두려워했다.

195 O 수식받는 명사가 비교급 'more money(더 많은 돈)'인 경우에 유사관계대명사로 쓰이는 than으로 표현해야 한다. 따라서 more money than is necessary는 '필요한 이상의 돈'이라는 뜻으로 주어진 문장에서 올바르게 쓰였다.

> **해석** 그는 필요 이상으로 돈을 많이 쓴다.

196 O appreciate는 동명사 목적어를 취할 수 있고 동명사의 의미상의 주어는 사람일 때 원칙적으로는 소유격을 취하므로 your keeping은 올바르게 쓰였다.

> **해석** 그것을 비밀로 해 주시면 고맙겠습니다.

197 X 'as ~ as'의 원급 비교 구문에 대한 문제로, as better as를 as good as로 고쳐야 한다.

> **해석** 사업이 지금처럼 잘된 적은 없었다.

198 X '~할수록, 그만큼 더 ~하다' 구문은 'the 비교급 ~, the 비교급 ~'으로 쓴다. 따라서 주어진 문장에서 more 앞에 the를 써서 more modest를 the more modest로 고쳐야 한다.

> **해석** 사람은 나이가 들어갈수록, 겸손해지는 경향이 있다.

199 X superior(더 우수한)는 라틴어 비교 표현으로 more와 than의 표현과 결합할 수 없고, 비교 대상 앞에 to를 붙여 쓴다. 따라서 주어진 문장에서 than을 to로 고쳐야 한다.

> **해석** 그는 많은 면에서 그의 형보다 훨씬 더 우월하다.

200 O if절에 과거 시간 부사와 주절에 현재 시간 부사가 쓰였다면 혼합 가정법 공식을 확인해야 한다. 혼합 가정법은 'If 주어 had p.p. 과거 시간 부사, 주어 + would/should/could/might 동사원형 now'의 공식으로 써야 한다. 따라서 주어진 문장은 올바르게 쓰였다.

> **해석** 이전에 돈을 저축했다면, 그들은 지금 유럽을 여행 중일 텐데.

201 ○ clean은 타동사로 잘 쓰이지만, 자동사로 쓰이면 수동의 의미(닦이다)로 쓰이는 동사이다. 따라서 주어진 문장은 올바르게 쓰였다.

해석 그 바닥은 대걸레로 쉽게 닦인다.

202 ○ 문장 내에서 강조하기 위해 사용하는 so, such는 어순에 주의해야 한다. so는 '형용사 + a + 명사'로 such는 'a + 형용사 + 명사'로 써야 한다. 따라서 주어진 문장은 올바르게 쓰였다.

해석 날씨가 매우 좋아서 나는 거의 일을 할 수 없었다.

203 ○ 전치사 by의 목적어 changes를 주격 관계대명사절이 수식하는 문장의 구조로, 수식받는 명사가 복수 명사이므로 주격 관계대명사절의 동사는 복수 동사 are로 올바르게 쓰였다.

해석 식물들은 우리 눈으로 보이지 않는 빛의 변화에 영향을 받을 수 있다.

204 ✕ 'as if 가정' 구문에 대한 문제로, 문장의 동사가 looks로 현재시제이고 'as if절' 내에는 과거시간 부사 last night가 나왔으므로, 과거완료로 표현해야 한다. 따라서 주어진 문장에서 didn't sleep를 had not slept로 고쳐야 한다.

해석 그는 어젯밤에 잠을 자지 않은 것처럼 창백해 보인다.

205 ○ as절 내에서의 수식어를 강조한 구문이다. As I like him very much에서 수식어를 강조하면 (Very) Much as I like him으로 표현하므로 주어진 문장은 올바르게 쓰였다.

해석 나는 그를 좋아하지만, 그의 글은 좋아하지 않는다.

206 ✕ half는 부분을 나타내는 명사로 of 뒤에 나온 명사와 동사가 수 일치를 이룬다. 따라서 주어진 문장에서는 them에 수 일치해야 하므로 has를 have로 고쳐야 한다.

해석 그들 중 절반은 다른 나라에 가본 적이 없는 것 같다.

207 ✕ Each는 단수 명사를 수식하고 따라서 단수 동사와 수 일치하는 것이 문법적으로 옳다. 따라서 주어진 문장에서 persons를 person으로, have를 has로 고쳐야 한다.

해석 사람들은 그 자신의 독특한 지문이 있다.

208 ✕ '관사 A and B'는 단일한 사람으로 단수 취급을 한다. 따라서 주어진 문장에서 visit를 visits로 고쳐야 한다.

해석 그 유명한 가수이자 활동가는 아프리카를 자주 방문한다.

209 ○ compare A to B는 'A를 B와 비교[비유]하다'의 의미로 주어진 문장에서 올바르게 쓰였다.

해석 그는 심장을 펌프에 비유했다.

210 ○ 도치 구문 내에 있는 동사의 수 일치에 대한 문제로, 문장의 주어가 복수 명사 four goldfish이므로 복수 동사 live는 올바르게 쓰였다.

해석 우리 집 어항에는 4마리의 금붕어가 살고 있다.

211 ✕ if절에 과거 시간 부사와 주절에 현재시간 부사가 쓰였다면 혼합 가정법 공식을 확인해야 한다. 혼합 가정법은 'if 주어 had p.p. 과거시간 부사, 주어 + would/should/could/might 동사원형 now(today)'의 공식으로 쓴다. 문장의 yesterday와 now에 근거하여 혼합 가정법의 형태로 써야 하므로 finished을 had finished로, would have been 을 would be로 고쳐야 한다.

[해석] 만일 그가 어제 과제를 끝냈더라면, 지금은 자유로울 텐데.

212 ○ 현재 시점에서 가정하여 '마치 ~처럼'이라는 의미를 나타내기 위해 과거 동사 knew는 올바르게 쓰였다.

[해석] 너는 모든 것을 안다는 듯이 말하는구나.

213 ○ 부정부사 never가 문두로 나와 도치 구조가 올바르게 쓰였고, 'such a 형용사 명사'의 어순 또한 올바르게 쓰였다.

[해석] 나는 그런 관대한 인물을 아직 본 적이 없다.

214 ○ 'no less 형용사/부사 than'은 양자 긍정 표현으로 주어진 문장에서 올바르게 쓰였다.

[해석] 부모의 지도는 학교 교육 못지않게 중요하다.

215 ✕ 'It be ~ that' 강조 구문에서 주어가 강조될 때 that 뒤에 나오는 동사와 강조된 주어의 수 일치를 주의해야 한다. 주어진 문장에서 단수 주어인 passion과 일치해야 하므로 복수 동사 lead를 단수 동사 leads로 고쳐야 한다.

[해석] 당신을 성공으로 이끄는 것은 재능이 아니라 열정이다.

216 ○ 'A is one thing, and B is another'은 'A와 B는 별개이다'라는 의미로 사용된다. 따라서 주어진 문장은 올바르게 쓰였다.

[해석] 이론을 이해하는 것과 그것을 적용하는 것은 별개이다.

217 ○ need not have p.p.는 '~할 필요가 없었다'라는 표현으로 주어진 문장에서 올바르게 쓰였다.

[해석] 그들이 그렇게 놀랄 필요가 없었다고 비평가들은 지적한다.

218 ✕ 부정부사는 다른 부정부사와 함께 쓰지 않는다. 따라서 isn't rarely를 rarely로 고쳐야 한다.

[해석] 요즘에는 그녀가 좀처럼 대중 앞에 모습을 잘 보이지 않는다.

219 ○ '주어 + be동사 + such that 주어 동사' 구조에서 such가 강조되기 위해서 문두에 위치할 때 'be동사 + 주어'로 도치가 일어나고 이때 be동사와 주어의 수 일치에 주의한다. 주어진 문장에서 was와 주어 his influence의 수 일치가 올바르게 쓰였다.

[해석] 그의 세력은 강대해서 모두가 그를 두려워했다.

220 ○ 가정법 구문인 'It is (about/high) time that 주어 + should 동사원형 또는 과거 동사' 구조로 주어진 문장은 올바르게 쓰였다.

[해석] 우리 모두 밝은 미래를 위해 무언가를 해야 할 때이다.

221 ○ 4형식 동사가 수동태가 될 경우 간접목적어가 문장의 주어 자리로 가고 수동태 be p.p. 구조 뒤에는 직접목적어가 그대로 남아 있으므로 주어진 문장은 올바르게 쓰였다.

[해석] 그는 훌륭한 실적으로 금메달을 수여받았다.

222 ○ '~할 여유가 있다(없다)'의 뜻을 가진 구문으로는 'can(not) afford to부정사'의 표현이 있다. 따라서 주어진 문장은 올바르게 쓰였다.

해석 그들은 더 이상 시간을 낭비할 여유가 없다.

223 ✕ 소유격 관계대명사 whose는 앞에 나온 명사를 수식하고 뒤에 완전한 구조를 취한다. 따라서 주어진 문장에는 주어가 없는 불완전 구조이므로 whose를 which 또는 that으로 고쳐야 한다.

해석 나는 검은색에 갈색 눈을 가진 고양이를 샀다.

224 ○ have 뒤에 오는 목적어가 능동적으로 어떤 동작을 하면 목적격 보어 자리에 동사원형을, 수동적으로 어떤 동작의 대상이 되면 목적격 보어 자리에 p.p.를 써야 한다. 따라서 주어진 문장은 학생들이 쓰는 행동을 하는 능동의 의미이므로 동사원형 write는 올바르게 쓰였다.

해석 그녀는 학생들이 부모님께 편지를 쓰도록 했다.

225 ✕ 관계대명사 which가 콤마와 함께 쓰이는 계속적 용법으로 사용되는 경우 앞에 나오는 내용 일부나 절 전체를 선행사로 취할 수 있고 주어진 문장에서는 He said he saw me there가 선행사이다. 다만 관계대명사 that은 이 용법으로 사용할 수 없으므로 that을 which로 고쳐야 한다.

해석 그는 나를 보았다고 말했으나 그것은 거짓말이었다.

226 ✕ 등위접속사 and 기준으로 병치 구조를 이룬다. 따라서 주어진 문장에서 명사를 수식하는 것은 형용사이므로 and를 기준으로 부사 commonly를 형용사 common으로 고쳐야 한다.

해석 슬픔은 흔하고 이해하기 쉬운 감정이다.

227 ✕ 전치사 of의 목적어 3개가 명사 'A, B, and C'의 병렬이 된 구조로 rejuvenation와 tranquility가 명사이므로 형용사 beautiful을 명사 beauty로 고쳐야 한다.

해석 그녀의 정원은 활력, 아름다움, 평온함을 느끼게 해준다.

228 ○ 행위 동사와 결합하는 신체 일부에 대한 문제로, '붙잡다 동사 + 사람명사 + 전치사 by + the 신체 일부'의 구조로 쓴다. 따라서 주어진 문장에서 seized the criminal by the neck은 올바르게 쓰였다.

해석 경찰관은 그 범인의 목을 잡았다.

229 ○ to부정사의 형용사적 역할로 '추상명사 + to부정사'의 구조는 잘 쓰인다. 따라서 주어진 문장은 올바르게 쓰였다.

해석 그녀는 화를 참으려고 눈에 띄게 애를 썼다.

230 ✕ 복합관계대명사절은 문장에서 명사절 또는 부사절로 쓰이고 복합관계대명사의 격은 바로 뒤에 이어지는 절의 구조에 따라 결정된다. 주어진 문장에서 복합관계대명사 whomever 뒤에 주어가 없는 불완전한 구조이므로 whomever를 whoever로 고쳐야 한다.

해석 그것을 누구든 판매를 책임지고 있는 사람에게 보내라.

231 ○ 유사관계대명사 as는 '주어 + 동사~, as is often the case ~' 또는 'As is often the case ~, 주어 + 동사~' 구조로 쓰일 수 있다. 이때 'as is often the case ~'는 '(~의 경우에) 흔히(종종) 있는 일이듯'이라는 의미이다. 주어진 문장에서는 As is often the case with children은 '아이들이 종종 그렇듯이'라는 의미로 올바르게 쓰였다.
> 해석 ▸ 아이들이 종종 그렇듯이 Joshua는 의사를 무서워한다.

232 ○ while은 '~하는 동안'이라는 의미로 시간 부사절을 이끄는 접속사이다. 시간이나 조건 부사절에서는 미래시제를 현재시제로 대신하므로 주어진 문장에서 while she goes는 올바르게 쓰였다.
> 해석 ▸ 그녀가 그의 서류들을 뒤지는 동안 내가 망을 볼 것이다.

233 ○ 등위접속사 or은 강한 추측을 나타내어 '그렇지 않으면 (…일 테니)'라는 의미를 나타낼 수 있으므로 주어진 문장에서 추측을 나타내는 must와 함께 쓰여 '그렇지 않으면'이라는 의미로 올바르게 쓰였다.
> 해석 ▸ 그가 그녀를 좋아함이 틀림없다. 그렇지 않으면 그녀에게 계속 전화를 하진 않을 테니.

234 ✕ 관계대명사 whom은 사람 선행사를 수식해 주고 목적어가 없는 불완전한 절을 이끈다. 따라서 주어진 문장에서 recognized의 주어가 없으므로 whom을 who로 고쳐야 한다.
> 해석 ▸ 나는 옛 친구를 만났는데 그는 나를 즉시 알아보았다.

235 ✕ '전치사와 접속사의 구분'에 대한 문제로, despite는 전치사로 명사를 추가하고 비슷한 의미의 접속사 although나 though는 주어와 동사를 포함한 절을 이끈다. 따라서 주어진 문장에서 we fail이라는 주어와 동사 구조를 취할 수 있는 접속사가 필요하므로 despite를 though로 고쳐야 한다.
> 해석 ▸ 비록 실패하더라도 해 볼 가치는 있다.

236 ✕ 'such a 형용사 명사 that절' 구조로 쓰여 '너무 ~해서 ~하다'라는 의미를 전달하므로 such good a runner를 such a good runner로 고쳐야 한다.
> 해석 ▸ 그가 너무 빨리 달려서 나는 따라잡을 수가 없었다.

237 ○ 관계부사 where는 장소를 의미하는 선행사를 수식하고 뒤에 완전 구조를 취하므로 주어진 문장은 올바르게 쓰였다.
> 해석 ▸ 그곳은 사람들이 왼편으로 운전을 하는 몇 안 되는 국가 중 한 곳이다.

238 ○ fact, news, rumor, notion, report 등의 특정 추상명사 뒤에 동격을 의미하는 접속사 that은 뒤에 '주어 + 동사~'의 완전한 절을 이끈다. 따라서 주어진 문장은 올바르게 쓰였다.
> 해석 ▸ 우리는 우리 팀이 경기에서 이겼다는 소식을 듣고서 놀랐다.

239 ✕ 관계대명사절 안에 나오는 동사의 수 일치에 대한 문제이다. most of whom의 수는 선행사의 수에 일치시켜야 한다. 따라서 주어진 문장에서 선행사는 many people로 복수 명사이므로 is를 are로 고쳐야 한다.
> 해석 ▸ 너무 많은 사람들이 있는데, 그들 대부분은 관광객들이다.

240 ○ providing 또는 provided는 조건 부사절을 이끄는 접속사로 주어와 동사의 완전 구조를 취한다. 이때 미래의 내용을 미래시제가 아닌 현재시제로 대신 나타내므로 주의한다. 따라서 주어진 문장은 올바르게 쓰였다.
> 해석 ▸ 그녀의 친구들이 간다면 그녀도 갈 것이다.

241 ✕ 관계부사 how는 선행사 the way와 함께 쓸 수 없으므로 how를 삭제하고 the way he talks로 고쳐야 한다.

　해석 나는 그의 말하는 태도가 마음에 들지 않는다

242 ○ than은 유사관계대명사로서 앞에 나온 비교급의 수식을 받는 선행사를 수식할 수 있다. 이때 than 뒤에는 주어나 목적어가 없는 불완전 구조를 취하므로 more money than is necessary는 올바르게 쓰였다.

　해석 아이들은 필요 이상으로 더 많은 돈이 주어져서는 안 된다.

243 ○ 의문사 who가 tell의 목적어이면서 관계대명사 that절의 선행사로 쓰인 문장이다. 선행사가 who일 경우에는 관계대명사는 that으로 수식해야 하므로 올바르게 쓰였다.

　해석 저쪽에 있는 사람이 누구인지 알겠니?

244 ○ 소유격 관계대명사는 사물 명사와 사람 명사 둘 다 수식할 수 있고 뒤에 명사를 포함하여 완전한 구조를 이끈다. 따라서 주어진 문장에서 Isobel, whose brother he was는 올바르게 쓰였다.

　해석 Isobel은, 그의 형[남동생]이었는데, 그 농담을 전에 들어 본 적이 있었다.

245 ○ 부정의 뜻을 가진 선행사를 수식하는 유사관계대명사 but이 쓰이면 '~이 아닌'이라는 'that ~ not'의 의미를 지니게 되고, 이때 but 뒤에는 불완전 구조가 나오고 뒤에 not을 쓰지 않는다. 따라서 주어진 문장에서는 유사관계대명사 but이 올바르게 쓰였고 but 뒤에 긍정 동사 loves도 올바르게 쓰였다.

　해석 자신의 가족을 사랑하지 않는 사람은 없다.

246 ○ '전치사 + 관계대명사' 구조가 나오면 전치사에 유의하고 뒤에 완전 구조인지 확인해야 한다. 주어진 문장에서 on whom 뒤에 'I built an absolute trust'인 주어, 동사, 목적어를 갖춘 완전한 절이 올바르게 쓰였다.

　해석 그는 내가 절대적으로 신뢰하는 신사였다.

247 ✕ 관계대명사는 '접속사 + 대명사' 역할을 하므로 접속사가 필요 없다. 따라서 주어진 문장에서 접속사 역할을 하는 관계대명사 which가 있으므로 and를 삭제해야 한다.

　해석 영어에는 동사가 수천 개가 되는데 (그 중) 대부분이 규칙 동사이다.

248 ○ 소유격 관계대명사 whose는 사람 또는 사물을 선행사로 하며 완전한 절을 이끈다. 주어진 문장에서 사람 선행사를 수식하는 소유격 관계대명사 whose는 올바르게 쓰였다.

　해석 그녀는 내가 (그녀의) 작품을 진정으로 찬탄하는 화가이다.

249 ○ more은 many나 much의 비교급으로 '(양·정도·수 등이) 더 많은, 더 큰'이라는 의미로 쓰일 수 있다. 따라서 주어진 문장에서 more books가 '더 많은 책'이라는 의미로 올바르게 쓰였다.

　해석 그 주제에 관해서는 더 많은 책이 저술되어야 한다.

250 ○ much는 비교급·최상급을 수식하여 '훨씬, 단연코'라는 의미로 쓰인다. 따라서 주어진 문장에서 much가 비교급 larger를 수식해주고 있으므로 올바르게 쓰였다.

　해석 그것은 내가 예상했던 것보다 훨씬 큰 것 같다.

251 ✗ 비교 대상 일치의 원칙에 따라 비교 대상이 to부정사이므로 동명사 hearing을 to hear로 고쳐야 한다.
　　　해석┇ 백 번 듣는 것이 한 번 보는 것보다 못하다.

252 ○ 막연한 수를 나타낼 때는 hundreds of, thousands of, millions of, billions of 등으로 나타낸다. 따라서 주어진 문장에서 '수천 명의'라는 의미의 thousands of는 올바르게 쓰였다.
　　　해석┇ 수천 명의 시위자들이 시가행진을 벌였다.

253 ○ 멀리 있는 명사를 지칭할 때, 단수일 때는 that, 복수일 때는 those를 쓴다. 비교 표현 뒤에서 앞의 명사를 받는 대명사로 주로 후치 형용사구의 수식을 받을 때 쓸 수 있다. 따라서 주어진 문장에서 명사 fashions를 지칭하므로 복수형 those는 올바르게 쓰였다.
　　　해석┇ 올해의 유행은 작년의 것과는 전혀 다르다.

254 ✗ 감정분사는 감정을 유발한다는 의미를 전달할 때는 현재분사로 쓴다. 따라서 주어진 문장에서 interested를 interesting으로 고쳐야 한다.
　　　해석┇ 우리는 그 이야기가 지난번보다 더 재미있다는 것을 알았다.

255 ✗ 주어가 없는 불완전한 절을 이끌 수 있는 명사절 접속사는 that이 아니라 what이므로 That을 What으로 고쳐야 한다.
　　　해석┇ 한 번 연기된 것은, 전보다 더 어려워진다.

256 ✗ 'as 원급 as'의 원급 비교일 때는 '형용사와 부사의 품사 구분'의 문제이다. 동사 explained를 수식하기 위해 부사 clearly가 와야 하므로 as clear as를 as clearly as로 고쳐야 한다.
　　　해석┇ 그녀는 그것을 그녀의 선생님만큼 분명하게 설명했다.

257 ✗ dozen(12), score(20), hundred(백), thousand(천), million(백만), billion(10억) 등의 수를 나타내는 명사는 막연한 수를 나타낼 때 복수형을 쓴다. 따라서 주어진 문장에서 thousand를 thousands로 고쳐야 한다.
　　　해석┇ 경기 침체 때 수천 군데의 중소기업들이 파산했다.

258 ✗ 단위 명사가 수사(two, three, four...)와 함께 명사를 수식하는 형용사로 쓰이기 위해서 하이픈(-)으로 연결되면 단위 명사는 항상 단수형으로 써야 한다. 따라서 주어진 문장에서 years를 year로 고쳐야 한다.
　　　해석┇ 사람들은 그 백 년이 된 배를 맞이하기 위해서 기다리고 있다.

259 ✗ '~이 되어 (비로소) …하다'의 시제 구문은 'Not until 주어 + 동사 + 조동사 + 주어'의 구조로 쓸 수 있다. 따라서 주어진 문장을 'Not until I heard him speak loudly did I recognize him'으로 고쳐야 한다.
　　　해석┇ 그 소년들은 둘 다 시험에 합격했고 울음을 터뜨렸다.

260 ○ something이나 anything 같은 부정대명사는 형용사가 후치 수식한다. 따라서 주어진 문장에서 something uncommon은 올바르게 쓰였다.
　　　해석┇ 그는 어딘가 특이한 데가 있다.

261 ✗ than은 최상급이 아닌 비교급과 함께 쓰이는 표현이므로 brightest를 brighter로 고쳐야 한다.
　　　해석┇ James는 그 그룹의 다른 어떤 소년들보다 가장 똑똑하다.

262 ✕ 두 개의 문장을 연결하기 위해서는 접속사가 필요하므로 and를 콤마 대신 쓰거나 대명사를 접속사의 기능도 할 수 있는 관계대명사로 써야 한다. 따라서 주어진 문장에서 some of them을 some of whom으로 고쳐야 한다.

해석 이 로봇들은 학생들과 같이 놀며 일부는 영어를 가르치기도 한다.

263 ✕ near는 전치사, 형용사, 부사의 기능을 모두 할 수 있는 반면 nearby는 형용사 또는 부사 역할만 가능하다. 따라서 주어진 문장에서 nearby는 전치사 역할을 하지 못하기 때문에 the city라는 명사를 취할 수 없으므로 nearby를 near로 고쳐야 한다.

해석 그 도시 인근에 흥미로운 곳이 많다.

264 ○ prefer는 비교 대상을 'prefer (동)명사 to (동)명사' 또는 'prefer to부정사 (rather) than (to)부정사' 구조로 표현하므로, 주어진 문장은 올바르게 쓰였다.

해석 나는 차를 운전하는 것보다 자전거를 타는 것을 더 좋아한다.

265 ✕ more은 주로 2음절 이상의 형용사/부사의 비교급을 만들 때 쓰인다. 주어진 문장은 부사 slowly에 비교급인 more slowly가 올바르게 쓰였다. 다만 비교급은 than과 함께 쓰이므로 as를 than으로 고쳐야 한다.

해석 소리는 빛보다 더 느리게 이동한다.

266 ○ 'the 최상급 명사 + (that) 주어 have ever 과거분사' 구조는 '지금까지 ~한 것 중에서 가장 ~한'이라는 의미로 쓰인다. 따라서 주어진 문장에서 the most interesting book that I have ever read는 올바르게 쓰였다.

해석 이것은 내가 읽은 것 중에서 가장 흥미로운 책이다.

267 ○ more은 부사 much의 비교급 표현으로 '더 (많이·크게)'라는 뜻으로 쓰일 수 있다. 따라서 주어진 문장에서 more는 '더 많이'라는 의미로 올바르게 쓰였다.

해석 너는 잠을 지금보다 좀 더 (많이) 자야 한다.

268 ○ alike는 서술적 용법으로만 쓰이는 형용사로 주어진 문장에서 주격보어 자리에 올바르게 쓰였다.

해석 그 점에서는 아주 똑같다.

269 ○ '~thing, ~one, ~body'는 형용사의 후치 수식을 받는다. 따라서 주어진 문장에서 something unusual은 올바르게 쓰였다.

해석 그의 말씨에는 어딘가 특이한 데가 있었다.

270 ○ 형용사의 최상급에는 정관사 the를 붙여서 사용하지만 the 대신 소유격을 사용하기도 한다. 따라서 주어진 문장에서 our biggest sellers는 올바르게 쓰였다.

해석 이 특정 모델은 가장 많이 팔리는 우리 제품들 중 하나이다.

271 ✕ asleep은 '잠이 든, 자는'이라는 뜻으로 보어 자리에 쓰이는 서술적 용법으로만 사용 가능한 형용사이다. 명사 앞에서 명사를 수식하는 한정적 용법으로는 사용할 수 없으므로 asleep을 sleeping으로 고쳐야 한다.

해석 그녀는 잠이 든 아들에게서 가만히 몸을 떼어 냈다.

272 O 'the 형용사' 구조는 '~하는 사람들'이라는 뜻으로 복수 명사이므로 복수 동사와 수 일치한다. 따라서 주어진 문장에서 the poor와 use의 수 일치가 올바르게 쓰였다.

해석 이것이 사치스러운 것처럼 보이지만 사실은 가난한 사람들이 굶주림을 막기 위해서 이를 이용하는 것이다.

273 O 과거 시점의 추측에 대한 문제로, '~했음이 틀림없다'는 must have p.p.로 표현하므로, must have been은 올바르게 쓰였다.

해석 그녀는 젊었을 때 분명히 아름다웠을 것이다.

274 X A be different from B는 'A와 B는 다르다'라는 비교를 나타낼 수 있는 표현이므로 비교 대상 일치에 주의한다. The menu for this event의 비교 대상은 '~의 메뉴'라고 해석되어야 한다. 따라서 주어진 문장에서 the previous occasion를 that(= menu) of the previous occasion로 고쳐야 한다.

해석 이번 행사의 메뉴는 이전 행사의 메뉴와 완전히 다르다.

275 O accuse는 'A of B'의 구조를 취하는 동사로 전치사 of와 결합하므로 주어진 문장에서 of bribery는 올바르게 쓰였다.

해석 그는 이사를 뇌물죄로 고발하였다.

276 O 타동사구인 make good use of의 수동태 구조인 be made good use of는 올바르게 쓰였다.

해석 그것은 전 세계 모든 곳에서 잘 활용될 것이다.

277 X 부정문에서 any를 주어로 쓰지 않고 'any + not'의 의미인 no 또는 none을 주어로 쓴다. 따라서 주어진 문장에서 Any vaccines don't exist를 No vaccines exist로 고쳐야 한다.

해석 감염을 예방하기 위한 어떤 백신도 존재하지 않는다.

278 X 부정형용사 every 뒤에는 단수 명사와 단수 동사가 와야 하므로 are을 is로 고쳐야 한다.

해석 그 회의에 참석한 모든 사람은 그 아이디어를 마음에 들어 한다.

279 X 전치사 for에 대한 목적어가 주어와 같은 they를 대신하는 것으로 재귀대명사인 itself를 themselves로 고쳐야 한다.

해석 그들은 자기 자신을 위해 식사를 준비했다.

280 O one another는 세 명 이상일 경우 순서를 정하지 않고 '서로'를 의미하는 부정대명사이며 actors라고 했으므로 서로 조언을 찾는다는 내용의 one another가 올바르게 쓰였고 불가산 명사인 advice도 올바르게 쓰였다.

해석 배우들은 서로에게서 조언을 구하고 피드백을 요청한다.

281 X 최상급 표현에 대한 문제이다. 'the 최상급'은 세 개 이상을 비교할 때 사용하는 표현이고, between은 비교 대상이 둘일 때 사용하는 표현이다. 따라서 주어진 문장에서 between them all을 of them all로 고쳐야 한다.

해석 그는 그들 중에서 가장 총명한 소년이다.

282 O 비교의 의미를 갖는 preferable(선호하는)은 비교 대상을 to로 연결하므로 옳다. ~or에는 비교의 의미가 있으므로 more ~ than이 아니라 ~or to로 비교 대상을 연결해야 함을 기억해야 한다. 따라서 주어진 문장은 올바르게 쓰였다.

해석 이것은 그것보다 더 선호되는 것 같다.

283 ○ 과거 시점에 대한 소망이므로 과거완료 had not wasted는 올바르게 쓰였다.

해석 ▶ 내가 젊었을 때 시간을 낭비하지 않았더라면 좋았을 걸.

284 ○ 원급 비교 구문은 '긍정문'에서 as ~ as로 표현한다. 문장의 동사를 수식하고 있으므로 부사 well을 넣어 as well as로 나타낸 것은 올바르게 쓰였다.

해석 ▶ 그들은 내가 지금까지 들어본 것 중 가장 훌륭한 음악을 연주했다.

285 ○ 배수 비교는 '배수사 + as ~ as', 혹은 '배수사 + more ~ than'의 구조로 표현하므로 four times as great as는 올바르게 쓰였다.

해석 ▶ 수요는 공급의 4배에 달한다.

286 ✕ '~할수록 더 ~하다'의 뜻을 가진 구문으로는 'The 비교급 주어 + 동사~, the 비교급 주어 + 동사'의 비교급 비교 표현이 있다. 양쪽에 the를 써야 하고, more와 형용사/부사는 붙여서 쓰고, 비교급 대신 원급이나 최상급을 쓸 수 없다. 따라서 주어진 문장에서 most를 more로 고쳐야 한다.

해석 ▶ 참을성이 더 있을수록, 삶은 더 평온해진다.

287 ○ '전치사 + none'은 '부정부사'로 문장 앞에 쓰일 경우 도치구문을 이끈다. 따라서 주어진 문장은 올바르게 쓰였다.

해석 ▶ 부는 현명한 사람들에게만 행복을 가져올 수 있다.

288 ○ I wish가 이끄는 가정법을 물어보는 문제로 소망 시점과 바라는 것의 시점이 일치하므로 과거 동사로 표현한 것은 올바르게 쓰였다.

해석 ▶ 내가 지금 원어민만큼 유창하면 좋을 텐데.

289 ○ 'prefer to부정사 (rather) than to부정사'의 구조로 올바르게 쓰였다.

해석 ▶ 나는 눈 오는 날에는 밖에 나가기 위해 집에 있는 것을 선호한다.

290 ○ 'It is (about/high) time that 주어 과거 동사 또는 should 동사원형' 구조로 쓰일 수 있고 주어진 문장에서 reviewed는 올바르게 쓰였다.

해석 ▶ 우리의 외교 정책을 재검토해야 할 때이다.

291 ✕ 원급 비교 구문에서 부사 as를 more로 쓰거나 접속사 as를 than으로 쓸 수 없다. 따라서 주어진 문장에서 than을 as로 고쳐야 한다.

해석 ▶ 벌과 꽃처럼 살아있는 유기체들이 이렇게 밀접하게 얽혀 있는 경우는 드물다.

292 ○ convenient는 사람을 주어로 사용하지 않으므로 올바르게 쓰였다.

해석 ▶ 당신이 편하실 때 언제든지 저를 보러 오세요.

293 ○ would rather A than B의 구조를 이끄는 조동사 would rather에 대한 문제로, 비교 대상인 relax와 go out이 모두 동사원형으로 올바르게 쓰였다.

해석 ▶ 나는 이러한 날씨에 외출하느니 집안에서 쉬겠다.

294 ○ 비교 대상의 일치를 물어보는 문제로, 비교의 대상이 둘 다 동명사로 swimming과 taking은 올바르게 쓰였다.
해석 수영은 산책하는 것보다 더 건강에 좋다고 생각되어진다.

295 ✕ the 비교급 표현은 'The 비교급 주어 + 동사~, the 비교급 주어 + 동사'의 구조로 쓴다. 따라서 expensiver는 올바른 비교급의 형태가 아니므로 The more expensive a hotel is, the better its service is로 고쳐야 한다.
해석 호텔이 더 비싸면 비쌀수록 그 서비스는 더 좋을 것이다.

296 ○ prefer의 용법에 대한 문제이다. prefer로 두 대상을 비교할 때 비교 대상이 동명사일 때에는 전치사 to를, 비교 대상이 to부정사일 때에는 rather than을 써야 하므로, 비교 대상 (to) go out은 올바르게 쓰였다.
해석 이러한 날씨에 나는 밖에 나가느니 집에 머무르겠다.

297 ○ 4형식 동사 give가 수동태가 될 경우 간접목적어가 문장의 주어 자리로 가고 뒤에 직접목적어가 그대로 남아 있다. 따라서 주어진 문장은 올바르게 쓰였다.
해석 그들은 헌신적인 자원봉사 활동을 통해 감사장을 받았다.

298 ○ 3형식 타동사구의 수동태 구조에서는 전치사가 있는지 반드시 확인한다. 따라서 주어진 문장에서 수동태 뒤에 전치사 of는 올바르게 쓰였다.
해석 그것들은 온갖 방법으로 처분되었다.

299 ✕ 소유격 관계대명사 whose는 앞에 나온 명사를 수식하고 뒤에 완전한 구조를 취한다. 주어진 문장에는 주어가 없는 불완전 구조이므로 whose를 which 또는 that으로 고쳐야 한다.
해석 나는 검은색에 갈색 눈을 가진 고양이를 샀다.

300 ○ have 뒤에 오는 목적어가 능동적으로 어떤 동작을 하면 목적격 보어 자리에 동사원형을 사용하고, have 뒤에 오는 목적어가 수동적으로 어떤 동작의 대상이 되면 목적격 보어 자리에 p.p.를 사용한다. 따라서 주어진 문장에서 학생들이 쓰는 행동을 하는 능동의 의미이므로 동사원형이 올바르게 쓰였다.
해석 그녀는 학생들이 부모님께 편지를 쓰도록 했다.

301 ✕ 학문명, 질병, 게임, 국가명 등과 같이 복수형이지만 단수로 취급하는 명사들이 있다. 주어진 문장에서는 학문명인 Mathematics가 나왔는데 복수 동사로 수 일치되어 있으므로 are를 is로 고쳐야 한다.
해석 입학 시험에서 수학의 비중은 매우 크다.

302 ○ 부정의 등위절 뒤에서 and, or, nor와 호응하여, 또는 부정의 종속절 뒤에서 either는 '~도 또한(~이 아니다)'라는 의미로 쓰이므로 올바르게 쓰였다.
해석 그는 파티를 좋아하지 않고 나 또한 마찬가지다.

303 ○ 주절의 시제와 같은 시점에 일어나는 것을 나타낼 때는 단순형 분사인 Ving/Being p.p. 분사구를 사용하고, 주절의 시제보다 한 시제 이전에 일어난 일을 나타낼 때는 having p.p./having been p.p. 분사구를 사용한다. 따라서 주어진 문장은 올바르게 쓰였다.
해석 두 번 실패했었기 때문에, 그는 다시 도전해 보고 싶지 않았다.

304 ○ 주어가 동작을 하면 능동형 동명사인 Ving/having p.p.로 사용하고, 동작의 대상이 되면 수동형 동명사인 being p.p./having been p.p.를 쓴다. 따라서 강아지가 털 손질을 당하는 것이므로 being groomed는 올바르게 쓰였다.

해석 내 강아지는 털 손질하는 걸 싫어한다.

305 ○ 2형식 동사인 seem 뒤에 주격 보어로 that절이 올바르게 쓰였다.

해석 그들은 자신들이 무엇을 하는지 알고 있는 것 같다.

306 ○ 학문명과 병명은 단수 취급하므로 주어진 문장에서 단수 동사 is는 올바르게 쓰였다.

해석 과체중인 사람들 사이에 당뇨병이 매우 많다.

307 ○ 등위 상관 접속사 Neither A nor B는 주어 자리에 올 경우 B에 수 일치하므로 주어진 문장에서 I am은 올바르게 쓰였다.

해석 그도 나도 그 사고에 책임이 없다.

308 ✕ 종속절(that절)의 내용이 변하지 않는 진리이거나 과학적 사실일 때 주절의 시제와 상관없이 항상 현재시제를 써야 한다. 따라서 주어진 문장에서 orbited를 orbits로 고쳐야 한다.

해석 Galileo는 지구가 태양을 공전한다는 것을 확인했다.

309 ○ 'It be동사 + 강조할 말 + that + 나머지 부분'의 문장 구조 형태는 강조 구문으로, 강조할 말에는 '사람, 사물, 시간 부사구, 장소 부사구'가 들어갈 수 있다. 따라서 주어진 문장에서 부사구가 강조되어 있고 that절 이후에는 주어 동사 완전 구조가 나와 있으므로 올바르게 쓰였다.

해석 치즈가 익는 동안 치즈는 자신만의 맛을 발전시킨다.

310 ○ 동사의 주어나 목적어 또는 보어 역할을 하는 의문사절(간접의문문)은 '의문사 + 주어 + 동사'의 어순으로 써야 한다. 따라서 주어진 문장에서 Where she went가 주어로 올바르게 쓰였다.

해석 그녀가 어디로 갔는지는 당신이 상관할 일이 아니다.

311 ✕ '~도 역시'라는 뜻을 나타낼 때 긍정문에는 too를 쓰고 부정문에는 either를 쓴다. 따라서 주어진 문장은 긍정문이므로 either를 too로 고쳐야 한다.

해석 Jack은 축구를 하고 있고 Jenny도 역시 축구를 하고 있다.

312 ○ '(a) few + 셀 수 있는 복수 명사'와 '(a) little + 셀 수 없는 명사'로 활용하는데 few와 little에 a가 붙으면 긍정의 표현이고 없으면 부정의 표현이다. 따라서 주어진 문장은 올바르게 쓰였다.

해석 Tom이 몇 마디 논평과 함께 시작할 거예요.

313 ✕ otherwise는 앞에 나온 절의 동사의 시제가 과거이면 otherwise 뒤에는 '주어 would/should/could/might have p.p.' 구조가 쓰인다. 주어진 문장에서 동사의 시제는 was인 과거시제이므로 would accept를 would have accepted로 고쳐야 한다.

해석 나는 바빴다. 그렇지 않다면 나는 그의 초대에 응했을 것이다.

314 ○ 배수사의 위치는 비교 구문 앞에 위치해야 한다. 따라서 주어진 문장은 올바르게 쓰였다.

해석 새 휴대폰은 예전 것보다 네 배 비싸다.

315 ○ 주어진 문장의 동사가 had decided이므로 조동사 had와 부정부사 not이 결합한 hadn't he로 부가의문문 구조가 올바르게 쓰였다.

해석 그는 그곳에 가기로 결정했었지, 그렇지?

316 ○ much, even, far, by far, still, a lot, a little, a great deal 등은 비교급을 수식하며, very는 원급을 수식한다. 따라서 주어진 문장에서 much는 비교급 better를 수식하고 있으므로 올바르게 쓰였다.

해석 그의 최근 영화는 이전 영화들보다 훨씬 낫다.

317 ○ '부정어(not/never)~ without 동명사' 구조는 '~할 때마다 −하다'라는 의미로 쓰이며 'without 동명사' 대신 'but 주어 + 동사' 구조를 쓰기도 한다. 따라서 주어진 문장에서 never see this picture without shedding tears는 '사진을 볼 때마다 눈물을 흘린다'라는 의미로 주어진 문장에서 올바르게 쓰였다.

해석 이 사진을 볼 때마다, 나는 눈물을 흘린다.

318 ✕ 지각동사는 목적어와 목적격 보어 관계가 능동일 경우에는 to부정사가 아닌 동사원형이나 현재분사를 쓴다. 따라서 주어진 문장에서 to walk를 walk 또는 walking으로 고쳐야 한다.

해석 우리 둘 다 들판을 통해 걸어오고 있는 남자를 본 것을 기억했다.

319 ○ as가 '양보'의 의미를 가질 때, '무관사 명사 as 주어 동사 ~' 구조로 형용사 주격 보어가 문두에 위치하는 도치 구조로 쓰일 수 있다. 따라서 Young man as he was는 올바르게 쓰였다.

해석 그는 젊지만, 그 임무에 대해 공정하다.

320 ○ 'no less ~ than'은 양자 긍정의 의미를 지니므로 no less rich than you are은 '너만큼 부자인'이라는 의미로 올바르게 쓰였다.

해석 그는 너만큼이나 부자이다.

321 ✕ 형용사나 부사의 원급을 수식하는 것은 very이고 형용사나 부사의 비교급을 수식하는 것은 even, much, far, still, a lot이다. 따라서 주어진 문장에서 very를 even, much, far, still, a lot 중 하나로 고쳐야 한다.

해석 어떤 사람들은 다른 사람들보다 여가 시간이 훨씬 더 적다.

322 ○ 부사와 형용사를 이끌 수 있는 접속사는 how이므로 올바르게 쓰였다.

해석 당신이 아무리 조심을 해도 그것들이 오래가지는 않는다.

323 ○ 주어가 스스로 떠오르면(올라가다) 'rise − rose − risen'으로 쓰고, 주어가 다른 것을 올리면(들어 올리다) 'raise − raised − raised'로 사용한다. 파리가 스스로 날아오른 것이므로 rose는 올바르게 쓰였다.

해석 파리들이 시커멓게 잔뜩 떼를 지어 날아올랐다.

324 ○ should have p.p.는 '~했어야 했다'라는 의미로, but 다음에 일찍 도착 못한 이유를 보여주고 있으므로 주어진 문장은 올바르게 쓰였다.

해석 ▶ 우리는 일찍 도착했어야 했는데, 길 중간에 심한 교통체증이 있었다.

325 ✗ 뒤에 목적어를 쓸 수 있는 것은 '동명사'이고 뒤에 목적어를 쓸 수 없는 것은 '명사'이다. 따라서 주어진 문장에서 rejection을 뒤에 나온또 다른 명사 his offer를 취할 수 있는 동명사 rejecting으로 고쳐야 한다.

해석 ▶ 그는 내가 그의 제안을 거절한 것을 비난했다.

326 ○ 주어가 스스로 앉으면(착석하다) 'sit – sat – sat'으로 쓰고, 주어가 다른 것을 앉히면(착석시키다) 'seat – seated – seated'로 사용한다. 주어진 문장에서는 선생님이 그를 앉히는 것이므로 seat가 올바르게 쓰였다.

해석 ▶ 우리 영어 선생님은 그를 잠시도 가만히 앉혀놓을 수가 없었다.

327 ○ 주절의 주어가 행동을 하면 현재분사로 시작하는 분사구문이고, 행동을 당하면 과거분사로 시작하는 분사구문이다. 따라서 주어진 문장에서 주어가 그녀라는 행동할 수 있는 주체이므로 현재분사 Backpacking은 올바르게 쓰였다.

해석 ▶ 외국에서 배낭여행을 할 때, 그녀는 항상 카메라를 가지고 다닌다.

328 ○ 장소를 나타내는 선행사 뒤에 완전한 절이 따라오면 관계부사 where를 쓰고, 관계대명사 which는 뒤에 주어나 목적어가 없는 불완전한 절을 이끌고 사물 선행사를 수식한다. 따라서 주어진 문장에서 뒤에 불완전한 구조가 나왔으므로 which는 올바르게 쓰였다.

해석 ▶ 이곳이 내가 열쇠를 잃어버렸던 곳이다.

329 ○ 가정을 나타내는 문장에서 if가 생략되면 'were + 주어 / had + 주어 + p.p. / should + 주어 + 동사원형'으로 쓴다. 주어진 문장에서는 가정법 과거완료 구조에서 if가 생략되고 Had education focused는 올바르게 쓰였다.

해석 ▶ 교육이 창의력에 초점을 맞추었더라면, 그들은 훌륭한 예술가가 될 수도 있었을 것이다.

330 ○ 비교를 나타내는 표현에서 than 뒤에 있는 명사가 앞에 있는 명사와 같을 때, 단수 명사는 that으로 복수 명사는 those로 대신한다. 따라서 주어진 문장에서 단수 명사 grass가 나와 있으므로 that으로 대신하여 올바르게 쓰였다.

해석 ▶ 이쪽의 잔디가 울타리 반대쪽의 잔디보다 더 푸르다.

331 ○ 상대방에게 감정을 불러일으키면 현재분사를, 주어가 그 감정을 느끼면 과거분사를 감정동사에 적용하여 사용한다. 따라서 주어진 문장에서 아이들이 감정을 느꼈으므로 excited는 올바르게 쓰였다.

해석 ▶ 아이는 공을 던진다는 생각에 신이 났다.

332 ✗ 주어가 '생기다(발생하다)'라는 의미이면 'arise – arose – arisen'으로 쓰고, '(느낌·태도를) 불러일으키다[자아내다]'라는 의미이면 'arouse – aroused – aroused'로 쓴다. 따라서 주어진 문장에서는 '관심을 불러일으키다'라는 의미로 쓰였으므로 arose를 aroused로 고쳐야 한다.

해석 ▶ 그들의 최근 연구는 많은 흥미를 불러일으켰다.

333 ✕ 1형식 자동사는 명사 목적어를 취할 수 없으므로 전치사와 동반해서 함께 쓴다. 주어진 문장에서 reside는 대표적인 1형식 자동사로 뒤에 명사를 취할 때는 전치사를 동반하여 쓰므로 reside the river를 reside in the river로 고쳐야 한다.

해석 이 기생충은 간에서 서식한다.

334 ○ 의미에 주의할 1형식 자동사에 주의한다. pay (off)는 '이익이 되다, 수지가 맞다'라는 의미로 1형식 자동사로 쓰일 수 있으므로 주어진 문장은 올바르게 쓰였다.

해석 아무리 부추기는 것처럼 보였다 하더라도 범죄는 이익이 되지 않는다.

335 ✕ 문장에서는 8품사에 해당하는 어휘들이 문법적 기능에 맞게 사용되어야 한다. 따라서 주어진 문장에서 John has done his job은 3형식 완전 구조이므로 명사를 수식하거나 보어 자리에 쓰이는 형용사 good를 동사를 수식할 수 있는 부사 well로 고쳐야 한다.

해석 John이 일을 잘했다는 것에는 의심할 여지가 없는 듯하다.

336 ✕ 대표 3형식 타동사는 전치사 없이 바로 목적어를 취할 수 있으므로 전치사에 주의한다. 따라서 주어진 문장에서 comprise는 '구성되다'라는 뜻으로 타동사로 쓰이므로 전치사 of를 삭제해야 한다.

해석 노인들이 빈곤 계층 인구의 많은 부분을 차지한다.

337 ✕ machine은 동작을 직접하는 주체가 아니다. 따라서 주어진 문장에서 to repair를 수동의 의미를 전달하는 to be repaired로 고쳐야 한다.

해석 우리가 산 세탁기는 수리해야 한다.

338 ✕ to부정사 관용 구문으로 '~하는 데 시간이 ~걸리다'는 'It takes + 사람 + 시간 + to부정사' 또는 'It takes 시간 for 사람 to부정사'로 쓴다. 따라서 주어진 문장에서 that을 it으로 고쳐야 한다.

해석 이 회사에 적응하는 데 일 년이나 걸렸다.

339 ○ have는 'the 추상명사(친절/용기) to부정사' 구조를 수반하여 '~하는 친절[용기 등]이 있다'라는 의미로 쓰인다. 따라서 주어진 문장은 올바르게 쓰였다.

해석 그녀는 전체 관중 앞에서 말하는 용기를 가졌다.

340 ✕ make, believe, find, think, consider는 뒤에 가목적어 it을 쓰고 형용사나 명사 목적격 보어를 취한 이후에 진목적어로 to부정사를 쓸 수 있으므로 makes 뒤에 가목적어 it을 삽입해야 한다.

해석 그는 점심 식사 후에 한 시간씩 산책을 하기로 했다.

341 ○ 접속사 that은 동사의 목적어 역할을 하고, 완전한 절(흡연율이 떨어지다)을 이끌 수 있다. 따라서 주어진 문장은 올바르게 쓰였다.

해석 선생님은 흡연율이 꾸준히 떨어지고 있다고 우리에게 말했다.

342 X 등위상관접속사가 이끄는 동사의 수 일치와 태의 일치를 물어보는 문제이다. Neither A nor B가 주어 역할을 할 때, 동사의 수는 동사와 가까이 있는 B에 일치시키고, 감정 심리상태는 수동태로 표현한다. 따라서 주어진 문장에서 were satisfied를 was satisfied로 고쳐야 한다.
해석 기자도 편집자도 출판사가 제시한 연봉 제안에 만족하지 않았다.

343 O 인과 관계를 나타내는 'such ~ that …' 구문을 물어보는 문제이다. such 다음 'a + 형용사 + 명사'가 이어지고 있고, 접속사 that이 완전한 문장을 이끌고 있으므로 올바르게 쓰였다.
해석 그는 너무 낮은 목소리로 말해서 나는 그의 말을 반도 들을 수 없었다.

344 O '머지않아 ~ 하게 되다'라는 뜻은 'It won't be long before~'로 표현한다. 시간의 부사절에서 현재시제가 미래를 나타내므로, 동사 learns를 쓴 것 또한 올바르게 쓰였다.
해석 많은 학생들이 같은 실수를 반복하지 않는 법을 배우는 날이 머지 않았다.

345 X with 분사구문으로 'with + 목적어' 다음 목적격 보어 자리가 능동(-ing)인지 수동(p.p.)인지 확인해야 한다. echo는 자동사이므로 수동태 형태로 쓸 수 없다. 따라서 주어진 문장에서 echoed를 echoing으로 고쳐야 한다.
해석 방 안에 울려 퍼지는 웃음 소리가 나면서, Sarah는 기쁨을 느꼈다.

346 X 'B하는 것보다 A하는 게 낫다'의 뜻을 가진 구문으로는 'would rather A than B'의 표현이 있다. A, B는 주로 동사 원형으로 쓴다. 따라서 watching을 watch로, going을 go로 고쳐야 한다.
해석 그녀는 오늘 밤에 붐비는 극장에 가는 것보다 집에서 영화를 보는 게 더 낫다.

347 O As long as는 부사절 접속사로 '주어 + 동사'와 '주어 + 동사'를 연결해주는 역할을 한다. 따라서 주어진 문장은 올바르게 쓰였다.
해석 일정이 허락된다면, 회의 시간에 대해 유연하게 대처할 수 있다.

348 X 'A majority of'는 뒤에 나오는 명사에 수 일치해야 한다. 뒤의 명사(the solutions)가 복수 형태이므로 단수 동사 wasn't를 복수 동사 weren't로 고쳐야 한다.
해석 토론회에서 제안된 대다수의 해결책들은 다소 적용하기 어려웠다.

349 O 'many a 단수 명사'는 단수 동사와 수 일치시켜야 한다. 따라서 주어진 문장은 올바르게 쓰였다.
해석 성실한 많은 학생들이 이 수업에서 성과를 냈다.

350 O promise는 타동사로 뒤에 목적어가 없으면 수동태(be p.p.) 구조로 쓴다. 따라서 주어진 문장에서 has been promised는 올바르게 쓰였다.
해석 다음 달에 직원들에게 월급 인상이 약속되었다.

351 X be 동사의 주격 보어로 형용사가 와야 한다. 따라서 등위접속사 and를 기준으로 형용사 weak와 병치 구조를 맞춰서 동사 exhaust를 형용사 exhausted로 고쳐야 한다.
해석 그는 약해지고 지친 Owen과 함께 도착했다.

352 ○ suggest는 동명사만을 목적어로 취하는 3형식 타동사이다. 따라서 주어진 문장에서 동명사 watching은 올바르게 쓰였다.
[해석] 그는 이번 주말에 함께 영화를 보자고 제안했다.

353 ○ consider는 5형식 타동사이고 타동사 뒤에 목적어가 없으면 수동태(be p.p.) 구조로 쓴다. 따라서 주어진 문장에서 was considered는 올바르게 쓰였다.
[해석] 그는 자신의 연구 분야에서 전문가로 여겨졌다.

354 ✕ leave는 '~을/를 떠나다'라는 뜻의 3형식 타동사로 전치사 없이 바로 목적어를 취할 수 있으므로 전치사에 주의한다. 따라서 leave from을 전치사 from을 삭제한 leave로 고쳐야 한다.
[해석] 접근하는 폭풍 때문에 관광객들은 섬을 떠나야 했다.

355 ○ 간접의문문에 대한 문제로, asked가 목적어 두 개를 취하고 있으며, why 다음의 어순이 '주어 + 동사'의 어순으로 올바르게 쓰였고, 과거시제도 일치하므로 주어진 문장은 올바르게 쓰였다.
[해석] 그는 나에게 왜 매일 매일 돌아오는지를 물었다.

356 ○ like의 목적어로 '~하기를 좋아한다'를 의미할 때는 동명사를 취한다. 'whether A or B'의 구조로 등위접속사 or를 기준으로 병치 구조를 이뤄야 하므로 swimming과 walking은 올바르게 쓰였다.
[해석] 그 장소는 당신이 수영을 좋아하든 걷기를 좋아하든 멋진 곳이다.

357 ○ 전치사 뒤에 관계대명사가 나오면 주어와 동사를 포함한 완전한 절을 이끈다. 따라서 주어진 문장에서 in whom she confided는 올바르게 쓰였다.
[해석] 그녀의 어머니는, 그녀가 비밀을 털어놓았더니, 그녀를 지지하겠다고 했다.

358 ○ 유사관계대명사 as는 불완전한 절을 이끌고 'such (명사), as 형용사 a 명사, the same (명사)'와 같은 선행사를 수식한다. 주어진 문장에서 유사관계대명사 as가 the same kind of watch를 수식해 주고 있고 뒤에 목적어가 없는 불완전 구조로 올바르게 쓰였다.
[해석] 이것은 내가 잃어버린 것과 같은 종류의 시계이다.

359 ✕ 간접의문문 구조는 '의문사 + (주어) + 동사' 어순으로 쓰이므로 was he를 he was로 고쳐야 한다.
[해석] 그는 자기가 지금 어디에 있는 것일까 궁금해했다.

360 ○ nothing but '오직, 그저[단지] ~일 뿐인'이라는 의미로 주어진 문장에서 올바르게 쓰였다. 등위접속사 and를 기준으로 명사 talent와 명사 determination이 병치 구조로 올바르게 쓰였다.
[해석] 그는 오로지 다듬어지지 않은 재능과 투지만으로 시작했다.

361 ○ '명사가 없다면 ~할 것이다'의 뜻을 가진 구문으로는 'Were it not for 명사 + 주어 would/should/could/might 동사원형'의 가정법 과거표현이 있다. 따라서 주어진 문장은 올바르게 쓰였다.
[해석] 기술이 없다면 우리의 삶은 매우 다르게 변할 것이다.

362 ✕ 부정부사 under no circumstances가 문장 처음에 나오면 뒤에 이어지는 문장의 어순은 '조동사 + 주어'로 도치된다. 따라서 주어진 문장에서 you should를 should you로 고쳐야 한다.

[해석] 어떤 상황에서도 너는 이곳을 떠나면 안 된다.

363 ○ 문장에서 이미 동사 set이 있는데 동사의 p.p.형인 caught가 나와 있으므로 분사 문제이다. 과거분사 caught가 앞에 있는 명사(words)를 꾸며주는데 뒤에 목적어가 없고, words가 붙잡혀진 것이므로 과거분사 caught는 올바르게 쓰였다.

[해석] 지나가면서 들린 몇 마디가 나를 생각하게 만들었다.

364 ○ arise는 1형식 자동사로 뒤에 명사 목적어를 취할 수 없으나 전치사(among)와 함께 쓰이면 명사 목적어를 쓸 수 있다. 따라서 주어진 문장은 올바르게 쓰였다.

[해석] 상속에 대해 형제 자매 사이에 갈등이 생겼다.

365 ○ 사역동사 let은 목적어와 목적격 보어의 관계가 능동일 경우에는 목적격 보어 자리에 원형부정사를 써야 한다. 따라서 주어진 문장에서 play는 올바르게 쓰였다.

[해석] 그는 자신의 아이들이 방과 후에 뒷마당에서 놀 수 있게 해준다.

366 ✕ 주어인 Educational problems와 동사 solve의 의미 관계가 수동(해결되어야 한다)이므로 solve를 be solved로 고쳐야 한다.

[해석] 교육 문제는 사회구성원들의 합의에 바탕을 두어 해결되어야 한다.

367 ○ to부정사는 명사를 수식할 수 있고 to부정사의 의미상 주어는 'for + 명사'의 형태로 쓴다. 따라서 주어진 문장에서 some groceries for her family to eat는 올바르게 쓰였다.\

[해석] 그녀는 가족이 먹을 식료품을 가져가야 한다.

368 ○ 조건 부사절 접속사(unless)에서 주어 + 동사 완전 구조로 써야 하고 뒤에 부정어 표현은 나올 수 없다. 따라서 주어진 문장은 올바르게 쓰였다.

[해석] 혁신이 없다면 진정한 진보는 있을 수 없다.

문법 실력 강화 OX문제 – 영작 밑줄형 정답 및 해설

01 ○ rob은 사람(강탈당한 대상)을 목적어로 취하는 타동사이고 따라서 뒤에 목적어가 없는 경우에는 be p.p.형태인 수동태 구조로 쓰인다. 주어진 문장에서는 목적어가 없으므로 'He was robbed'는 올바르게 쓰였다. 또한 last는 과거를 나타내는 시간 부사이므로 과거시제 동사 또한 올바르게 쓰였다.

02 ○ ask는 5형식 동사로 쓰일 때 목적격 보어로 to부정사를 취하므로 수동태 구조가 될 때 'be asked to부정사' 구조가 된다. 따라서 주어진 문장은 올바르게 쓰였다.

03 ○ ago는 과거시제와 잘 어울리는 시간 부사이다. 따라서 주어진 문장의 과거 동사 was는 올바르게 쓰였다.

04 ✗ taste가 2형식 자동사로 쓰일 때 뒤에 형용사 주격 보어를 취하고, 이때 '~한 맛이 나다'라는 상태를 의미한다. 상태 동사는 진행시제로 쓸 수 없으므로 are tasting을 taste로 고쳐야 한다.

05 ○ 'Many a 단수 명사'는 '많은'이라는 뜻이지만 단수 취급하므로 단수 동사로 받는다. 따라서 has는 올바르게 쓰였고, 2형식 동사 become 뒤에 형용사 bankrupt는 올바르게 쓰였다.

06 ○ 문장에서 동명사 주어는 단수 취급하므로 주어진 문장은 동명사 주어인 'Walking~'과 단수 동사 is의 수 일치가 올바르게 쓰였다.

07 ✗ be spoken to는 뒤에 목적어를 취할 수 없는 수동태 구조이므로 주어진 문장에서 명사 the general을 취하기 위해서는 명사를 이끄는 전치사가 필요하다. 의미상 행위자를 'be p.p.' 수동태 구조 뒤에서 행위자를 나타낼 때 쓰이는 전치사 by를 삽입해서 써야 하므로 the general을 by the general로 고쳐야 한다.

08 ○ 시간 부사절 접속사 when 뒤에는 미래시제 대신 현재시제를 쓰지만, 명사절 접속사 when 뒤에는 미래의 내용은 미래시제로 나타내므로 주어진 문장에서 미래시제는 올바르게 쓰였다.

09 ○ 관사가 한쪽에만 있고 A and B로 연결되었을 때 A와 B는 한 사람을 지칭하는 표현으로 쓰이므로 단수 취급한다. 따라서 주어진 문장에서 The editor and publisher는 '편집자이자 발행인'이라는 한 명의 인물을 가리키므로 단수 동사 is는 올바르게 쓰였다.

10 ✗ catch는 분사를 목적격 보어로 취하는 5형식 동사로 목적어와 목적격 보어의 관계가 능동일 경우에는 현재분사를 써야 한다. 따라서 문맥상 목적어인 그녀가 담배를 피운다는 능동의 의미이므로 과거분사 smoked를 현재분사 smoking으로 고쳐야 한다.

11 ○ 거리, 금액, 무게, 시간이 하나의 단위처럼 취급이 될 때는 단수 취급한다. 따라서 주어진 문장에서 Twenty miles가 주어이므로 단수 동사 is는 올바르게 쓰였다.

12 ○ 금지, 방해 동사(dissuade)의 목적어 뒤에 'from ~ing'의 구조를 쓰고, 동명사 뒤에 목적어가 있으므로 능동형 동명사인 marrying은 올바르게 쓰였다.

13 ✕ 명사절은 단수 취급하고 what이 이끄는 절은 주어진 문장에서 명사절 주어로 쓰였으므로 don't를 doesn't로 고쳐야 한다.

14 ○ 종속절의 내용이 변하지 않는 진리이거나 과학적 사실일 경우는 항상 현재시제를 써야 한다. 따라서 주절 동사의 시제와 상관없이 항상 현재시제로 표현해야 하므로 주어진 문장은 올바르게 쓰였다.

15 ✕ '머지않아 ~할 것이다'의 시제 관련 표현은 'It will not be long + before 주어 + 현재시제 동사'로 쓴다. 따라서 will get을 gets로 고쳐야 한다.

16 ✕ last는 과거시제와 쓰이므로 주어진 문장에서 동사의 시제는 올바르게 쓰였지만, 'A number of 복수 명사'는 '많은 명사'라는 의미로 쓰이고, 'The number of 복수 명사'는 '명사의 수'라는 의미로 쓰이므로 주어진 해석에 맞게 A number of를 The number of로 고쳐야 한다.

17 ✕ diabetes(당뇨병)와 같은 병명은 복수형으로 쓰여 있음에도 불구하고 단수 취급하므로 복수 동사 are를 단수 동사 is로 고쳐야 한다.

18 ○ 명백한 과거를 나타내는 과거 시간 부사가 나오면 반드시 과거 동사를 확인한다. 따라서 주어진 문장에서 과거 동사 happened는 올바르게 쓰였다.

19 ✕ 3형식 타동구의 수동태 구조에서는 전치사가 있는지 반드시 확인한다. '~을 돌보다'라는 의미인 타동사구 take care of의 수동태로 전치사 of가 추가된 be taken care of로 고쳐야 한다.

20 ✕ 'before + 주어 + 과거시제 동사'의 과거 시간 부사절이 나오면 주절에 과거 관련 시제로 쓴다. 따라서 주어진 문장에서 have를 had로 고쳐야 한다.

21 ✕ marry는 대표 3형식 타동사로 전치사 없이 바로 목적어를 취할 수 있다. 따라서 marrying to를 전치사 to를 삭제한 marrying으로 고쳐야 한다.

22 ○ 사역동사의 목적어와 목적격 보어 관계가 능동일 경우에 목적격 보어로 원형부정사를, 목적어와 목적격 보어 관계가 수동일 경우에 목적격 보어로 과거분사를 쓴다. 따라서 목적어인 the man은 묶임을 당하는 입장이므로 목적격 보어로 과거분사 tied up은 올바르게 쓰였다.

23 ✕ 문장의 주어가 될 수 있는 것은 명사 상당 어구이다. 동사를 명사 자리에 사용하기 위해서는 동명사나 to부정사로 쓴다. 따라서 주어 자리의 Do를 To do 또는 Doing으로 고쳐야 한다.

24 ✕ suggest는 3형식 동사이므로 '~에게'라는 의미를 전달할 때는 전치사 to와 함께 사용해야 한다. 따라서 me를 to me로 고쳐야 한다.

25 ○ 명사절 주어는 단수 취급하므로 Whether가 이끄는 명사절과 단수 동사 is는 올바르게 쓰였다.

26 ○ 시간 부사절 접속사 By the time 뒤에는 미래시제가 아닌 현재시제 동사를 써야 한다. 따라서 주어진 문장에서 starts는 올바르게 쓰였다.

27 ✕ 소유의 의미나 상태의 의미를 지니는 타동사들은 수동태로 쓰지 않는다. consist of는 수동태로 쓰지 않는 동사이므로 are consisted of를 consist of로 고쳐야 한다.

28 ○ 5형식 사역 동사가 수동태가 될 때 목적격 보어 자리에 있던 동사원형은 to부정사로 바뀌게 되므로 주어진 문장에서 to stand는 올바르게 쓰였다.

29 ○ 'Only 부사/부사구/부사절'은 동사를 수식하므로 도치 구조를 이끈다. 따라서 주어진 문장은 올바르게 쓰였다.

30 ✕ 부분을 나타내는 명사가 나오면 of 뒤에 명사를 확인해서 동사와 수 일치한다. 따라서 주어진 문장에서 the paintings와 수 일치하여 was가 아닌 were로 고쳐야 한다.

31 ○ nor는 and와 부정부사 neither의 결합으로 뒤에 도치 구조를 이끈다. 따라서 주어진 문장은 올바르게 쓰였다.

32 ○ 조동사 'had better(~하는 것이 좋을 것이다)'의 부정의 표현을 물어보는 문제이다. 'had better 동사원형'의 부정은 'had better not 동사원형'으로 표현하므로 'had better not tell'은 올바르게 쓰였다.

33 ○ '과거에 해야 했었는데'는 'should have p.p.'로 쓴다. 따라서 should have had는 올바르게 쓰였다. 사역동사 have의 목적어와 목적격 보어가 수동의 관계일 때 목적격 보어 자리에 과거분사를 쓰므로 should have had your hair cut은 올바르게 쓰였다.

34 ○ 'Only 부사/부사구/부사절'은 동사를 수식하므로 도치 구조를 이끈다. 따라서 can you park는 올바르게 쓰였다.

35 ○ dare는 '감히 ~하다'를 의미하는 표현으로 부정부사가 dare 뒤에 위치할 때 dare는 조동사이므로 뒤에 동사원형이 쓰인다. 따라서 daren't ask는 올바르게 쓰였다.

36 ✕ '구동사의 수동태'에 대한 문제로, '~을 비웃다'라는 뜻의 laugh at은 수동태로 표현되면 be laughed at으로 표현하므로 be laughed을 be laughed at으로 고쳐야 한다.

37 ✕ 5형식 지각동사(watch)의 목적격 보어 자리에는 to부정사가 아닌 원형부정사, 현재분사 또는 과거분사를 써야 한다. 따라서 주어진 문장에서 '해가 진다'라는 능동의 의미이므로 to set을 set 또는 setting으로 고쳐야 한다.

38 ○ 사람을 나타내는 명사를 수식할 때는 관계대명사 who를 사용하고 사물을 나타내는 명사를 수식할 때는 관계대명사 which를 사용한다. 따라서 주어진 문장에서 사람을 수식하고 있으므로 who는 올바르게 쓰였다.

39 ○ 관계대명사 앞에, 꾸밈(수식)을 받는 명사가 있으면 that을 쓰고, 없으면 what을 쓴다. 따라서 주어진 문장에서 수식을 받는 명사가 없으므로 what은 올바르게 쓰였다.

40 ○ hard는 형용사로는 '단단한, 어려운, 열심히 하는, 세게 하는'의 뜻이 있고, 부사로는 '열심히, 세게, 심하게, 힘들게'라는 뜻이 있다. 그리고 hardly는 부사로 '거의 ~아니다'라는 부정 의미로 사용된다. 따라서 주어진 문장의 해석에 부정의 의미가 들어가 있으므로 hardly는 올바르게 쓰였다.

41 ○ be동사 뒤에 주격 보어 자리에 to부정사를 쓸 수 있다. 따라서 주어진 문장은 올바르게 쓰였다.

42   O   '부정문 + without ~' 혹은 '부정문 + but 주어 동사'는 '~할 때마다 ~하다'라는 의미의 구문으로 올바르게 쓰였다.

43   O   'commit A to B' 구조는 'A를 B에게 전념시키다'라는 의미이고 이때 to는 전치사이므로 명사 또는 동명사 목적어를 취한다. 따라서 주어진 문장에서 to working은 올바르게 쓰였다.

44   X   '~인 체하다'의 뜻을 가진 원형부정사의 관용 표현은 make believe로 써야 한다. 따라서 주어진 문장에서 make it believe를 it을 삭제한 make believe로 고쳐야 한다.

45   O   fallen leaves는 '낙엽'이라는 뜻으로 쓰이며 fallen은 수동의 의미가 아닌 완료의 의미를 지닌 과거분사로 뒤에 명사 leave를 수식하고 있으므로 올바르게 쓰였다.

46   O   'It(가주어) to부정사(진주어)' 구문이 올바르게 쓰였고 keep in touch with는 '~와 접촉[연락]을 유지하다, (특정 주제·분야에서 일어나는 일을) 계속 접하다[알다]'라는 의미로 쓰이므로 주어진 문장에서 올바르게 쓰였다.

47   X   find의 목적어로 쓰인 it은 사물을 지칭하는 대명사이므로 감정을 느낄 수 없다. 따라서 감정을 느낄 때 쓰는 depressed를 감정을 유발할 때 쓰는 depressing으로 고쳐야 한다.

48   O   능동의 의미를 전달하는 현재분사 flying이 명사 bird를 올바르게 수식하고 있다. 따라서 주어진 문장은 올바르게 쓰였다.

49   O   분사구문이 이유를 나타내는 경우 현재분사는 'as 주어 do동사'로 강조할 수 있고 과거 분사는 'as 주어 be동사'로 강조할 수 있다. 따라서 주어진 문장에서 Living이라는 현재분사를 강조하는 as I do는 올바르게 쓰였다.

50   X   '실종된'이라는 의미를 나타낼 때는 과거분사 missed가 아닌 현재분사 missing으로 써야 한다. 따라서 주어진 문장에서 missed를 missing으로 고쳐야 한다.

51   O   'There being no 명사' 구조는 '~이 없어서'라는 의미의 현재 분사형 표현으로 주어진 문장에서 올바르게 쓰였다.

52   O   'remember to부정사'는 '(어떤 일을 하는 것을) 잊지 않다[잊지 않고 하다]'라는 의미로 쓰이므로 주어진 문장에서 올바르게 쓰였다.

53   O   'with a view to 명사 또는 동명사'는 '~할 목적으로, ~하기 위해서'라는 뜻으로 쓰인다. 따라서 주어진 문장에서 우리말 해석이 '발굴하기 위하여'라고 나와 있으므로 with a view to digging up은 올바르게 쓰였다.

54   O   'what do you say to 명사 또는 동명사'는 '~하는 게 어때?'라는 뜻으로 쓰인다. 따라서 주어진 문장에서 What do you say to going은 올바르게 쓰였다.

55   X   '~에 익숙하다'의 뜻을 가진 구문으로는 '사람 주어 be used to 명사/동명사'의 표현이 있다. 전치사 to 뒤에는 동명사를 써야 한다. 따라서 to speak를 to speaking으로 고쳐야 한다.

56 ⭕ forget 뒤에 to부정사를 쓰면 '~할 것을 잊다'라는 뜻으로 쓰인다. 따라서 주어진 문장에서 forget to remove는 올바르게 쓰였다.

57 ❌ 감정을 나타내는 형용사 glad 뒤에 to부정사가 쓰이면 감정의 원인을 나타내기 때문에 glad to be home은 올바르게 쓰였으나 감정 분사는 사물을 수식할 때 감정을 유발한다는 의미의 현재분사 형태로 수식하기 때문에 exhausted를 exhausting으로 고쳐야 한다.

58 ❌ to read와 to talk with가 각각 앞에 나온 명사를 수식해주고 있고 to부정사가 명사를 수식할 때 수식받는 명사가 to부정사의 의미상의 목적어가 되면 to부정사 뒤에 목적어를 생략한다. 따라서 to read it에서 목적어 it을 삭제한 to read로 고쳐야 한다.

59 ⭕ 독립분사구문으로 분사구문의 주어가 문장의 주어와 일치하지 않을 때 분사 앞에 분사의 의미상의 주어를 표시해서 나타낼 수 있으므로 주어진 문장에서 'The elevator being ~'은 올바르게 쓰였다.

60 ❌ 분사구문을 부정할 때 분사 앞에 Not 또는 Never를 쓴다. 따라서 주어진 문장에서 Having not을 Not having으로 고쳐야 한다.

61 ⭕ '앞으로 ~할 것을 기억하다 또는 잊다'는 표현은 'remember 또는 forget to부정사'이며, '이미 ~했던 것을 기억하다 또는 잊다'라는 표현은 'remember 또는 forget 동명사'로 사용하므로 주어진 문장에서 forget hearing은 우리말에 맞게 올바르게 쓰였다.

62 ❌ 주어 다음에 make, find, think, consider 등의 동사 뒤에는 it이라는 가목적어를 쓰고 가목적어 바로 뒤에는 명사 혹은 형용사, to부정사를 순서대로 써주는 '가목적어 + 명사/형용사 목적격 보어 + 진목적어' 구조를 취할 수 있다. 따라서 주어진 문장에서 considered와 sensible 사이에 가목적어 it을 삽입해야 한다.

63 ⭕ 앞에서 꾸밈을 받는 명사가 행동을 직접 하면 현재분사를 쓰고, 앞에서 꾸밈을 받는 명사가 행동을 당하면 과거분사를 사용한다. 신발이 만듦을 당한 것이므로 과거분사 made는 올바르게 쓰였다.

64 ⭕ 소유격의 단어인 my와 mine은 뒤에 명사가 나오면 my를, 뒤에 명사가 나오지 않으면 mine을 사용한다. 뒤에 명사가 나오지 않았으므로 mine은 올바르게 쓰였다.

65 ❌ 문장에 동사가 추가되기 위해서는 접속사가 필요하다. 주어진 문장에는 is와 go out이라는 두 개의 동사가 있으므로 우리말에 해석에 따른 접속사를 추가하거나 동사를 분사로 바꿔야 올바른 문장이 된다. 따라서 주어진 문장을 'If the weather is fine, I'll go out again'으로 고치거나 'The weather being fine, I'll go out again'으로 고쳐야 한다.

66 ⭕ 'only to부정사'는 to부정사의 부사적 용법으로 쓰일 경우 '결국 ~하게 되다'라는 뜻이 되므로 주어진 문장에서 only to find는 올바르게 쓰였다.

67 ❌ '새의 다리가 부러진 채'로 날아갔다는 해석에 따라서 능동의 의미를 지닌 현재분사 breaking을 수동의 의미를 지닌 과거분사 broken으로 고쳐야 한다.

68 X '(과거의 일·전에 알고 있던 것을) 잊다'라는 의미로 쓰일 때는 forget 뒤에 동명사 목적어를 취하므로 to hear를 hearing으로 고쳐야 한다.

69 X 'too 형용사/부사 to부정사' 구문에서 to부정사의 목적어와 그 절의 주어가 같을 때 to부정사 뒤의 목적어는 생략한다. 주어진 문장에서 The workload가 주어에 제시되어 있으므로 it을 쓴다면 중복 사용이 된다. 따라서 to handle it을 목적어 it을 삭제한 to handle로 고쳐야 한다.

70 O '늦은, 늦게'라는 late와 '요즘, 최근에'라는 뜻의 lately를 잘 구분해야 한다. 여기에서는 주어진 문장의 해석에 맞게 '최근에'를 의미하는 lately가 올바르게 쓰였다.

71 O get 다음에 오는 목적어가 능동의 뜻이면 목적격 보어 자리에 to부정사를 쓰고, 수동의 뜻이면 목적격 보어 자리에 p.p.를 써야 한다. 따라서 주어진 문장에서 서류에 서명을 받는 것이므로 signed는 올바르게 쓰였다.

72 O 어떤 것을 현재 또는 미래에 해야 하면 'should', 어떤 것을 과거에 했어야 하면 'should have p.p.'로 사용해야 한다. 주어진 문장은 '내일 아침까지 완성해야 한다'는 의미이므로 should complete는 올바르게 쓰였다.

73 O 'be accustomed to 명사 또는 동명사'는 '~에 익숙하다'라는 뜻으로 주어진 문장에서 are accustomed to using blankets는 올바르게 쓰였다.

74 X 문장 본동사의 시제보다 to부정사가 발생한 시점이 더 이전이면 to부정사를 완료형으로 써야 한다. 따라서 주어진 문장에서 본동사는 현재시제이고 to부정사는 과거이므로 to be를 to have been으로 고쳐야 한다.

75 O '부정어(not/never)~ without 동명사' 구조는 '~할 때마다 -하다'라는 의미로 쓰이며 'without 동명사' 대신 'but 주어 + 동사' 구조를 쓰기도 한다. 따라서 주어진 문장에서 never meet but they quarrel은 올바르게 쓰였다.

76 O 관계대명사 that은 사람과 사물 선행사 모두 수식할 수 있고 뒤에 주어가 없거나 목적어가 없는 불완전 구조를 이끈다. 따라서 주어진 문장에서 주어가 없이 동사 has가 나와 있고 이때 has는 선행사인 the sort of law와 수 일치하여 단수 동사로 올바르게 쓰였다.

77 O 간접의문문은 '의문사 + 주어 + 동사 ~' 구조로 문장에서 명사절로서 주어, 목적어, 보어 자리에 쓰인다. 따라서 주어진 문장에서 Where you are right now는 간접의문문으로 문장에서 주어 자리에 올바르게 쓰였다.

78 O 'used to부정사'는 '~하곤 했다, 과거 한때는[예전에는] ~이었다[했다]'라는 뜻으로 주어진 문장에서 올바르게 쓰였다.

79 X 분사 Admitted 뒤에 목적어로 what절을 취하고 있으므로 Admitted를 Admitting으로 고쳐야 한다.

80 O 'know better than to부정사'는 '~할 사람이 아니다' 또는 '~할 정도로 어리석지 않다'라는 의미로 쓰이는 표현으로 주어진 문장에서 올바르게 쓰였다.

81 O 강한 의혹이나 미래에 대한 가능성이 희박한 경우의 가정법을 가정법 미래라고 하며 'if + 주어 + should 동사원형~, 주어 + would/should/could/might + 동사원형'으로 쓴다. 이때, if가 생략되고 'Should + 주어 + 동사원형~' 구조로 쓰인다. 따라서 주어진 문장에서 if가 생략된 'Should it rain~'은 올바르게 쓰였다.

82 X 과거 사실과 반대로 가정해서 현재 결과에 반대로 예측을 나타낼 수 있는 가정법을 혼합 가정법이라고 하며 'if + 주어 + had p.p. ~ (과거 시간 부사), 주어 + would/should/could/might + 동사원형 now [today]'로 쓴다. 따라서 주어진 문장에서 have been을 be로 고쳐야 한다.

83 X if를 사용하지 않는 여러 가지 가정법 표현의 형태가 올바르게 쓰였는지 확인한다. 'It is (about/high) time + 주어 + 과거시제 동사[should 동사원형]'은 '이제 ~할 시간이다'로 해석하는 가정법 표현이다. 따라서 주어진 문장에서 buy를 bought 또는 should buy로 고쳐야 한다.

84 X if를 사용하지 않는 여러 가지 가정법 표현의 형태가 올바르게 쓰였는지 확인한다. '주어 + 현재시제(직설법) + otherwise + 가정법 과거 주절' 또는 '주어 + 과거시제(직설법) + otherwise + 가정법 과거완료 주절'로 쓴다. 따라서 주어진 문장에서 과거 사실에 대한 반대로 가정을 하고 있으므로 be를 have been으로 고쳐야 한다.

85 X 세 개 이상의 다른 대상들과 비교를 통한 최상급 표현은 'the most 최상급'으로 표현한다. 따라서 most intelligent를 the most intelligent로 고쳐야 한다.

86 O '기껏해야'라는 뜻은 at most 또는 not more than으로 표현한다. 따라서 주어진 문장은 올바르게 쓰였다.

87 O 관계대명사 which가 계속적 용법으로 사용될 때 앞 문장 전체를 선행사로 수식할 수 있으므로 주어진 문장은 올바르게 쓰였다.

88 O 강조 구문에서 부사가 강조되면 that 뒤는 완전 구조로 쓴다. 따라서 주어진 문장은 올바르게 쓰였다.

89 O teach는 4형식 타동사로 수동태가 된 후 직접목적어가 뒤에 남아 있게 된다. 따라서 주어진 문장은 올바르게 쓰였다.

90 O 수식받는 명사(선행사)가 사물일 때, 소유격 관계대명사는 'whose 명사 = of which the 명사 = the 명사 of which'로 표현할 수 있으므로 주어진 문장은 올바르게 쓰였다.

91 X '주장·요구·명령·제안·충고'를 의미하는 타동사 뒤에 'that 주어 + 동사 (should) (not) 동사원형' 구조를 쓴다. 따라서 will be를 (should) be로 고쳐야 한다.

92 O enter into는 '~을 시작하다'라는 뜻으로 목적어로 business를 취하고 있으므로 주어진 문장은 올바르게 쓰였다.

93 O 'as if 주어 + 과거 동사~' 구조는 주절의 동사와 같은 시제로 '마치 어떠한 것처럼'이라고 해석이 되고, 'as if 주어 + had p.p.~' 구조는 문장의 동사보다 하나 이전 시제로 '마치 어떠했던 것처럼'이라고 해석된다. 따라서 주어진 문장에서 주절의 동사와 같은 시제인 '과거 시점에 마치 돈이 많은 것처럼'이라는 의미로 'as if 주어 + 과거 동사~' 구조가 올바르게 쓰였다.

94 ✕ 'It be + 필요, 또는 중요함, 긴급함, 타당함 등을 나타내는 당위성 형용사(important, vital, imperative, natural, necessary, desirable, essential 등) + that절' 구조에서 that절에 '주어 + (should) 동사원형' 구조가 쓰인다. 따라서 주어진 문장에서 leaves를 should leave 또는 leave로 고쳐야 한다.

95 ○ 'may/might as well A as B' 구조는 'B보다는 A가 낫다'라는 의미로 주어진 문장에서 올바르게 쓰였다.

96 ○ must는 '~해야 한다'라는 의무의 뜻뿐만 아니라 '~임이 틀림없다'라는 추측의 뜻을 가진 조동사로 쓰일 수 있고 '과거에 ~했음이 틀림없다'라는 뜻을 나타낼 때 'must have p.p.' 구조로 쓴다. 따라서 주어진 문장과 우리말 해석이 올바르게 쓰였다.

97 ○ 'But for[Without] 명사, 주어 would/should/could/might 동사원형 또는 have p.p.' 구조는 '~이 없다면 ~할 텐데' 또는 '~이 없었다면, ~했을 텐데'라는 의미의 가정법 구문으로 주어진 문장에서 올바르게 쓰였다.

98 ✕ 'cannot (help/choose) but 동사원형' 구조는 '~할 수밖에 없다, ~하지 않을 수 없다'를 나타내는 표현이므로 주어진 문장에서 '끝낼 수 없었다'라는 우리말 해석에 맞게 couldn't choose but finish를 couldn't finish로 고쳐야 한다.

99 ○ 'only 부사/부사구/부사절' 뒤에는 '조동사 + 주어'로 도치된다. 따라서 주어진 문장에서 is there는 올바르게 쓰였다.

100 ○ '주장·요구·명령·제안·충고'를 의미하는 타동사 뒤에 'that 주어 + 동사 (should) 동사원형' 구조를 쓴다. 따라서 주어진 문장에서 that they be treated는 올바르게 쓰였다.

101 ○ 부정부사가 강조를 위해 문두(문장 처음)나 절두(절 처음)에 위치하면 조동사와 주어 순서로 도치된다. 또한 사물을 수식하는 주격 또는 목적격 관계대명사는 주어 또는 목적어가 없는 불완전 구조를 취한다. 주어진 문장에서 부정부사 nowhere가 문장 처음에 쓰여 'be + 주어 + (동사원형 ✕)'로 도치되어 is technology가 올바르게 쓰였고 which가 그 뒤에는 주어가 없는 불완전 구조로 올바르게 쓰였다.

102 ✕ 부정부사가 강조를 위해 문두(문장 처음)나 절두(절 처음)에 위치하면 조동사와 주어 순서로 도치되고 이때 조동사와 주어의 수 일치에 주의한다. 따라서 주어진 문장에서 부정부사 not only가 문장 처음에 나와 were the Palm Beach Post로 도치는 올바르게 쓰였으나, 단수 주어이므로 복수 동사 were를 단수 동사 was로 고쳐야 한다.

103 ○ 장소 또는 방향 부사구가 문두(문장 처음)에 위치하면 '1형식 자동사 + 주어' 순서로 도치되고 이때 1형식 자동사와 주어의 수 일치에 주의한다. 따라서 주어진 문장에서 In front of the door라는 장소 부사구 뒤에 1형식 자동사 stands와 주어 a man으로 도치 구조와 수 일치가 올바르게 쓰였다.

104 ○ 'Had + 주어'로 시작한다면 if가 생략된 가정법이므로 가정법 공식을 확인해야 한다. 주어진 문장은 'Had + 주어 + p.p.~, 주어 + would/should/could/might have p.p.'의 가정법 과거완료 공식으로 올바르게 쓰였다.

105 ○ 시간, 조건 부사절에서는 의미상 미래일지라도 현재시제가 미래를 대신한다. 따라서 주어진 문장에서 현재 동사 increases는 올바르게 쓰였다.

106 ✗ 우리말의 '알려줬었더라면'의 뜻을 보아 과거에 이루지 못한 것에 대한 아쉬움을 표현하는 I wish 가정법을 써야 하고, 이는 'I wish + 주어 + 과거완료(had p.p.)'의 구조로 쓸 수 있다. 따라서 주어진 문장에서 I wish she told를 I wish she had told로 고쳐야 한다.

107 ○ '(B보다) A가 낫다'의 뜻을 가진 구문으로는 'would rather A (than B)'의 조동사 관용 표현이 있다. A와 B는 주로 동사원형이 쓰인다. 따라서 주어진 문장은 올바르게 쓰였다.

108 ○ be entitled to에서 to는 전치사로 뒤에 명사 또는 동명사를 쓸 수 있다. 따라서 to의 목적어로 명사 complimentary meals는 올바르게 쓰였다.

109 ○ 동사 앞에 조동사 do[does/did]를 써서 동사를 강조할 수 있고 주어진 문장에서는 조동사 do가 동사 book을 강조하며 올바르게 쓰였다.

110 ○ 'have only to부정사' 구조는 '~하기만 하면 된다'라는 표현으로 주어진 문장에서 올바르게 쓰였다.

111 ○ 형용사 주격 보어가 문두에 위치하면 'be동사 + 주어'로 도치된다. 따라서 주어진 문장은 올바르게 쓰였다.

112 ✗ 'Not only A but also B' 구문에서 Not only가 문두에 위치하면 '조동사 + 주어'로 도치된다. 다만 이때 but 뒤에는 정상어순으로 쓴다. 따라서 주어진 문장에서 but might she를 but she might로 고쳐야 한다.

113 ○ would rather A than B는 '~하기 보다는 차라리 ~하겠다[하고 싶다]'라는 의미로 주어진 문장에서 올바르게 쓰였다.

114 ✗ '법이 어떤 것도 바꿀 수 없다'는 '전체 부정'의 문맥의 의미를 통해 'everything'을 'anything'으로 고쳐야 한다.

115 ✗ near는 부사로 쓰일 때 시간이나 거리상 '가까이'라는 의미로 쓰이므로 해석에 맞게 '거의'라는 뜻을 가진 nearly로 고쳐야 한다.

116 ✗ fastly는 존재하지 않는 단어다. '빠른, 빠르게'라는 뜻을 가진 fast로 고쳐야 한다.

117 ○ 'It be + 감정 형용사(strange) + that절 주어 + (should) 동사원형' 구문은 말하는 사람의 주관적 감정을 나타내거나 강조하기 위해 사용된다. 이때 사용되는 조동사 should는 놀라움 · 뜻밖 · 노여움 · 유감 등 말하는 사람의 주관적 감정을 표현하거나 강조하기 위해서 사용되며 '~하다니, ~이라니'로 해석한다. 다만, that절에 직설법 동사가 쓰일 때는 말하는 사람의 생각 · 판단이 아니라 that절의 내용을 객관적 상황 · 정황상 사실로 받아들이고 단순히 사실을 말하고 있음을 의미한다. 따라서 주어진 문장은 올바르게 쓰였다.

118 ✗ 'cannot(never) ~ but 주어 동사' 구조는 '~할 때마다 반드시 ~하다'라는 의미의 표현으로 주어진 문장에서 can을 cannot으로 고쳐야 한다.

119 ✗ 과거에 '~했을 리가 없다'라는 의미를 전달할 때 'cannot have p.p.' 구조로 나타낸다. 따라서 주어진 문장에서 steal을 have stolen으로 고쳐야 한다.

120 ✗ 'ought to'의 조동사 부정은 'ought not to 동사원형'이므로 ought to not을 ought not to로 고쳐야 한다.

121 ○ 'If + 주어 + should 동사원형'이 나오면 가정법 미래를 의미하므로 주절의 동사가 올바르게 쓰였는지 확인해야 한다. 불확신한 미래를 가정할 경우 'If + 주어 + should 동사원형~, 주어 + would/should/could/might 동사원형'의 공식으로 써야 한다. 따라서 주어진 문장은 올바르게 쓰였다.

122 ✗ 'so 조동사 주어'는 앞에 나온 문장이나 절과 호응해서 쓰이는 도치구문으로 so 뒤에 조동사는 앞에 나온 문장이나 절의 동사에 따라 결정된다. 앞에 나온 절에서 조동사 have가 쓰였고 so의 주어는 I이므로 did를 have로 고쳐야 한다.

123 ✗ '간접목적어 + 직접목적어'의 구조를 이끌 수 있는 동사는 4형식 동사이다. 따라서 주어진 문장에서 3형식 동사인 mentioned를 4형식 동사인 told로 고쳐야 한다.

124 ✗ 감정분사는 감정분사의 수식을 받는 명사가 감정을 느낄 때 과거분사의 형태로 쓰고 감정을 유발할 때는 현재분사를 쓴다. embarrassing이 수식해주는 명사는 she이고 이때 she는 감정을 느끼는 주체이기 때문에 embarrassing을 embarrassed로 고쳐야 한다.

125 ✗ '그녀가 전화하든, 내가 이메일을 보내든'의 선택적인 의미로 쓰일 때는 주로 접속사 whether를 쓴다. 접속사 that은 확정적인 사실을 전달할 때 사용하는 반면에, 불확정적인 사실이나 의심을 표현하는 경우에는 whether를 사용한다. 따라서 주어진 문장에서 that을 whether로 고쳐야 한다.

126 ○ 'if + 주어 + 과거 동사'가 나오면 가정법 과거를 의미하고 주절에 '주어 + would/should/could/might 동사원형'이 올바르게 쓰였는지 확인해야 한다. 따라서 주절에 동사원형 be는 올바르게 쓰였다. concern은 타동사로 뒤에 목적어가 없고 수동의 의미이므로 수동태(be p.p.) 형태 또한 올바르게 쓰였다.

127 ✗ as if는 가정법 구문에서 쓰이는 접속사로 형용사 주격 보어를 문장 처음으로 두는 도치 구조를 만들 때는 사용되지 않는다. 따라서 as 양보 도치 구문으로 써야 하므로 주어진 문장에서 as if를 as로 고쳐야 한다.

128 ✗ 금지·방해 동사(keep)는 '~을 방해하다'라는 의미로 쓰이기 위해서는 'keep + 목적어 + from -ing'의 구조로 써야 한다. 따라서 advancing을 from advancing으로 고쳐야 한다.

129 ○ 양보의 의미를 갖는 접속사 though는 '형용사/무관사 명사 + though + 주어 동사'의 구조로 쓰일 수 있으므로 Strange though it may sound는 올바르게 쓰였다.

130 ✗ 명사절을 이끄는 접속사 if는 '~인지'라는 뜻으로 타동사의 목적어 역할은 가능하지만 주어, 보어, 전치사의 목적어 역할은 할 수 없다. 따라서 주어진 문장에서 if를 같은 의미의 접속사인 whether로 고쳐야 한다.

131 ○ 'of which the 명사' 또는 'the 명사 of which'의 구조는 소유격 관계대명사의 역할을 하는 표현이다. 따라서 주어진 문장에서 선행사 the picture를 수식해주는 the price of which는 올바르게 쓰였다.

12

132 ○ 관계부사 when은 시간 명사를 수식하며 완전한 절을 이끈다. 따라서 주어진 문장에서 시간 명사 the day를 완전한 구조인 관계 부사절 when he arrived at his home이 수식해주고 있으므로 올바르게 쓰였다.

133 ✕ 유사관계대명사 but은 'that ~ not'의 의미로 but 뒤에는 부정부사를 쓰지 않는다. 따라서 주어진 문장에서 doesn't have를 has로 고쳐야 한다.

134 ○ '고려하다'를 의미하는 cosider은 동명사를 목적어로 취하는 특정 타동사이다. 따라서 동명사 형태인 changing은 올바르게 쓰였다.

135 ○ 소유격 관계대명사 whose는 앞에 나온 사람 명사 또는 사물 명사 둘다 수식할 수 있고 whose 뒤에는 명사가 나오고 완전 구조를 이룬다. 따라서 주어진 문장에서 whose 뒤에 eyes were missing이라는 완전한 절이 나왔으므로 올바르게 쓰였다.

136 ○ 전치사와 함께 쓰이는 관계대명사는 뒤에 완전한 구조를 취한다. 따라서 주어진 문장에서 '전치사 + 관계대명사'인 for which 뒤에 완전 구조인 she was totally unprepared는 올바르게 쓰였다.

137 ○ however(＝ no matter how)는 양보 부사절 접속사로 '아무리 ~해도[할지라도]'라는 의미로 쓰인다. 'however 형/부 주어 동사' 구조로 쓰일 수 있다. 따라서 주어진 문장에서 however cold it is outside는 올바르게 쓰였다.

138 ✕ beside는 ~옆에라는 뜻이고 besides는 '~이외에도'라는 뜻이다. 우리말 해석에 맞게 Beside를 Besides로 고쳐야 한다.

139 ○ 접속사 that은 '때·방법·이유 등을 나타내는 명사'를 선행사로 하여 관계부사로 사용될 수 있으므로 주어진 문장에서 'the day that I met her~'은 올바르게 쓰였다.

140 ○ 시간·조건·양보 부사절에서 주절의 주어와 종속절의 주어가 일치할 때는 접속사 뒤에 '주어 + be동사'를 생략할 수 있다. 따라서 주어진 문장은 he was가 생략되고 While fighting in Germany가 올바르게 쓰였다.

141 ○ for는 주로 전치사로 쓰이지만, 접속사로 쓰일 때 '그 까닭은, 왜냐하면 ~이므로'라는 뜻으로 쓰이고 보통 앞에 콤마 또는 세미콜론이 오고, 회상적·부가적·보충적으로 이유·설명 따위를 말한다. 따라서 주어진 문장에서 접속사 for은 올바르게 쓰였다.

142 ✕ that은 앞에 나온 명사를 수식하는 관계대명사 역할을 할 수 있고, 이때 주어나 목적어가 없는 불완전한 절을 이끈다. 다만, 주어진 문장에서는 관계대명사 뒤에 동사 대신 현재분사가 쓰여 동사가 없으므로 현재분사 attracting을 과거 동사 attracted로 고쳐야 한다.

143 ✕ '설상가상으로'라는 표현은 what is worse로 쓴다. 따라서 주어진 문장에서 which를 what으로 고쳐야 한다.

144 ✕ unless는 '만약 ~이 아니라면(if not), ~이 아닌 경우에는'이라는 부정의 의미를 가진 표현이므로 unless가 이끄는 절에 추가로 not을 쓸 필요가 없다. 따라서 주어진 문장에서 unless가 이끄는 절에서 not을 삭제하고 Unless he was in uniform으로 고쳐야 한다.

145 ◯ lest는 '~하지 않도록, ~하면 안 되니까'라는 의미의 부사절 접속사로 쓰이며 'lest 주어 (should) 동사원형' 구조로 표현한다. 따라서 주어진 문장에서 lest you should fall은 올바르게 쓰였다.

146 ◯ 앞에서 한 말에 대해 '~도 또한 그렇다'라는 의미를 나타낼 때는 'so 조동사 주어' 구조로 so 뒤에 도치가 된다. 따라서 주어진 문장에서 so have I는 올바르게 쓰였다.

147 ✕ 전치사(in) 뒤에는 관계대명사 that을 쓸 수 없다. 따라서 주어진 문장에서 선행사가 사물이므로 전치사 뒤에 관계대명사 that을 which로 고쳐야 한다.

148 ◯ 관계대명사 who 뒤에는 '주어 + 삽입절 동사(think, believe, say, know 등)'가 나올 수 있고 삽입절이 들어가 있는 절의 구조에서 주어가 없는 경우에는 who를 쓴다. 따라서 주어진 문장은 올바르게 쓰였다.

149 ✕ 가주어 구문에서 사람의 성격(인성)을 나타내는 형용사가 있을 경우 to부정사의 의미상의 주어는 'of 사람'으로 표현한다. 따라서 주어진 문장에서 for her을 of her로 고쳐야 한다.

150 ✕ 미래시점(By next month) 기준에 기간 부사(for 10 years)가 있으므로 미래완료시제로 표현해야 한다. 따라서 주어진 문장에서 will be를 will have been으로 고쳐야 한다.

151 ✕ '~로 알려진'은 'known for~'로 표현해야 한다. 따라서 주어진 문장에서 knowing을 known으로 고쳐야 한다.

152 ◯ '만약 ~하면'이란 뜻으로 if를 쓰고, '만약 ~하지 않으면'이란 뜻으로 unless를 쓴다. 주어진 문장은 '~하지 않으면'이라는 의미로 unless가 올바르게 쓰였다.

153 ✕ all, both, every, always 등과 같이 전체를 나타내는 말과 not을 같이 쓰면 '모두가 ~인 것은 아니다', '둘 다 ~인 것은 아니다'라는 부분 부정을 의미하는 표현이 된다. 따라서 전체 부정을 의미하는 표현이 들어 있는 우리말 해석과 일치하지 않는다. 따라서 해석에 맞게 both를 either로 고쳐야 한다.

154 ◯ '만약 ~하면'이란 뜻으로 if를 쓰고, '만약 ~하지 않으면'이란 뜻으로 unless를 쓴다. 따라서 주어진 문장에서 '만약 ~하면'이라는 뜻으로 if는 올바르게 쓰였다.

155 ✕ to부정사의 행동이 주어의 행동과 동시에 일어나면 'to + 동사원형'을 쓰고, 주어의 행동보다 먼저 일어났으면 'to have p.p.'를 쓴다. 따라서 주어진 문장에서 무슨 일이 일어난 것이 먼저이므로 to happen을 to have happened로 고쳐야 한다.

156 ✕ 'spend 시간/돈/노력 (in) 동명사' 구문이다. 따라서 주어진 문장에서 to observe를 observing으로 고쳐야 한다.

157 ◯ who는 사람 선행사를 수식하고 주어가 없는 불완전한 구조를 이끈다. 또한 주격 관계대명사 뒤에 동사는 선행사와 수 일치한다. 따라서 주어진 문장에서 관계대명사 who는 people을 수식하고 people과 관계대명사 who 뒤에 동사 are의 수 일치가 올바르게 쓰였다.

158 ✕ 사람 선행사를 수식하는 관계대명사절에서 '(주어 + 삽입절 동사) + 동사' 구조가 쓰일 때는 목적격 관계대명사 whom이 아닌 주격 관계대명사 who를 쓴다. 따라서 주어진 문장 whom I think would에서 whom을 who로 고쳐야 한다.

159 ◯ '전치사 + 관계대명사' 구조가 나오면 전치사에 유의하고 뒤에 완전 구조인지 확인해야 한다. 따라서 주어진 문장에서 with which 뒤에 he wrote the novel인 주어와 동사를 갖춘 완전한 절이 올바르게 쓰였다.

160 ◯ 계속적 용법으로 쓰이는 관계대명사 which는 앞에 나온 문장 전체나 일부의 내용을 수식할 수 있다. 따라서 주어진 문장에서 He studied hard in his youth를 수식해 주는 계속적 용법의 관계대명사 which는 올바르게 쓰였다.

161 ✕ 'A가 ~하는 것을 막다'의 뜻을 가진 구문으로 금지, 방해동사 중 'prohibit A from -ing'가 있다. 그녀가 학생회장으로 '임명되는 것'을 막는 것이므로 수동형 동명사(being p.p.) 형태로 써야 한다. 따라서 능동형 동명사 appointing을 being appointed로 고쳐야 한다.

162 ✕ 동사가 완료 시제이면서 수동태를 의미할 때는 have been p.p. 구조로 써야 한다. 타동사 regard는 뒤에 목적어가 없으므로 수동으로 써야 한다. 따라서 능동태 have regarded를 수동태 have been regarded로 고쳐야 한다.

163 ✕ 사물을 수식할 때 감정분사는 현재분사형으로 쓴다. 따라서 주어진 문장에서 anything을 수식하고 있으므로 interested를 interesting으로 고쳐야 한다.

164 ◯ '전치사 + 관계대명사'가 나오면 전치사에 유의하고 뒤에 완전 구조인지 확인한다. 주어진 문장은 in which 뒤에 완전 구조로 올바르게 쓰였다.

165 ◯ 특정 표현 뒤에는 'should 동사원형' 또는 should가 생략되고 '동사원형'만 남은 구조를 올바르게 썼는지 확인해야 한다. 이성적 판단의 형용사가 It be와 that절 사이에 쓰일 때 'It be 이성적 판단 형용사 that 주어 (should) 동사원형'의 구조로 쓴다. 따라서 주어진 문장에서 이성적 판단 형용사인 important 뒤에 that절의 동사가 동사원형의 형태인 follow는 올바르게 쓰였다.

166 ◯ who는 사람 선행사를 수식하고 주어가 없는 불완전한 구조를 이끈다. 따라서 주어진 문장에서 사람을 수식하는 주격 관계대명사 who는 a man을 선행사로 하는 주어가 없는 불완전 구조 또한 올바르게 쓰였다.

167 ◯ 명사절 접속사 what은 여러 가지 관용 구문으로 쓰일 수 있다. 'A is to B what(as) C is to D'는 'A와 B의 관계는 C와 D의 관계와 같다'의 뜻을 가진 what을 포함한 관용 구문 중 하나이다. 따라서 주어진 문장은 관용 구문이 올바르게 쓰였다.

168 ✕ 사물을 수식하는 주격 또는 목적격 관계대명사 which는 뒤에 주어나 목적어 없는 불완전 구조를 취한다. 주어진 문장에서 which 뒤에 'S + be p.p.'의 형태인 완전 구조를 취하고 있으므로 관계부사 또는 '전치사 + 관계대명사'를 써야 한다. 따라서 which를 in which 또는 where로 고쳐야 한다.

169 ◯ 상호관계를 나타낼 때는 복수형 명사를 쓰는 표현들이 있고 그중에 하나가 'take turns ~ing' 구문이다. 따라서 주어진 문장에서 take turns being은 올바르게 쓰였다.

170 ◯ '수사 + -(하이픈) + 단위명사'가 형용사구가 되어 명사를 수식할 때는 단수 단위명사를 쓴다. 따라서 주어진 문장에서 a ten-story office building은 올바르게 쓰였다.

171 ✕ '비교급 than any other 단수 명사' 구조로 쓴다. 따라서 주어진 문장에서 girls를 girl로 고쳐야 한다.

172 ◯ 'the 서수 최상급'은 '~번째로 가장 ~한'이라는 의미로 올바르게 쓰였다.

173 ◯ '무료의, 자유로운, ~가 없는'이라는 뜻의 free는 '자유롭게, 거리낌없이'라는 뜻의 freely로 사용되기도 한다. 따라서 주어진 문장에서 free가 '~없는'이라는 의미로 올바르게 쓰였다.

174 ✕ 앞에서 나왔던 하나의 대상을 가리키면 it을 사용하고, 두 개 이상의 복수 대상을 가리키면 them을 사용한다. 따라서 주어진 문장에서 복수 대상인 pets를 가리키므로 it을 them으로 고쳐야 한다.

175 ◯ 재귀대명사가 목적어로 쓰여 주어 자신을 나타내는 것을 재귀 용법이라고 한다. 주어진 문장의 목적어 자리에 재귀대명사 himself가 쓰여 주어 자신을 나타내고 있으므로 주어진 문장에서 올바르게 쓰였다.

176 ◯ 어떤 것을 현재 또는 미래에 해야 하면 should, 어떤 것을 과거에 했어야 하면 should have p.p.로 사용해야 한다. 따라서 주어진 문장에서 과거의 후회나 유감을 의미하므로 should have p.p.가 올바르게 쓰였다.

177 ◯ not more than은 '~보다 많지 않은, 많아야, 기껏해야'라는 뜻으로 at (the) most와 비슷한 의미가 있다. 따라서 주어진 문장의 문맥에 맞게 not more than은 올바르게 쓰였다.

178 ✕ every는 단수 명사와 함께 쓰여 '모든~'이라는 의미로 쓰이고 빈도를 나타내서 '매~, ~마다'라는 의미로 쓰일 때는 'every 서수 단수 명사' 또는 'every 기수 복수 명사' 구조로 써야 한다. 따라서 주어진 문장에서 단수 명사 month를 복수 명사 months로 고쳐야 한다.

179 ◯ fewer는 few의 비교급으로 '더 적은'이라는 뜻을 나타내고 few와 마찬가지로 복수 가산 명사를 수식한다. 반면에 less는 little의 비교급으로 '더 적은'이라는 뜻을 나타내고 little과 마찬가지로 불가산 명사를 수식한다. 따라서 주어진 문장은 복수 가산 명사 cigarettes를 수식하는 fewer와 불가산 명사 beer를 수식하는 less가 올바르게 쓰였다.

180 ◯ 'A is one thing and B is another'는 'A와 B는 별개다'라는 의미로 쓰인다. 따라서 주어진 문장에서 영작에 맞는 해석이 올바르게 쓰였다.

181 ✕ '이틀에 한 번'은 every other day 혹은 every second day 혹은 every two days로 표현한다. 따라서 every two day를 every two days로 고쳐야 한다.

182 ◯ practice는 목적어로 동명사를 취하므로 practiced releasing은 올바르게 쓰였다.

183 ◯ 사역동사의 목적격 보어는 원형부정사로 표현하지만 사역동사를 수동태 구조로 전환할 때 원형부정사를 to부정사로 쓴다. 따라서 주어진 문장에서 was made to stand는 올바르게 쓰였다.

184 ⭕ '~을 실행하다'의 put ~ into effect의 수동태 구조는 be put into effect이므로 주어진 문장은 올바르게 쓰였다.

185 ⭕ less는 부정문에 이어 much, still, even, far 등을 앞에 놓고 '하물며~가 아니다'라는 의미를 나타낼 수 있다. 따라서 주어진 문장에서 much less for that of his friend는 앞에 언급된 부정문과 함께 쓰여 '하물며 친구 것까지 낼 수는 없었다'라는 의미로 올바르게 쓰였다.

186 ❌ 문장의 주어가 다시 목적어에 언급되는 경우 재귀대명사는 인칭대명사의 소유격이나 목적격 뒤에 '-self(단수)' 또는 '-selves(복수)'를 붙인 대명사인 재귀대명사를 써야 한다. 따라서 주어진 문장에서 us를 ourselves로 고쳐야 한다.

187 ⭕ 'The 비교급 (주어 동사)~, the 비교급 (주어 동사)' 구조는 '~'하면 할수록 더 ~하다'라는 의미이다. 주어진 문장에서도 우리말 해석에 맞게 올바르게 쓰였다.

188 ⭕ 'A no less 형/부 than B' 구조는 양자 긍정 표현으로 'B만큼 A도~하다'라는 긍정 의미로 해석된다. 주어진 문장은 올바르게 쓰였다.

189 ⭕ a good(great) deal of, a good(great) amount of 또는 a large quantity of 구조는 불가산 명사를 수식한다. 따라서 주어진 문장에서 a great deal of publicity는 올바르게 쓰였다.

190 ❌ '~은 말할 것도 없이'의 뜻을 가진 구문으로는 still[much] more, still[much] less의 비교급을 이용한 표현이 있다. 두 표현은 의미상은 차이가 없지만 부정문과 어울리는 표현은 still[much] less이다. 따라서 주어진 문장에서 still more를 still less로 고쳐야 한다.

191 ⭕ another 뒤에는 '단수 명사', 'of 복수 명사', '수사 복수 명사'가 올 수 있으므로 주어진 문장에서는 '수사 복수 명사' 구조가 forty miles의 형태로 올바르게 쓰였다.

192 ⭕ 양자 부정의 구문은 not ~ any more than 또는 no more ~ than으로 표현하고, than 다음의 동사는 생략하거나, 긍정의 대동사로 표현한다. 따라서 주어진 문장은 올바르게 쓰였다.

193 ⭕ '배수사 as 원급 as' 또는 '배수사 비교급 than' 구조는 배수 표현으로 주어진 문장에서는 '배수사 as 원급 as' 구조가 올바르게 쓰였다. 따라서 주어진 문장에서 three times as much as last year's는 올바르게 쓰였다.

194 ⭕ 혼동하기 쉬운 형용사인 considerable과 considerate의 의미 차이를 구분해야 한다. considerable은 '상당한, 중요한'이라는 의미이고 considerate는 '사려 깊은'이라는 의미로 쓰인다. 따라서 주어진 문장에서 considerable이 '상당한'의 의미로 올바르게 쓰였다.

195 ❌ information, evidence, advice, equipment, news, homework, furniture 등의 명사는 불가산 명사로 복수형으로 쓰이지 않는다. 따라서 furnitures를 furniture로 고쳐야 하고, 동사도 수 일치해서 were를 was로 고쳐야 한다.

196 ⭕ 'have the 추상명사 to부정사' 구조는 '~하게도 ~하다'라는 의미로 주어진 문장에서 올바르게 쓰였다.

197 X most는 '대부분, 최대의, 최고의'라는 의미로 쓰이며, 형용사로 명사를 수식할 때 almost는 부사이며 '거의'라는 뜻으로 쓰이므로 주어진 문장에 우리말 해석에 맞게 almost를 most로 고쳐야 한다.

198 X 원급 비교 'as 형용사/부사 as' 구문에서 앞에 나온 절이 완전한 경우에는 부사로 수식한다. 형용사는 명사나 보어 자리에 쓴다. 따라서 형용사 efficient를 부사 efficiently로 고쳐야 한다.

199 O enough는 수식하는 형용사, 부사 또는 동사 뒤에 두어 '충분히, ~에 필요한 만큼, ~하기에 족할 만큼'이라는 의미로 쓰인다. 따라서 주어진 문장에서 long enough는 올바르게 쓰였다.

200 X hardly, scarcely, rarely, seldom, never, under no circumstances 등과 같은 부정부사는 다른 부정부사와 함께 쓰이지 않는다. 따라서 주어진 문장에 not hardly에서 not을 삭제한 hardly로 고쳐야 한다.

201 O 가정법 미래는 'If 주어 should 동사원형, 과거 조동사 또는 현재나 미래의 의미를 나타내는 조동사 + 동사원형'으로 표현하며, if 생략 시 '동사 주어'의 어순이 된다. 따라서 'Should a storm arise suddenly, we can find a shelter easily.'는 'If a storm should arise suddenly, we can find a shelter easily.'와 같으므로 주어진 문장은 올바르게 쓰였다.

202 O 분사구문의 부정에 대한 문제이다. 부정부사는 분사 앞에 위치하므로 Not having seen ~은 올바르게 쓰였다.

203 O love, like, hate, begin, start는 to부정사와 동명사 목적어 모두 취할 수 있으므로 주어진 문장에서 began to take 는 올바르게 쓰였다.

204 X 최상급의 의미를 갖는 비교 구문에서 비교 대상은 '비교급 than any other 단수 명사'로 써야 한다. 따라서 주어진 문장에서 boys를 boy로 고쳐야 한다.

205 X 'A라기보다는 B이다'의 원급 비교 구문은 not A so much as B = not so much A as B로 표현해야 하나, 주어진 문장에서는 not A any more than B의 '양자 부정'의 표현이 나왔으므로 틀린 문장이다. 따라서 주어진 문장에서 any more than을 so much as로 고쳐야 한다.

206 O 비교 구문을 이용한 전부 부정(양자 부정)과 전부 긍정(양자 긍정)에 대한 문제이다. 'A is no more B than C is D'는 'C가 D가 아니듯이 A도 B가 아니다'라는 의미이며 'A is no less B than C is D'는 'C가 D이듯이 A는 B이다'라는 의미이다. 따라서 주어진 문장은 올바르게 쓰였다.

207 O 라틴 비교급 superior의 비교 대상 앞에는 전치사 to를 쓴다. 또한 비교급을 강조하기 위한 far 또한 올바르게 쓰였다.

208 O 'wish 가정법'의 시제 일치를 물어보는 문제이다. 'I wish 가정법'은 '동일 시점 또는 미래에 대한 소망'은 '과거시제'로, '주절보다 앞선 과거에 대한 소망'은 '과거완료 시제'로 표현한다. 따라서 주어진 문장은 올바르게 쓰였다.

209 O 'not so much as 동사'는 '~조차도 없다[않다]'의 의미로 부정어 not 대신 never를 썼다. 따라서 주어진 문장은 올바르게 쓰였다.

New Trend 진가영 영어

210 ○ 'The 비교급~, the 비교급…' 구문은 양쪽에 the와 어순 그리고 최상급이나 원급이 아닌 비교급이 올바르게 쓰였는지 확인한다. 따라서 주어진 문장은 올바르게 쓰였다.

211 ✗ 'A is no more B than C (C처럼 A도 B가 아니다)' 구문으로 '학교 교육처럼 부모의 지도도 학교 교육에 중요하지 않다'로 해석이 되어 해석상 맞지 않는다. '중요하다'는 의미가 되려면 'A is no less B than C' 구문을 써야 하므로 is no more important than을 is no less important than으로 고쳐야 한다.

212 ○ preferable은 비교 대상이 명사인 경우 전치사 to를 써야 한다. 따라서 주어진 문장은 올바르게 쓰였다.

213 ○ '~한 지 시간이 ~지났다'라는 표현은 'It has been 시간 since 주어 과거 동사'로 표현할 수 있으므로 주어진 문장은 올바르게 쓰였다.

214 ✗ 비교 구문의 대동사에 대한 문제이다. no more ~ than은 '양자 부정(전부 부정)' 구문으로 대동사는 반드시 긍정으로 표현해야 한다. 따라서 주어진 문장에서 isn't를 is로 고쳐야 한다.

215 ○ 5형식 동사 make의 수동태가 구조가 올바르게 쓰였다. be made 뒤에 명사나 형용사 목적격 보어가 남아 있을 수 있다. 따라서 주어진 문장은 올바르게 쓰였다.

216 ○ 지각동사의 수동태는 'be heard to부정사' 혹은 'be heard 현재분사/과거분사'로 표현한다. 따라서 주어진 문장은 올바르게 쓰였다.

217 ✗ 주절의 동사가 과거시제(knew)이므로 that절의 시제도 과거 관련 시제로 표현해야 한다. 따라서 주어진 문장에서 미래시제 will make를 과거완료 시제 had made로 고쳐야 한다.

218 ○ 배수사 표현에서 배수사의 위치는 ⑴의 원급 비교에서는 첫 번째 as 앞에, ⑵의 비교급 비교에서는 비교급 앞에, ⑶의 명사 비교에서는 명사 앞에 써야 한다. 따라서 주어진 문장은 올바르게 쓰였다.

219 ○ 'think + it + 형용사/명사 + (for 목적어) to부정사'의 구조로 think 동사 뒤에는 it이라는 가목적어를 쓰고 진목적어를 대신한다. 따라서 주어진 문장은 올바르게 쓰였다.

220 ○ 부분 부정을 표현할 때 all, both, every, always 등과 같이 전체를 나타내는 말과 not을 같이 쓰면 '모두가 ~인 것은 아니다', '둘 다 ~인 것은 아니다' 등으로 해석된다. 따라서 주어진 문장은 올바르게 쓰였다.

221 ○ '5형식 동사 + 가목적어 it + 목적격 보어(easier) + for 의미상 주어 + to 부정사' 구문으로 주어진 문장은 올바르게 쓰였다.

222 ○ 부분 부정을 표현할 때 all, both, every, always 등과 같이 전체를 나타내는 말과 not을 같이 쓰면 '모두가 ~인 것은 아니다', '둘 다 ~인 것은 아니다.' 등으로 해석된다. '모든 사람이 다 ~ 한 것은 아니다'라는 해석에 맞게 Not everybody가 올바르게 쓰였다.

223 ✗ '~하자마자 …했다'의 뜻을 가진 구문으로 'Hardly[Scarcely] + had 주어 p.p. + when[before] 주어 + 과거시제 동사'의 도치 구문 표현이 있다. 따라서 주어진 문장에서 Scarcely did I leave를 Scarcely had I left로 고쳐야 한다.

224 ○ to부정사의 의미상 주어는 to부정사 앞에 'for 명사'로 쓴다. 다만, 사람의 성품을 나타내는 형용사가 나오면 'of 명사'로 사용한다. 주어진 문장에서 natural은 사람의 성품을 나타내는 형용사가 아니므로 'for 명사' 구조가 올바르게 쓰였다.

225 ✗ '고대하다, 기대하다'라는 뜻의 구동사 look forward to는 수동태로 be looked forward to로 표현한다. 따라서 주어진 문장에서 has been looked forward를 전치사 to를 추가한 has been looked forward to로 고쳐야 한다.

226 ○ '의문사 to부정사'에서 to do의 목적어의 역할을 할 수 있는 의문대명사가 나와야 하므로 how가 아닌 what이 올바르게 쓰였다.

227 ○ 등위접속사 nor는 뒤에 도치된 구조의 절을 이끈다. 따라서 주어진 문장에서 nor am I는 올바르게 쓰였다.

228 ○ '~에 의해 설립된'은 수동의 과거분사구 was founded by로 표현한다. 따라서 주어진 문장은 올바르게 쓰였다.

229 ○ 유사 관계대명사 but은 'that ~ not'의 의미로 but 뒤에는 부정부사를 쓰지 않고 긍정문으로 쓴다. 따라서 주어진 문장에서 but commits errors는 올바르게 쓰였다.

230 ✗ 현재에 대한 반대 사실을 가정할 때 쓰는 가정법 과거는 'if 주어 과거 동사, 주어 would/should/could/might 동사원형'으로 표현하고 if가 생략되면 도치 구조로 쓰인다. 따라서 주어진 문장에서 Had it not been for를 Were it not for로 고쳐야 한다.

231 ○ 교통수단을 표현할 때는 a나 the가 없는 무관사 명사를 by와 함께 써서 표현하므로 by train은 올바르게 쓰였다.

232 ○ to부정사를 부정할 때는 to부정사 앞에 not을 쓴다. 따라서 주어진 문장에서 not to have told a lie는 올바르게 쓰였다.

233 ✗ keep의 목적격 보어로 자동사 wait의 과거 분사형이 쓰였지만 자동사는 수동의 의미를 나타낼 수 없으므로 능동의 의미를 나타내는 현재분사로 써야 한다. 따라서 주어진 문장에서 waited를 waiting으로 고쳐야 한다.

234 ○ 3형식 타동사가 that절 목적어를 취할 때 수동태 구조는 'It be p.p. that절' 구조이다. 따라서 주어진 문장에서 'It was believed that~'은 올바르게 쓰였다.

235 ○ with는 명사 목적어 뒤에 현재분사 또는 과거분사를 써서 부대 상황을 나타낸다. eyes는 행위를 받는 처지이므로 과거분사 shut은 올바르게 쓰였다.

236 ○ 'one of' 뒤에는 복수 명사를 써야 한다. 따라서 주어진 문장은 올바르게 쓰였다.

237 ○ 현재에 대해 강한 추측을 하면 'must[틀림없이(분명히)~일 것이다]'를 사용하고 과거에 대해 강한 추측을 하면 'must have p.p.[틀림없이(분명히)~했(였)을 것이다]'를 써야 한다. 따라서 주어지 문장은 올바르게 쓰였다.

238 ○ '앞으로 ~할 것을 기억하다 또는 잊다'는 표현은 'remember 또는 forget to부정사'이며, '이미 ~했던 것을 기억하다 또는 잊다'라는 표현은 'remember/forget 동명사'로 써야 한다. 따라서 주어진 문장은 올바르게 쓰였다.

239 ✗ 한 문장 안에서 일반동사(구)가 반복될 때, do, does, did로 대체하거나 조동사 뒷부분을 생략한다. 일반동사 managed를 대체하는 것은 did가 되어야 하므로 wasn't를 didn't로 고쳐야 한다.

240 ○ 앞에서 꾸밈을 받는 명사가 행동을 직접 하면 현재분사를 쓰고, 앞에서 꾸밈을 받는 명사가 행동을 당하면 과거분사를 써야 한다. 따라서 주어진 문장은 올바르게 쓰였다.

241 ○ 사람을 나타내는 명사를 수식할 때는 '관계대명사 who'를 사용하고 사물을 나타내는 명사를 수식할 때는 '관계대명사 which'를 사용한다. 따라서 주어진 문장에서 사물을 수식하고 있으므로 which는 올바르게 쓰였다.

242 ✗ hard는 형용사로는 '단단한, 어려운, 열심히 하는, 세게 하는'의 뜻이 있고, 부사로는 '열심히, 세게, 심하게, 힘들게'라는 뜻이 있다. 그리고 hardly가 부사로 쓰일 때는 '거의 ~아니다'라는 부정 의미로 사용된다. 따라서 주어진 문장에서 '세게'라는 우리말 영작이 주어져 있으므로 hardly를 hard로 고쳐야 한다.

243 ○ 관계대명사 앞에, 꾸밈(수식)을 받는 명사가 있으면 that을 쓰고, 없으면 what을 쓴다. 따라서 주어진 문장에서 수식을 받는 명사가 없으므로 what은 올바르게 쓰였다.

244 ○ 비교를 나타내는 표현에서 similar to 뒤에 있는 명사가 앞에 있는 명사와 같을 때, 단수 명사는 that으로 복수 명사는 those로 대신한다. 따라서 주어진 문장에서 복수 명사 eyes가 나와 있으므로 those로 대신하여 올바르게 쓰였다.

245 ✗ 수식하는 명사가 그 행동을 하는 것이면 현재분사를, 수식하는 명사가 그 행동을 당하는 것이면 과거분사인 p.p.를 쓴다. 또한 자동사는 현재분사로 명사를 수식하고 타동사는 목적어를 뒤에 취하고 있으면 현재분사 뒤에 취하고 있지 않으면 과거분사로 명사를 수식한다. 주어진 문장에서는 우는 아이라는 능동의 의미이고 cry는 자동사이므로 과거분사 cried를 현재분사 crying으로 고쳐야 한다.

246 ✗ 독립분사구문으로 '날씨가 괜찮으면'은 weather permitting으로 쓴다. 따라서 주어진 문장에서 permitted를 permitting으로 고쳐야 한다.

247 ✗ 감정분사의 현재분사형은 감정을 유발하는 것을 의미하고 과거분사형은 감정을 느끼는 것을 의미한다. 주어진 문장에서 소년이 당황한 감정을 느낀다는 의미이기 때문에 bewildering을 bewildered로 고쳐야 한다.

248 ○ '실종된, 분실한'이라는 의미를 전달할 때는 missing을 써야 한다. 따라서 주어진 문장은 올바르게 쓰였다.

249 ✗ belong to, resemble, consist of 등은 수동태로 전환해서 사용하지 않는다. 따라서 주어진 문장에서 is belonged to를 belongs to로 고쳐야 한다.

250 ✗ be known as 뒤에는 자격을 나타내는 표현이 오며 '~로서 알려지다'라는 의미로 주어와 동격 관계를 형성할 수 있는 경우에 주로 쓰인다. 주어진 문장에서는 동격의 의미관계가 성립하지 않고 알려지게 된 이유가 언급되어 있으므로 as를 for로 고쳐야 한다.

251 ✗ rely on은 타동사구로 뒤에 목적어가 없는 경우 수동태 구조로 쓴다. 따라서 주어진 문장에서 rely on을 be relied on으로 고쳐야 한다.

252 ○ 5형식 동사로 쓰일 수 있는 appoint는 수동태 구조가 될 때 목적격보어는 be p.p. 구조 뒤에 그대로 남아 있다. 따라서 주어진 문장은 올바르게 쓰였다.

253 ✗ 문장의 주어 자리에는 동사가 아닌 동명사 주어로 써야 하므로 label을 labeling으로 고쳐야 한다.

254 ✗ 'insist on 명사/동명사' 구조로 쓴다. 따라서 주어진 문장에서 to come을 on coming으로 고쳐야 한다.

255 ✗ There is no use ~ing는 '~해도 소용이 없다'라는 뜻이므로 우리말 해석과 일치하지 않는다. There is no ~ing 가 '~하는 것은 불가능하다, ~할 수 없다'라는 의미이므로 use를 삭제해야 한다.

256 ○ 'be on the verge[edge, point, brink] of 동명사' 구조는 '막 ~하려고 하다'라는 의미로 주어진 문장에서 올바르게 쓰였다.

257 ○ fell은 '~을 넘어뜨리다, ~을 쓰러뜨리다'라는 타동사이므로 수동태구조인 be p.p.를 쓸 수 있으므로 주어진 문장은 타동사 뒤에 목적어 없는 수동태 구조가 올바르게 쓰였다.

258 ○ 통고 또는 확신 동사인 inform, notify, remind, convince, assure는 'A of B 또는 A to부정사 또는 A that S + V' 3가지 구조를 모두 취할 수 있으므로 주어진 문장은 올바르게 쓰였다.

259 ○ suggest, explain, say, mention, introduce, announce는 4형식으로 착각하기 쉬운 3형식 타동사로 뒤에 간접목적어와 직접목적어 구조를 취할 수 없는 동사이다. 주어진 문장은 3형식 타동사의 목적어로 의문사구인 what to do in an emergency가 나와 있고 'to 대상'은 '~에게'라는 뜻으로 수식어이므로 목적어 1개만 취하고 있으므로 올바르게 쓰였다.

260 ✗ sew는 '바느질하다'라는 뜻이고 saw는 '톱질하다'라는 뜻이다. 따라서 우리말 해석에 맞게 sewed를 sawed로 고쳐야 한다.

261 ✗ until은 전치사 또는 접속사로 명사를 수반하거나 주어와 동사 구조인 절을 수반해서 쓰인다. 따라서 주어진 문장에서 Not until did he arrive를 Not until he arrived로 고쳐야 한다. 또한, 'Not until 명사' 또는 'Not until 주어 + 동사'가 문장 처음에 쓰일 경우 주절이 도치 구조로 쓰여야 하므로 he found를 did he find로 고쳐야 한다.

262 ○ be above -ing는 '~할 사람이 아니다'라는 의미로 주어진 문장에서 올바르게 쓰였다.

263 ○ affect는 '~에 영향을 미친다'라는 의미의 타동사로 주어진 문장에서 올바르게 쓰였다.

264 ◯ To put it in a nutshell은 '간단명료하게 말하자면'이라는 의미로 주어진 문장에서 올바르게 쓰였다.

265 ◯ 역에 도착한 시점은 과거이고 그 전에 이미 기차는 출발했다는 내용이므로 과거시제(reached)와 과거완료시제(had departed)로 주어진 문장은 올바르게 쓰였다.

266 ◯ unless는 '~하지 않으면'이라는 의미의 조건 접속사로 미래의 내용을 현재시제로 써야 하므로 올바르게 쓰였다.

267 ◯ 타동사 뒤에 목적어가 없어서 수동태 구조로 올바르게 쓰였고 'in ~ing' 구조가 '~할 때, ~하는 데'라는 의미로 올바르게 쓰였다.

268 ✕ approach는 타동사이므로 뒤에 전치사 on을 삭제하고 목적어를 바로 취할 수 있으므로 approach the building으로 고쳐야 한다.

269 ◯ '둘 다 하지 않다'라는 뜻의 양자 부정의 의미로 쓰일 때 '주어 동사 no more ~ than 주어 동사'로 표현하며 다음에는 긍정문이 온다. 따라서 주어진 문장에서 than we do는 올바르게 쓰였다.

270 ◯ '우리 지구는 우주에서 작은 점에 불과하다'라는 변하지 않는 진리이거나 일반적 사실은 항상 현재시제로 쓴다. 따라서 주어진 문장에서 현재시제 동사 is는 올바르게 쓰였다.

271 ✕ 문장의 본동사의 시제는 현재이고 to부정사의 발생 시점은 과거이므로 완료형 부정사를 써야 한다. 현재 시점 기준에 과거에 대한 표현은 '완료부정사'로 표현해야 하므로 to be taught를 to have been taught로 고쳐야 한다.

272 ◯ 'A is one thing and B is another'은 'A와 B는 별개의 것이다'라는 의미로 주어진 문장에서 올바르게 쓰였다.

273 ◯ the very는 명사 앞에 쓰여서 명사를 강조할 수 있으므로 주어진 문장에서 the very가 명사 book을 강조하고 있으므로 올바르게 쓰였다.

274 ◯ 의문사 뒤에 on earth, in the world(도대체)를 써서 의문사를 강조할 수 있으므로 주어진 문장은 올바르게 쓰였다.

275 ◯ 등위접속사로 연결된 구조에서는 동일 어구가 생략될 수 있다. 주어진 문장에서는 등위접속사 and 뒤에 동사 lives가 생략된 구조로 올바르게 쓰였다.

276 ✕ 'with 분사구문'의 목적격 보어 형태를 물어보는 문제이다. with 뒤에 목적어(the majority of its events)와 목적격 보어(hold)가 수동의 의미관계이므로 현재분사 holding을 과거분사 held로 고쳐야 한다.

277 ✕ 인성 형용사(thoughtful)는 to부정사 앞에 의미상의 주어를 따로 표시할 때 'of 목적격'으로 표시하고, 'It be + 인성 형용사 + of 목적격 + to부정사'의 구조로 쓴다. 따라서 주어진 문장에서 for you를 of you로 고쳐야 한다.

278 ✕ come은 자동사로 능동태로만 표현해야 한다. 따라서 주어진 문장에서 수동태 is came을 능동태 comes로 고쳐야 한다.

279 ◯ deeply는 '대단히, 몹시'를 의미하고, deep은 '깊은, 깊게'를 의미한다. 따라서 높낮이를 표현하는 깊이의 뜻으로 deep는 올바르게 쓰였다.

280 X 명사절은 단수 취급을 하므로 복수를 의미하는 Many 대신 Much로 써야 한다. 따라서 동사도 단수 동사로 수 일치해야 하므로 are을 is로 고쳐야 한다.

281 O '모든 것을 고려해 볼 때'라는 의미를 가진 구문으로 All things considered의 분사 관용 구문 표현이 있다. 따라서 주어진 문장은 올바르게 쓰였다.

282 O 'all of 명사'는 명사에 수 일치한다. information은 불가산 명사로 항상 단수 취급하고 단수 동사로 일치시킨다. 따라서 단수 동사 was는 올바르게 쓰였다.

283 O '~은 말할 것도 없이'의 뜻을 가진 구문으로 not to mention(= not to speak of = to say nothing of = let alone)의 표현이 있다. 따라서 주어진 문장은 올바르게 쓰였다.

284 X 감정동사의 현재분사형은 감정을 유발하는 의미를 전달할 경우에 쓰이고, 과거분사형은 감정을 느끼는 의미를 전달할 경우에 쓰인다. 따라서 주어(We)가 '감동을 받는' 감정을 느끼는 의미이므로 현재분사 touching을 과거분사 touched로 고쳐야 한다.

285 O '병치 구조'에 대한 문제로, but 다음의 we are not entirely alike에서 반복되는 we are alike가 생략된 구문이다. 따라서 주어진 문장에서 but 다음의 entirely는 올바르게 쓰였다.

286 X 'as if 가정법'의 시제 일치를 물어보는 문제이다. as if 가정법에서 동일한 시점의 표현은 '과거시제'로 표현하고, 상대적으로 더 앞선 과거시점에 대한 표현은 '과거완료'로 표현한다. 기간부사 for several days는 더 앞선 과거의 사실을 나타내므로 과거 동사 didn't sleep을 hadn't slept로 고쳐야 한다.

287 X 지각동사는 목적어와 목적격 보어가 능동의 관계일 경우 목적격 보어로 원형부정사나 현재분사를 취한다. 따라서 주어진 문장에서 목적어 his mom 뒤에 목적격 보어는 to talk가 아니라 동사원형 talk 또는 현재분사 talking으로 고쳐야 한다.

288 X '영향을 미치다'는 affect 혹은 have an effect on으로 표현하므로 affects on에서 on을 삭제해야 한다.

289 X 두 개의 완전한 절을 접속사 없이 연결할 수 없다. 따라서 all of them을 all of whom 혹은 and all of them으로 고쳐야 한다.

290 X be known to는 '~에게 알려져 있다'라는 뜻이므로 '~으로 알려져 있다'라는 의미일 때는 be known as로 써야 한다. 따라서 주어진 문장에서 to를 as로 고쳐야 한다.

291 O team, committee, audience, family와 같은 집합명사는 해석상 집합명사에 관련된 사람들, 구성요소를 지칭하면 복수 동사를 써야 한다. 따라서 문맥상 작업을 하는 것은 팀의 구성요소, 즉 사람들이기 때문에 복수 동사 are은 올바르게 쓰였다.

292 X convince(확신시키다)는 '사람에게 that절을 확신시키다'라는 의미를 가지며, 'convince 사람 that절'로 표현할 수 있다. 확신시키려는 대상인 사람이 주어로 올 때에는 'be convinced that절'로 표현할 수 있으므로 didn't convince를 wasn't convinced로 고쳐야 한다.

293 ○ stop은 '금지 동사 + 목적어 from 동명사'의 구조를 취하므로 stop people from committing suicide는 올바르게 쓰였다.

294 ○ the best way를 수식하는 형용사구로 'in which to부정사구'는 올바르게 쓰였다. '전치사 + 관계대명사'는 '완전한 절'과 '완전한 to부정사구'를 이끌 수 있다. 따라서 주어진 문장은 올바르게 쓰였다.

295 ✕ make의 목적격 보어 자리에 있는 동사원형 understand의 목적어가 없으므로 수동의 과거분사 understood로 고쳐야 한다.

296 ○ '~에게 종종 있는 경우이듯이'는 As is often the case with로 쓰므로 주어진 문장에서 올바르게 쓰였다.

New Trend 진가영 영어 끝판왕 시리즈

[진가영 영어 **어휘 끝판왕**]

[진가영 영어 **독해 끝판왕**]

[진가영 영어 **문법 끝판왕**]

진가영 영어
문법 끝판왕 ✦ 정답 및 해설

 박문각 공무원
진가영 영어 온라인강의
www.pmg.co.kr

 박문각 공무원
진가영 영어 연구소
cafe.naver.com/easyenglish7

 박문각 북스파
수험교재 및 교양서
온라인 서점

충남 교행 수석 영어 100점 - 김**

가영쌤의 커리는 기본적으로 반복을 거듭해서 확실하게 기억하고 또 여러 방향으로 적용하면서 어떤 식으로 문제가 변형되어 나와도
확실하게 캐치할 수 있게 만드는 방향으로 진행됩니다. 특히 여러 번 강조해서 배우는, 자주 출제되는 중요한 내용들은 계속 따로 자료를 만들고, 또 특강으로도
계속 또 반복해서 빠짐없이 떠 먹여 주기까지 합니다. 따라가려고 노력만 하면 보상을 받을 수 있는 그런 시간을 보낼 수 있는 강의라고 생각합니다.
가영쌤은 또, 더 재밌는 강의를 위해 매번 좀 웃긴 거를 많이 준비해 오시는 것 같은 모습이 보이는데 많은 정성과 노력을 기울이고 계시다는 걸
느낄 수 있는 시간들이었습니다.

우정직 수석 합격 영어 85점 - 박*태

영어 선생님을 고를 때 가영쌤을 추천하는 이유는 먼저 탄탄한 커리큘럼과 숙제 관리, 그리고 문법 교재가 너무너무 좋습니다! 콤팩트한 책에 있을 내용 다 있고,
문판왕이나 동형모의고사 등 문풀 수업과의 연계도 잘 되어 있습니다. 그리고 매주 실강 수업 때 나오는 ox 숙제를 계속 반복해야 문법 출제 포인트가 무엇인지
익숙해집니다. 또한, 가영쌤의 어휘책 구성도 좋고, 매 수업 전에 테스트를 하기 때문에 미리 공부해가야 하는 게 실력 향상에 도움이 되었습니다.
덕분에 이번 문제 풀이 소요시간, 24분, 동형 때는 달성해보지 못했던 최고기록입니다. 가영쌤 I cannot thank you enough!!

2024 일반행정직 영어 100점 - **선

영어 100점은 진짜 운이라고 생각했는데 선생님 만나고 나서 이게 진짜 실력으로 된다는 걸 알았어요.
단어 미친 반복으로 겨우 다 외우고 문법도 단판승 3시간 너무 좋았고 독해는 그 200제가 정말 좋았어요.
제가 국가직 영어 35분 걸려서 정말 선생님도 찾아뵙고 걱정 많이 했는데 이번 지방직은 20분 컷해서 정말 좋았어요. 언제나 감사합니다!!

2024 일반행정직 영어 95점 - **경

공시 시작하고 가영쌤을 만나서 영어 공부도 즐겁게 할 수 있었고 95점이라는 고득점도 해볼 수 있었고 항상 최선을 다하시는 모습을 보면서
많이 본받아야겠다 생각했습니다. 나태해질 때마다 쌤을 보면서 힘을 얻었고 앞으로도 제가 많이 존경하고 진심으로 응원할 영원한 제 1타 강사 가영쌤♥
건강 잘 챙기시고 곧 태어날 아이와 가족들 또 주변 사람들과 행복한 순간만 앞으로 더 가득하시면 좋겠어요♥
서울 가게 되면 인사드리러 꼭 갈게요!! 쌤이랑 함께한 시간들 항상 소중했어요♥ I cannot thank you enough♥

2024년 사회복지직 영어 95점 - **화

I cannot thank you enough♥ 시험을 준비하면서 나름의 소소한 목표 중 하나가 영어 시험을 잘 봐서 가영쌤한테 제가 먼저 올해 영어 잘 봤다고
연락드리는 거였는데, 드디어 그 목표를 이룰 수 있게 되어서 너무 기뻐요! 처음 박문각 와서 하프 들었을 때 3,4개 맞기도 하고 그랬던 적이 있었는데~
쌤과 열심히 함께 달렸더니 95점이라는 이런 좋은 점수를 받았습니다. 영어는 제 발목을 잡는 과목 중 하나여서 처음부터 끝까지 긴장을 놓지 않고
제일 큰 비중을 두고 공부한 과목이었습니다. 이번 지방직에서 단어, 문법, 생활영어까지 쌤과 함께 공부했던 범위 내에서 계속 반복하며 공부했던 부분들이라
신속하고 정확하게 풀 수 있어시간 절약을 했던 것 같아요! 다 가영쌤과 함께한 덕분이에요!

 2024 고객선호브랜드지수 1위
교육(교육서비스)부문

 2023 고객선호브랜드지수 1위
교육(교육서비스)부문

 2022 한국 브랜드 만족지수 1위
교육(교육서비스)부문 1위

 2021 조선일보 국가브랜드 대상
에듀테크 부문 수상

 2021 대한민국 소비자 선호도 1위
교육부문 1위

 2020 한국 산업의 1등
브랜드 대상 수상

 2019 한국 우수브랜드
평가대상 수상

 2018 대한민국 교육산업 대상
교육서비스 부문 수상

2년 연속 수석 합격자 배출 2023~2024년 박문각 공무원 온/오프 수강생 기준

정가 16,000원

1374
ISBN 979-11-7262-327-2
9 791172 623272

박문각 www.pmg.co.kr 교재문의 02-6466-7202 동영상강의 문의 02-6466-7201

2025년
신경향(New Trend) ✦
보완 커리큘럼

합격을 위한
선택 과정

기초 이론 공무원 영어 시작, 입문

구문 독해 진(Real) 독해 기초 체력 다지기 / 신경향 독해 기본 실력 다지기

문풀 N제 신경향 마스터 시리즈 (독해, 문법, 어휘)

적중 특강 진(眞) 족보 마무리 특강 시리즈 (독해, 문법, 어휘, 생활영어)

가영쌤과 점수 수직 상승을 만들어 낸 "생생한" 수강후기

★★★★★ 2024년 사회복지직 영어 95점   **화

I can not thank you enough♡♡♡

시험을 준비하면서 나름의 소소한 목표 중 하나가 영어 시험을 잘 봐서 가영쌤한테 제가 먼저 올해 영어 잘 봤다고 연락드리는 거였는데, 드디어 그 목표를 이룰 수 있게 되어서 너무 기뻐요! 처음 박문각 와서 하프 들었을 때 3,4개 맞기도 하고 그랬던 적이 있었는데~ 쌤과 열심히 함께 달렸더니 95점이라는 이런 좋은 점수를 받았습니다. 영어는 제 발목을 잡는 과목 중 하나여서 처음부터 끝까지 긴장을 놓지 않고 제일 큰 비중을 두고 공부한 과목이었습니다. 이번 지방직에서 단어, 문법, 생활영어까지 쌤과 함께 공부했던 범위 내에서 계속 반복하며 공부했던 부분들이라 신속하고 정확하게 풀 수 있어 시간 절약을 했던 것 같아요! 다 가영쌤과 함께한 덕분이에요!

★★★★★ 2024 일방행정직 영어 95점   **경

공시 시작하고 가영쌤을 만나서 영어 공부도 즐겁게 할 수 있었고 95점이라는 고득점도 해볼 수 있었고 항상 최선을 다하시는 모습을 보면서 많이 본받아야 겠다 생각했습니다. 나태해질 때마다 쌤을 보면서 힘을 얻었고 앞으로도 제가 많이 존경하고 진심으로 응원할 영원한 제 1타 강사 가영쌤♡ 건강 잘 챙기시고 곧 태어날 아이와 가족들 또 주변 사람들과 행복한 순간만 앞으로 더 가득하시면 좋겠어요♡ 서울 가게 되면 인사드리러 꼭 갈게요!! 쌤이랑 함께한 시간들 항상 소중했어요♡

I cannot thank you enough♡♡

★★★★★ 2024년 일반농업직 영어 100점   **주

3번 도전 끝에 마지막이라고 생각한 시험에서 다행히도 최종합격이라는 좋은 결과를 얻을 수 있었습니다. 제가 이번 **국가직에서 최종합격 할 수 있었던 이유는 진가영 선생님 덕분입니다!** 이번 국가직 영어가 어렵게 출제가 되었지만 가영쌤을 믿고 따른 결과 100점이라는 성적을 거둘 수 있었습니다. 혹시라도 영어 강의 선택을 앞두고 계신 분들이 있다면 무.조.건. 진.가.영. 영.어.를 선택하시길 바랍니다! 내년에 바뀌는 시험에서도 안전하게 여러분들을 합격까지 인도해주실 것입니다.

★★★★★ 2024 일방행정직 영어 100점   **선

영어 100점은 진짜 운이라고 생각했는데 선생님 만나고 나서 이게 진짜 실력으로 된다는 걸 알았어요. 단어 미친 반복으로 겨우 다 외우고 문법도 단판승 3시간 너무 좋았고 독해는 그 200제가 정말 좋았어요. 제가 국가직 영어 35분 걸려서 정말 선생님도 찾아뵈고 걱정 많이 했는데 이번 지방직은 20분 컷해서 정말 좋았어요. 언제나 감사합니다!!